RIPPLES OF BATTLE
战争的幽灵

Victor Davis Hanson
[美] 维克多·戴维斯·汉森　著
郑春光　译

中央编译出版社
Central Compilation & Translation Press

图书在版编目（CIP）数据

战争的幽灵 /（美）维克多·戴维斯·汉森著；郑春光译. —北京：中央编译出版社，2024.1
书名原文：Ripples of Battle: How Wars of the Past Still Determine How We Fight, How We Live, and How We Think
ISBN 978-7-5117-4369-5

Ⅰ. ①战… Ⅱ. ①维… ②郑… Ⅲ. ①战争史-研究-世界 Ⅳ. ①E19

中国国家版本馆 CIP 数据核字（2023）第 225131 号

著作权合同登记号：01-2023-3831

Copyright © 2003 by Victor Davis Hanson
This translation published by arrangement with Doubleday, an imprint of The Knopf Doubleday Group, a division of Penguin Random House, LLC.

战争的幽灵

责任编辑	郑永杰	
责任印制	李 颖	
出版发行	中央编译出版社	
网　　址	www.cctpcm.com	
地　　址	北京市海淀区北四环西路 69 号（100080）	
电　　话	（010）55627391（总编室）	（010）55627312（编辑室）
	（010）55627320（发行部）	（010）55627377（新技术部）
经　　销	全国新华书店	
印　　刷	佳兴达印刷（天津）有限公司	
开　　本	880 毫米 × 1230 毫米　1/32	
字　　数	263 千字	
印　　张	12.625	
版　　次	2024 年 1 月第 1 版	
印　　次	2024 年 1 月第 1 次印刷	
定　　价	88.00 元	

新浪微博：@中央编译出版社　　微　信：中央编译出版社（ID: cctphome）
淘宝店铺：中央编译出版社直销店（http://shop108367160.taobao.com）
　　　　　（010）55627331

本社常年法律顾问：北京市吴栾赵阎律师事务所律师　闫军　梁勤
凡有印装质量问题，本社负责调换，电话：（010）55627320

过去的战役仍以某种方式决定着我们今天的战斗、生活和思想

纪念维克多·汉森
海军陆战队第 6 师第 29 团 2 营 F 连
1945 年 5 月 18 日在冲绳战役中阵亡

目录

序　言 ··· 1

第一章　自杀的代价：冲绳战役（1945年4月1日至7月2日） ········ 25

　　浩劫的诱因 ··· 25
　　自杀实验室 ··· 41
　　神风 ··· 50
　　军事教训 ·· 69
　　结语：冲绳战役的一代 ······································ 84

第二章　夏洛战役的幽灵（1862年4月6日） ·········· 104

　　上午：比利叔叔的诞生 ···································· 104
　　下午：错失良机的神话 ···································· 133

傍晚：《宾虚》 ································ 163
　　深夜："三K党徒" ······························ 196
　　事后分析 ···································· 227

第三章　德利姆战役的衍生文化（公元前424年11月） ············ 232
　　德利姆战役 ·································· 232
　　欧里庇得斯与沙场尸骨 ·························· 249
　　特斯匹伊人的悲剧 ····························· 259
　　德利姆战役之貌 ······························· 268
　　苏格拉底之死？ ······························· 286
　　死者之美 ···································· 308
　　战术的诞生 ·································· 313
　　何为德利姆？ ································ 322

尾声　战争的印记 ································ 329

致　谢 ·· 350

参考文献 ······································ 352

索　引 ·· 369

序 言

我很少访问当地的公墓，但每次去都会在维克多·汉森（Victor Hanson）的墓碑前驻足。其实，他的墓碑平平无奇，碑文也如石头一般质朴，只是简单地刻着：姓名、住址、军衔、出生日期、死亡日期以及"第二次世界大战/海军陆战队第6师/第29团"。家墓中其他成员的墓碑都有记载生平的碑文，但是这块墓碑却是个例外，甚至连"尊敬的父亲""敬爱的祖父"之类的字样也没有。这种墓碑的主人往往英年早逝，孑然一身，没有财产，也没有家人。朴实无华的墓碑无疑表明，他在世上没有子嗣。

维克多的母亲死于分娩，父亲因葡萄园中硫磺机的一次事故而双目失明。他牺牲时年仅23岁，无妻无子，遗体由轮船运回，葬在加利福尼亚州的金斯堡（Kingsburg）。他是家中的独子，在冲绳战役牺牲后也意味着父亲汉森一脉从此断绝。那么关于他的记忆是否也随之消失？

显然，维克多已没有直系亲属能体会朴实碑文背后的

战争的幽灵

深意：服役于海军陆战队第6师第29团2营F连，殁于1945年5月19日。① 不过这些字迹表明，他经历过太平洋战场上最血腥的战役中最艰难的几天——攻占甜面包山（Sugar Loaf Hill）之战。同为第29团的威廉·曼彻斯特（William Manchester）在描述那次血腥的战斗时写道：

> 步兵根本无法向前推进。我们尝试过所有的武器：坦克、远程大炮、火箭弹、凝固汽油弹、烟雾弹、舰炮、战斗机，却毫无效果。唯一的变化是，敌人对高地的控制越来越强。日本军队的火力似乎从未减弱，因为每天晚上牛岛满（Ushijima）都会派部队到他所在的山侧增援。我们虽然一直在进攻，却像梦游者一样行动恍惚，仿佛整座甜面包山都压在我们身上，让我们不堪重负。我们匍匐前进，几乎能感觉到黑暗的浪潮正不断涌向我们；一旦头顶上有照明弹，我们就立刻装死。在这种情况下，我们只能听天由命。

5月18日傍晚，维克多所在的连队击退了日军最后几次自杀性的致命攻击。然而，就在第29团幸存的士兵轮岗准备撤退时，维克多不幸中弹身亡。美国史书在记载冲绳这次军事行动时指出："F连的一个排试图沿着山脊向西推

---

① 关于维克多·汉森的死亡时间，书中提到5月18日和19日两种说法，可能是作者在叙述时分别采用了美国时间和冲绳时间所致，译文以原文为准。——译者注

进,但是由于将领牺牲,加之敌人的迫击炮火力强大,最后不得不撤退。"接着,作者总结了美军的伤亡情况:"5月19日,海军陆战队第4团替换筋疲力尽的第29团。在攻占甜面包山的10天时间里,海军陆战队第6师共死伤2662名士兵,另有1289名士兵患有战斗疲劳症,第22团和第29团共有3名营长、11名连长伤亡。"

此外,在海军陆战队第6师的历史资料中,曾提到维克多阵亡当天F连进攻甜面包山时的位置:"马蹄山(Horseshoe Hill)不断传来密集的炮火声,F连正在那个位置执行任务。美军进攻部署完美;海军陆战队直奔山顶,不过那里的战斗后来演变成近距离的手雷战和可怕的迫击炮进攻。"

当读到美军向山上负隅顽抗的日军发动猛攻时,我首先想到的并非维克多5月18日因何牺牲,而是震惊他竟然在惨烈的战役中活了这么久。短短几天时间里,约有3000名海军陆战队队员在攻占甜面包山的战役中阵亡或身负重伤,伤亡人数超过了卡西诺山(Monte Cassino)战役,与塔拉瓦(Tarawa)战役不相上下。他所在的第29团在冲绳战役的伤亡率高达82%,基本上可以说是名存实亡。

维克多没有华丽的墓碑,没有传世的名作,也没有在世的直系亲属。难道年轻无子的他真的连同几十名战友一起,于5月18日那天湮没在那座凄凉的荒山?绝非如此!我从小到大,几乎每天都能听到他的名字。我父亲是他的堂兄,不过两人年龄相仿,从小一起长大,倒更像一对亲

战争的幽灵

兄弟。他俩住的农场相互毗邻,还上了同一所大学,都参加了海军陆战队。在过去的半个多世纪里,我父母常常会谈起这位神秘的故人,"要是维克多还活着……",接着便开始幻想和感慨各种情形:他父亲后来凄惨的人生,他高中和大学的生活,他和谁结婚,他的孩子,我父亲和他愈加深厚的情谊,如何安慰祖父母,前途无量的大学工作,以及保留下来的农场。他们很少谈论那些生活失意、疾病缠身、漂泊无依的苦命人,或即将被变卖或遗弃的家园。几乎从孩提时代起,我便开始厌恶这个模糊的道德榜样。他虽然早已过世,也没有任何过错,却让我这个同姓的晚辈有了向他看齐的负担。

我的父母曾有过种种类似的假设,因为他们三人曾一同离开加利福尼亚州中部的农场,前往斯托克顿市(Stockton)的太平洋学院(College of Pacific)进修。我年轻时经常听母亲说:"他可是个了不起的人!"母亲去世后,维克多高中时的女友经常津津乐道地向我称颂和赞美他。如今她已是位80多岁的孀居老人,和曾孙(女)生活在一起,总是喜欢怀念过去。她在金斯堡纪念公园(Kingsburg Memorial Park)中心,也就是汉森祖宅的位置,为四位自强不息的汉森家成员筹建了一块小型纪念碑。她时常来拜访我,就在几周前,还给我留了一张正式的手写便条,结尾处写道:

汉森下士是老维克多唯一的儿子,奈尔斯(Nels)

·序 言·

和塞西莉亚·汉森（Cecilia Hanson）唯一的孙子，于1945年5月19日在战斗中牺牲，年仅23岁零3个月，与他一同牺牲的还有12500名年轻英勇的战士。《金斯堡纪事报》（Kingsburg Recorder）在评论小维克多时说："他彬彬有礼，继承了祖母塞西莉亚的性格（母亲离世后，他由祖母抚养长大）。认识他的人无不称赞他是个绅士。"汉森之家位于加利福尼亚州金斯堡市第18大道1965号，但小维克多·汉森却永远也回不来了。他死后被授予紫心勋章。

维克多用海军陆战队信纸写的几封信侥幸留存了下来。如今信纸早已泛黄，但是从他的字里行间，我感受到了一种他们同龄人少有的谦逊。迈克尔·森科（Michael Senko）先生得知我想了解维克多临终前的情形后，立即给我打来电话。当时他就在维克多牺牲的那个散兵坑。半个多世纪后，年逾八旬的森科再三称颂维克多的"绅士风度"，并赞美他是个"完美的人"。维克多在北卡罗来纳州的勒强营（Camp Lejeune）训练时，曾给祖父母写信简单客观地介绍过他们的训练项目，比如两栖登陆试验、马拉松长跑和分级耐力测试等。他非常挂念两位老人的健康和安全，他们像父母一样把他养大，当时（20世纪40年代）他们已是耄耋之年，一直生活在农业小镇金斯堡。他在信件的最后一段中说："我每时每刻都记挂着你们，很高兴你们一切安好。我生活得很好，比以往任何时候都好，体重也长了，

战争的幽灵

应该超过 200 磅了。可能是我训练不够努力吧。就说到这里吧。祝你们安康！爱你们的维克多。"

我偶然间听到过维克多去世时的大致情形。在他去世20多年后，我瑞典裔的祖父谈及于此，依然愤怒地说道："一把该死的机关枪趁其不备击中了他。"阿贡（Argonne）实验室的毒气毁坏了祖父的肺，他总是咳嗽，说话断断续续。也有一些史料含糊地提到，维克多所在的连队曾经被孤立和包围。直到今年5月份，我还时常在想，谁会知道他临死前的情形呢？

"他们不该把那些孩子扔在冲绳！"父亲总是难以抑制愤怒的情绪，有一次还继续补充说："这正中了日本人的下怀。真该死！我们当时正在轰炸日本，维克多的部队本可以越过那个该死的岛屿。但他们没有，海军陆战队可不会这么想。"我们这一代人对战争一无所知，甚至觉得对日本实施轰炸是一种过于严厉和残暴的惩罚；但是父亲那一代亲历过战争的人坚信，我们实施空战的时间太晚了，力度也远远不够，因此没能阻止日本在冲绳等地残害美国同胞。

我父亲和维克多都加入了海军陆战队，但是父亲和军官发生过争执，最后虽免于被起诉，却被取消了训练资格，这种丢脸的事父亲从没跟我们提过。后来他被安排到陆军航空部队，也经历过恐怖程度不亚于冲绳战役的处境。即便知道这些，我还是不明白为什么他有时候会自己生闷气。虽然他不能与维克多在冲绳并肩作战，但这显然不是主要原因。他有几次情绪失控时，竟然莫名地表现出某种懊恼。

·序　言·

他说自己曾作为主攻手，39次驾驶B-29轰炸机从天宁岛（Tinian）飞到日本上空执行任务。假如B-29轰炸机能更早、更猛烈地轰炸日本，那么冲绳战役就有可能避免。按照他的说法，如果1944年就安排300架B-29轰炸机舰队地毯式地轰炸日本——而不是在1945年上半年，那么维克多或许只需要执行驻防任务，在一片废墟的九州岛上清除负隅顽抗的日本兵。父亲原先的中队共有16个投弹手，执行多次危险的投弹任务后，最终只有他所在的机组人员和另外一个投弹手幸存下来。

20世纪70年代中期，大多数大学生对二战知之甚少，甚至是一无所知，然而他们却不约而同地谴责美国对日本的轰炸行为，普通炸弹也好，原子弹也罢，反正都和越南战争一样野蛮。父亲可能会被视为一个异端，只有他认为，那场恐怖的轰炸规模太小，来得太晚，致使农场上的孩子们被迫离开家园，与那些自杀式袭击的人作战。父亲为此耿耿于怀，愤懑一生。那时我还是个大学生，非常关心父亲却又不善言辞，只能试着去安慰他说："爸爸，你们的行动一点儿都不慢；你们只用了两个月，就摧毁了一整个国家。"

如今，维克多身着海军陆战队制服的照片依然挂在我家的墙上。我不知道他半个世纪前的物件都在什么地方，但至少有一小部分在我父亲那里。我小时候经常会在不经意间看到它们。1962年的一天，我从谷仓的椽子上找到一支"路易斯维尔猛将"（Louisville Slugger）牌的木质棒球

战争的幽灵

棒,约重35盎司(约1公斤),上面刻着"维克多·汉森"的名字。那支棒球棒我们又用了5年,安了螺丝,绑了胶带,刷了树脂,最终由于年岁太久、使用过多而断裂。那支棒球棒虽然有些大,但拥有瑞典血统的我那时已经17岁,身高超过6英尺3英寸(约190.5厘米),体重达200磅(约90.7公斤),用起来倒是挺合适。

20世纪70年代初,我在加州大学圣克鲁斯分校(UC Santa Cruz)上学时,使用的是维克多的大学公文包。那个包已有30多年的历史,有两处印着"VH"①的字样,富有年代感,而又不失新潮,有时会吸引一些洛杉矶叛逆的有钱人主动问价。在他们看来,那个包设计巧妙,帆布和皮革相间,装满希腊语和拉丁语书籍,简直浑然一体。父亲说,"那个包是他(维克多)祖母给他买的。"父亲又补充道,"凭他的能力,完全能当一名军官,而不是加入海军陆战队奔赴前线。"我18岁的时候,不禁会将我们两人作一下对比:我们都叫维克多·汉森,背着同一个包离开农场,然而一个心不在焉地迈进充满懒散、自私文化的加州大学圣克鲁斯分校的校园,另一个却于1944年迫不及待地奔赴美国海军陆战队所在的地狱般的战场。

我想忘记维克多,但那个印有"VH"的公文包每天都提醒我,他一直不曾离开,有时甚至会以最出其不意的方式出现在我面前。4年后,我朋友的父母(来自日本冲绳)

---

① "VH"是Victor Henson的首字母缩写,本书作者的名字也是Victor [Davis] Henson。——译者注

· 序　言 ·

和我们一起出席圣克鲁斯的毕业典礼,并愉快地参加了之后的晚宴。我看见父亲坐在旁边,想着即将发生的事情,不禁皱了皱眉。当时是 1975 年,距离维克多去世已经过去近 30 年。朋友的母亲非常得体地谈论美国人以及自己在战争年代悲惨的童年;她丈夫提了一下冲绳战役以及美国人在岛上的杀戮。

6 月份,在蒙特利湾(Monterey Bay)举办的毕业晚宴欢快闲适,大家喝着葡萄酒,在餐桌旁礼貌地交谈,愈发坦率起来。美国的所作所为真的无可指摘吗?我们沉浸在大学日益多元的文化氛围里,习以为常地谈论近期轰炸越南所引发的羞愧和悔恨,有人随口聊起了 B-29 轰炸机、燃烧弹、冲绳的自杀式袭击以及美国的各种野蛮行径。

气氛急转直下。我已经忘了父亲如何回击这些温文尔雅的中年日本人,只记得他气得满脸通红,说了句很粗鲁的话:"日本人受的惩罚还远远不够。"大家都在为日本人开脱,在圣克鲁斯的日本学生及其亲属也不是武士阶层,此时此刻又有谁会在乎维克多的亡灵?

维克多在写给祖父母的信中,总是担心自己肌肉力量下降,不能成为一名合格的海军陆战队队员;担心无法通过各种耐力测试,达不到参加海外丛林野战的标准。或许,他不是一名出色的海军陆战队队员,会被更专业、更优秀的人所取代,但是他在大学里是个备受追捧的运动特长奖学金得主,与我父亲一起为太平洋学院的阿莫斯·阿隆索·斯塔格(Amos Alonzo Stagg)教练效力。他在给祖父母

战争的幽灵

的一封信中,担心海军陆战队配备的步枪不足以应付丛林野战:

> 您能找到一把0.45英寸口径的自动式手枪吗?1911式或1911A1式都行。军队不会再发了,可它是战斗中除步枪之外最好的武器。万一步枪或者卡宾枪开不了火,它就派上用场了。它长这样(草图如下)。这只是个初步的想法。如果您碰巧看到一把,而且性能良好,就帮我买了吧,可以用我寄给您的存在银行的钱。买一把新的,大概需要45—60美元,但您应该碰不到。有消息就告诉我……今天天气真好,就像春天一样,但是早上依旧很冷。就写到这里吧。爱你们的维克多。

我相信维克多85岁的祖父母一收到信,肯定会立刻开车离开瑞典风格的小农场,到夫勒斯诺(Fresno)为他们的孙子寻找一把口径0.45英寸的自动式手枪。外孙有了它,就可以杀日本人,而不是被日本人所杀。不过维克多最终还是难逃一死,我也不知道他们有没有找到那种枪。

我在前面提到,2002年春我开始寻找可能认识维克多·汉森的F连士兵。我也不知道有没有希望,毕竟他们不仅要在地狱般的冲绳战役中幸存,还要能活到60多年后的今天。这60年里,我们家只能从海军陆战队的官方慰问信中获知维克多临终时的情形。1945年7月26日,罗伯

序 言

特·J. 谢尔（Robert J. Sherer）中尉就维克多牺牲一事给我们写信："5 月 18 日，我们连队攻占了敌军那霸-首里（Naha-Shuri）防线上的新月岭（Crescent Ridge）。晚上我们准备巩固战果，然而左侧受到了敌人的猛烈扫射。汉森下士就在那时中弹受伤，虽然马上得到救治，但还是没撑多久。我们体面地安葬了他……"

很快我便有了惊人的发现。海军陆战队第 29 团 2 营 F 连确实有幸存者，他们的回忆让我大为震撼。理查德·惠特克（Richard Whitaker）就是其中之一。他在维克多牺牲当晚受了伤，也是乔治·费弗（George Feifer）《天王山：冲绳战役和原子弹》（*Tennozan: The Battle of Okinawa and Atomic Bomb*）一书中一个耀眼的英雄人物。他帮我找到了 F 连其他幸存的军人，而且竟然有罗伯特·J. 谢尔！

谢尔上次给我们写信是 57 年前。2002 年 2 月 28 日，80 多岁的他再次给我们写信，语气一如之前那般优雅和庄重："小维克多·汉森那时已经完成训练，并担任火力组组长。大家一致认为，汉森下士是位出色的海军陆战队队员和领导者……我看到汉森下士站着扔手榴弹时被敌人的机关枪打中。一等兵瑞恩（Ryan）也不幸中弹。他是我的'通讯员'，就在我旁边的弹坑里。两人没过多久就去世了；一等兵彼得·马迪根（Peter Madigan）也是如此。比尔·特威格（Bill Twigger）中士因腿部受伤，被勒令撤退。"

罗伯特·谢尔来信没几天，曾在海军陆战队第 6 师服役的森科先生给我打来电话（我在前面提到过），详细地讲述

战争的幽灵

了甜面包山战役的细节。他的电话和谢尔的来信让我深受感动。第二天,又有一封非常正式的信件送到我家。来信的不是别人,正是当时腿部受伤的比尔·特威格。像罗伯特·谢尔那样,他也讲述了一些此前我们家人不知道的维克多去世时的细节:"前线传来消息说,维克多·汉森被敌人的机关枪射中了右大腿,还没等到医护兵过来救治,他就因失血过多而死。这个消息很快得到了证实。维克多受了致命伤,没遭多少罪,几乎是当场去世的。"

在信的结尾,他讲了一个让人心碎的故事。我想我可以直接讲出来,对当事人没有任何不敬。"这件事的结局很悲惨。年轻的彼得·马迪根一听到维克多的死讯,便失去了理智,从藏匿的安全位置站了起来,大声喊叫、咒骂着冲到空地上,立刻被敌人的步枪击倒,"特威格回忆说,马迪根和维克森几乎同时阵亡,"维克多一向文质彬彬,从来不为琐事烦心。这个大块头是我们当中最壮实的一个,却偏偏和小个子彼得·马迪根成了挚友。"他像谢尔那样言辞恳切,称颂马迪根品德高尚,可以成为今天年轻人效仿的榜样。

特威格的来信并不是这一系列奇妙故事的终结。2002年3月31日,在美军冲绳岛登陆57周年纪念日前夕,一个名叫路易斯·伊特曼(Louis Ittmann)的人突然给我来电。伊特曼是F连的退伍军人,对维克多非常了解,听说我正在搜集维克多去世的细节。他确认照片上的人正是那个身材高大、彬彬有礼的瑞典裔大学生,那个在甜面包山被敌

·序　言·

人机关枪射中、失血过多而死的士兵。我们二人交谈甚欢，最后他问了一个让我非常意外的问题：想不想要维克多的戒指？

戒指？

我不禁有些恍惚。这是 1945 年还是 2002 年？我是生活惬意的 48 岁大学教授；还是那个终日在葡萄园踽踽、因孙子逝世而备受打击的 81 岁瑞典裔内尔斯·汉森？伊特曼进一步说，维克多在甜面包山时就有不祥的预感，于是便请求朋友，如果他牺牲了，就把那枚珍贵的金戒指取下来寄回家。维克多阵亡后，他们曾经尝试把戒指送还到加州的金斯堡。出于礼貌，他们事先给我家农场打了个电话。但是我们一家人悲痛欲绝，我的祖父母、叔叔和表亲都没能接听到电话。于是，自 57 年前那个可怕的夜晚以来，伊特曼这个"尽责的管家"便一直保管着那枚戒指。2002 年 5 月 21 日，我收到了他邮寄过来的戒指。戒指已经断裂，不知是佩戴过程中的磨损；还是维克多的遗体从甜面包山运回来后，为了把它从手上取下来而弄断的。我写这本书的时候，一直拿着它。上面雕刻着古罗马军团的图案，让我这个古典主义者非常困惑。我不禁产生疑问：维克多什么时候买的戒指？为什么 20 世纪 30 年代末 40 年代初一个加州中部农场男孩的戒指上会有古罗马士兵的图案？

不过，包括我父母在内的多数汉森家族成员都已经去世，这些问题以及之后涌现出来的各种问题都不会有答案。我一生与无数人攀谈过，没有人比海军陆战队第 6 师的军人

战争的幽灵

更和蔼、惠特克、谢尔、森科、特威格、伊特曼……他们曾于5月18日在冲绳岛度过可怕的一晚；57年后，他们在书信和电话中与我亲切地分享那时的回忆。在战争结束前几周，他们被派去正面对抗负隅顽抗的日本士兵。不过，他们对于这一饱受质疑的战术没有流露出任何不满。在他们的言谈和语调中，没有对日本人刻骨铭心的仇恨，也没有因激烈战斗而产生的歉意；有的只是对美国由衷的爱慕，尤其是我们最近刚经历了一场灾难①。

我问他们，还有没有其他办法夺取冲绳战役的胜利？一个人感叹道："或许有。但是冲绳岛位于我们攻击日本的中途，那里有成千上万的敌军，总不能放任他们在我们后方不管吧？毕竟我们正在交战。"我接着问，与负隅顽抗的日军正面交锋，这样的部署是否有意义？他们一致的答复是："谁知道呢？这是海军陆战队做出的决策，我们必须执行。攻占这座岛屿是我们的职责，我们也做到了。"不管他们经历过多么可怕的事，他们的牺牲总是带有一种维吉尔式的自豪：Forsan et haec olim meminisse iuvabit（也许时间会让一切变成美好的回忆）。

鉴于无数美国人命丧冲绳，我不相信那些精明、老练的人在制定作战计划时有多明智，毕竟"冰山行动"（Operation Iceberg）是他们在旧金山圣弗朗西斯酒店的豪华套房中想出来的。我不相信美国陆军关于这场战役的官方说法。他

---

① 指2001年9月11日的"9·11"恐怖袭击事件。——译者注

们煞有其事地总结道:"冲绳战役的军事价值超过了所有人的预期。"无论是传统历史学家,还是修正主义历史学家,都会对我这种质疑"冰山行动"必要性和合理性的人嗤之以鼻;而且,我也无法提供既能攻占冲绳岛又能减少双方伤亡的作战计划。我更不清楚美军在不歼灭冲绳岛11万日军的情况下,如何继续推进攻击日本的计划。是的,冲绳战役有很多名人牺牲,比如厄尼·派尔(Ernie Pyle)、西蒙·玻利瓦尔·巴克纳(Simon Bolivar Buckner)将军以及几位荣誉勋章获得者。我也承认,与那个夏天被烧死、炸死或饿死的20万日本士兵和冲绳百姓相比,一个素未谋面的加州金斯堡农场23岁男孩的死亡微不足道。这一切我都接受;但是我始终认为,一个人的死亡会激起巨大的余波,当我看到他的戒指时,我确信余波还在,至今仍未平息。

温斯顿·丘吉尔(Winston Churchill)说:"伟大的战役可以改变历史进程,为军队和国家带来新的价值标准和国民心态。"这在英国应验了。然而,美国在2001年9月11日之前,不论个人还是集体,都没有在"国内"形成"新的心态和价值观"。在飞机撞上象征美国经济和军事实力的双子大厦后,第一波恐怖主义的浪潮便向我们涌来,美国至今仍在承受其余波的冲击。

那次恐怖袭击造成了3000人死亡,10000亿美元的资金损失,1000亿美元的财产损失,并导致数百万美国人失业。美国政府开始转变身份,不断强化安保措施,给各国

战争的幽灵

公民的美国之行带来了极大的困难和障碍。公共设施的使用也开始受到限制。人们惶惶不安,担心随时会遭遇恐怖袭击。2001年夏末,数千人突然死亡导致了一系列事件;然而这么多年来,我们仍没有认清它们之间的相互联系。那次恐怖袭击造成的孤儿以及他们将来的孩子,永远也不会忘记"9·11"事件,因为他们已经成为其中的一部分。

世贸中心、五角大楼以及坠毁客机里的受害者并非死于激战。他们没有武器,也无法预知自己的命运。即便如此,他们仍然可以被称为在战场上牺牲的战士。的确,我们可以将其看作一场持久战中首次出现的大规模伤亡。战争能从根本上改变历史的进程,这是选举、革命、发明、暗杀、瘟疫等其他重大事件无法企及的。因此,历史学家可能需要几十年的时间,才能完全弄清楚"9·11"事件后续的影响。

丘吉尔关于"伟大的战役"的说法,往往会打消人们对和平的简单幻想,因为民主国家一旦遭受袭击,便从沉睡中醒来,继而陷入致命的狂怒之中,后果不堪设想。在夏洛屠杀爆发之前,尤利西斯·S. 格兰特(Ulysses S. Grant)曾预言内战会以一场"伟大的战役"收尾。1862年4月6日至8日,仅仅两天的伤亡人数就堪称美国此前的历次战争之最。将领们意识到,在这场依靠来福枪和霰弹枪的新型战斗中,要想让南方邦联最终归附联邦,双方不得不牺牲大量的年轻士兵。被称为"疯子"的谢尔曼在夏洛战役中声名鹊起,开始用总体战(total war)的新理念思考以前

·序 言·

无法想象的事,几个月后带领成千上万人"向大海进军"。

  1862 年 4 月 8 日,格兰特和他的将领在夏洛一觉醒来,发现新的世界已经来临。2001 年 9 月 12 日之后,美国人也有同样的感觉。转眼间,单单用巡航导弹或新闻发布会恐吓的传统报复方式已无用武之地。随着这种幻象的消失,20 年来以个人生命为代价捍卫自由和平民所引发的恐惧也随之消失。过去我们一直认为,限制和管控是成熟、冷静的表现,然而如今的灾难性后果瞬间暴露出这种想法的无知、轻率和迂腐。未来几年里,我们很有可能会在美国的军火库中看到远比"碉堡克星"(bunker-busters)和"摘菊使者"(daisy-cutters)更可怕的武器。此前我们一直顾虑,是否对一些随机的轰炸给予回击;如今轮到恐怖分子担心,美国人什么时候才能停止报复。显然,发动"9·11"事件的逻辑正在全面走向破产。面对敌人的蓄意袭击,民主国家一旦觉醒,一定会以幼稚的攻击者无法想象的方式给予最有力的回击。

  如今,身处和平、富裕年代的许多美国人对广岛原子弹爆炸深恶痛绝。然而,这些道德审判者在 1945 年还是孩子,对冲绳战役几乎没有任何记忆。他们根本想象不到,1945 年 4 月至 6 月狂热的自杀式袭击对美国过去几代人的冲击:超过 12000 人牺牲,35000 多人受伤,300 多艘船舰被毁。事实上,在冲绳及附近地区作战的美国士兵伤亡率高达 35%。日本损失了 10 万士兵和 10 万平民,他们大多死于岛上激烈的"肉搏战"。不过,与防守更严密、尚未被

战争的幽灵

占领的日本本土相比,这个岛就显得有些微不足道了。

与针对战斗人员的自杀式袭击相比,双方的正面对战更为常见。成千上万名士兵在几个小时里展开厮杀,决定了后方广大士兵的命运。在这种混战中,不论勇气、英雄主义还是先进的科技,都无法确保战士们的生命安全。他们经常由于意外事故和运气不佳而丧命,这种影响往往在几十年后才显现出来。战役不仅是政治的延续,更是一种异常事件,无数的勇士(过去通常是青年男性)在几个小时内肆意厮杀,这种激烈、奇怪的经历必定会改变他们的人生,在之后的几个世纪里,也会改变他们家人和朋友的命运。

战役完全是人类蓄意挑起的祸端。自然灾害或人类灾难偶尔会导致巨大的人员伤亡,如煤矿爆炸、烈火、洪水等降临到全人类头上的天灾;但相较之下,战役对人类心灵造成的创伤更为严重。据称,离婚对孩子心灵的伤害远大于父母一方的死亡。同理,死于战役比死于车祸或瘟疫更难以让人接受。造成战役伤亡的罪魁祸首是人,而不是神;这完全是蓄意杀人,而绝不仅仅是疏忽大意或判断失误。如果亲人是死于意外或疾病,那么时间可能会冲淡这种悲痛;然而,如果年轻的亲人并非死于不可抗力,而是被人蓄意谋杀,那么这种悲痛就永难平复。

人们可能会原谅水的泛滥、火的肆虐,却不会宽恕日本、美国和德国的刽子手。战役与自然灾害截然不同,战役的罪魁祸首是人,而不是自然,完全可以避免;而且任何战役总能找到起因、战犯和责任人，因此不禁会让人产生各种假设，去追问"谁之罪"。愤怒、欲望和复仇的情感总会在战役中爆发。阿拉莫（Alamo）战役①、"缅因"号（Maine）事件②、珍珠港事件会激怒整个国家，然而危害更大的小儿麻痹症、卡拉飓风（Hurricane Carla），抑或安克雷奇（Anchorage）地震却做不到。即便英勇的救生员和空降消防员牺牲后，也没有资格安葬在阿灵顿国家公墓（Arlington National Cemetery），也不会被做成雕像安放在青铜马上。每十年会有成百上千的消防员殉职，然而当外敌入侵时，他们却很少会迅速集结去营救广大的同胞。

战役迸发的星星之火能点燃整个社会，并且很快演变为

---

① 阿拉莫战役（1836年2月23日至3月6日）：得克萨斯地区曾是西班牙殖民地，1821年墨西哥从西班牙殖民统治下独立后，成为墨西哥的一部分，并且开始涌入大批美国人。1833年桑塔·纳（Antonio López de Santa Anna）当选墨西哥总统后，实行独裁专制，引起得克萨斯居民不满并酝酿独立。1836年3月1日，得克萨斯宣布独立，次日成立得克萨斯共和国。在此期间，桑塔·安纳率领军队进行镇压。2月23日，数千墨西哥军人攻打位于圣安东尼奥市（San Antonio）附近的阿拉莫城，当时守军只有200人左右。3月6日墨西哥军队攻破城池，守军几乎全部战死。关于双方伤亡人数未有定论，大致说来，得克萨斯军死亡182—257人，墨西哥军伤亡400—1600人。在1846—1848年爆发的美墨战争期间，"牢记阿拉莫！"（Remember the Alamo！）的口号广为流行，激励了美国人的战斗意志，阿拉莫战役也成为美国英勇抵抗压迫和争取独立的象征。——译者注

② "缅因"号事件：19世纪末，古巴掀起了反对西班牙殖民者的民族独立运动。1898年初，美国以保护在古巴的美国公民为由，派"缅因"号军舰抵达哈瓦那港，向西班牙施压，然而军舰突然发生爆炸。爆炸起因至今尚未有定论，但是当时的美国人将罪责归于西班牙，从而成为美西战争爆发的导火线。——译者注

战争的幽灵

14 历史的熊熊火焰。古希腊历史学家希罗多德（Herodotus）告诉我们，战争年代是父亲埋葬儿子，而非儿子埋葬父亲。欧里庇得斯（Euripides）认为，妻子和母亲的命运比士兵更悲惨，一如他笔下那些痛失亲人的特洛伊妇女。历史学家告诉我们，美国内战是"富人的战争，穷人的战斗"。美国反种族隔离的力量在和平时期一直蛰伏，却被第二次世界大战唤醒，这些有色人种为自己忠爱的国家奋战，却并没有得到充分的政治平等权。

战争撕开了代际竞争、由来已久的性别斗争、阶级斗争和种族冲突的伤疤。美国公民质问道："外国人为何能如此轻易地进入美国？又是在谁的帮助下？"为此，政府只好采取激进的措施，重新对移民和归化局（Immigration and Naturalization Service）进行评估。同时，此前根据年龄、性别、信仰和族群来确定嫌疑人的偏见应该被摒弃，但显然不会彻底消失，毕竟杀害3000平民的19位凶手都是来自阿拉伯世界的年轻男性伊斯兰教徒，他们在美国过着秘密的族群生活。

战役是历史变革的高速节拍器：一些转折需要机遇、技术和命运长期作用才能实现，但是战役会在几分钟内加速这一进程。战役中的错误不再是日常生活中无关紧要的小瑕疵，而是很可能会在几秒内引发致命的灾难。死亡不再是可以预测的个人家庭事务，而是经常转变成完全不可预料的集体恐怖事件。教育、训练和贵族特权在战斗冲突中变得毫无意义。那些在世贸中心顶层饱览风景的成功人士可能劫数难逃，但是底层大厅的职员和清洁工却有更好的逃生机会。穷困潦倒的流浪汉虽然生活失败，无法进入复杂、主流的社会机制，却在五个街区外的人行道上安全无虞；哈佛大学的工商管理硕士由于能力出众、训练精良，成为93楼高不可攀的股票经纪人，却因此而更容易遭到袭击。

战役是衡量人类志向的伟大标尺，但多数情况并非如此。流弹往往杀死勇士，放过懦夫。有望成为伟大医生的人会被流弹撕成碎片，血肉模糊的他们一无所获；然而犯事的士兵由于遭到拘禁，反而能在国家危亡之际平安无事。混乱、命运和死亡总是夺走我们的天才，徒留平庸之辈，它们可能毁掉幸存者的余生，也可能让他们历练成才。不过，幸存的年轻人永远无法忘记他们所经历的一切。

军事史学家通常从战略或战术的角度考察一些重要战役，比如勒班陀（Lepanto）海战或黑斯廷斯（Hastings）战役对整场战争的决定性作用。这些战役虽然已经结束，却仍然发挥效力，不受当日战况的影响。学者们普遍将战役视作一门科学，即通过战略部署和科技造成巨大的破坏力。许多书热衷于描绘汉尼拔的坎尼（Cannae）会战、阿米尼乌斯（Arminius）的秘密行动、隆美尔（Rommel）指挥的装甲部队以及李梅（LeMay）残忍地火攻东京，却很少将战役看作一种人类现象或累积效应：虽然战场的厮杀已经结束，但是战役的余波会在社会上持续很多年，甚至是几个世纪。我们需要转变观念，用不同的方式重新审视过去著名的战役，考量那些由于战术意义不大、时机不佳或缺乏

战争的幽灵

合适见证人和记录人而不被关注的战役。

伟人本可以拯救无数人的生命,却在战役中丧生;一颗子弹可能会折磨许多家庭长达几个世纪。同样,那些原本被视为庸才的人在战役中脱颖而出,无数的赞誉和机遇也随之而来,但是此前他们的才能不为人知或无处施展。一天的战役会催生出无数的戏剧、诗歌和小说;艺术有了新的使命,哲学也应运而生。一场战役能创造也能诋毁所有的思想流派。

因此,我不得不屈服于"军事史至上"的传统观点。这一观点从希罗多德和修昔底德(Thucydides)开始,几乎一直延续到19世纪末。当然,从理论上讲,所有历史事件都具有同等的重要性,比如19世纪美国女子学校的创办、马镫的使用、鸡的驯化以及领带的引入。这些社会和文化发展以翻天覆地或潜移默化的方式,不经意间改变了人类的生活。

然而,现实中并非所有的事都同等重要。或许,我们需要重温一下历史技艺的传统定义,即对过去重要或值得纪念事件的正式记录。虽然影片《我爱露西》(*I Love Lucy*)改变了20世纪五六十年代许多美国人看待郊区生活、女性角色和古巴人的方式,但是它不会像约克镇(Yorktown)战役、葛底斯堡(Gettysburg)战役和越南春节(Tet)攻势那样,以创建、维护或几乎损毁整个社会的方式改变美国。并不是所有过去的事都重要或值得纪念。

同样,并非所有的战役都同等重要。表面上看,参战

· 序 言 ·

人数越多,战略、战术和政治利益就越重要;杀戮者沾染的鲜血越多,创造历史的可能性就越大。从一个世纪后我们所知的历史事件来看——无论是罗伯特·李（Robert Lee）对抗北方联邦的伟大失败,小圆顶（Little Roundtop）上的英勇气概,巨大的死伤人数,还是林肯的演讲——葛底斯堡战役比1862年3月保卫北方阵营密苏里州（Missouri）的豌豆岭（Pea Ridge）战役更为重要。人们都知道萨拉米斯（Salamis）海战,因为它使西方文明在最后时刻从薛西斯（Xerxes）手中拯救出来;但是很少有人记起几周前的阿提密西安（Artemisium）战役,当时勇敢的希腊人在暴风雨的助力下抵御了波斯舰队的入侵。

一方面,学者们在为"伟大的战役"争论不休;另一方面,历史学家和编纂者不断出版这类书籍。然而,真正产生重大影响的到底是安提坦（Antietam）战役还是维克斯堡（Vicksburg）战役,诺曼底登陆战还是突出部之役（Battle of the Bulge）,斯大林格勒（Stalingrad）战役还是库尔斯克（Kursk）战役?他们并没有达成共识。我不想在序言中介入这场争论,而是将其留到"尾声"部分。我想说的是:尽管战役对文明的影响不尽相同,但它们至少适用一条普遍真理:既然人们在相对受限的空间、几个小时的时间里会有相互厮杀的反常念头,那么战役会比其他正常事件产生更大、更根本的影响。战役好比历史上的野火,而幸存者则如余烬一般飘浮在空中;他们一旦落到地面,便可能引发比原来更大的火势。我们只有回溯过往,准确了解这

战争的幽灵

些灾难如何持续影响着我们今天迷失的世界，才能明白这些重要的道理。

基于此，我试图打破时空的限制，选择三场不太为人所知的战役（分别以长矛、黑火药和现代枪炮为武器），揭示它们如何以我们未知的方式依然影响着我们今天的生活。至少在几个小时前，还很少会有人想这些。我们大都知道马拉松战役，却对公元前424年不起眼的德利姆（Delium）战役知之甚少。葛底斯堡战役与美国历史遗产密不可分，然而一年前的夏洛战役却无人重视。海量的书籍和电影会致敬诺曼底登陆，却很少有作品关注损失更为惨重的冲绳战役——它的知名度甚至不及伤亡更少的硫磺岛（Iwo Jima）战役。

这些战役本质上都是悲剧：虽然并非全都邪恶，但也没有多少正义可言。我们在对战役进行道德评判时，依据的是参战双方的性质、战士们为之战斗和牺牲的目标以及他们在战场上的表现。战役可以改变历史长达几个世纪，这是其他任何事件都做不到的。无论我们是奔赴战场，还是享受战后的和平，都应该明白这一道理。

第一章 自杀的代价：冲绳战役（1945年4月1日至7月2日）

浩劫的诱因

2001年秋至2002年初，西方为了对抗伊斯兰激进分子，将冲绳战役中狂热的神风特攻队（kamikazes）作为军事参照物。报纸上开始刊登他们的书信、专栏作家撰写太平洋战争的文章，参加过战役的退伍军人也经常出现在电视采访中。自杀式爆炸袭击让人从骨子里感到恐惧，甚至开始怀疑人类自我保护的本能。自杀式袭击者所秉持的信条与这个世界格格不入，这不免令人心生绝望：似乎这些敌人难以挫败，因为他们在一种伟大而又独特的思想指引下，前赴后继地为了某一事业而献身。然而，冲绳战役告诉我们，在自杀式袭击背后存在着一些更为可怕的机制，

▎战争的幽灵

使这种行为注定以失败告终。冲绳战役的恐怖会使我们产生无尽的困惑和恐惧;其实,神风特攻队员也非常挫败,没有什么成功感可言。这一结果让我们认识到,自杀式袭击的战士并非总是心甘情愿,他们也没有超人的意志。实际上,他们往往缺乏自信,内心充满了疑虑。冲绳战役的余波不仅冲击了我们的文学和文化,也波及军事领域。"9·11"事件之后,它们以前所未有的方式显现并提醒我们,为生存而战的人可以采用一系列战术和长远战略,使自杀式袭击者的计划落空。

1945年4月1日,美军发动冰山行动,大举进攻冲绳。这支太平洋战争史上最强大的海陆联合舰队,准备荡平这一长度仅有60来英里的小岛。在初期登陆部队、火力部署和军舰吨位方面,美军的进攻规模超过了近一年前的诺曼底登陆。自公元前480年薛西斯入侵希腊以来,冲绳战役或许是最激烈的一次海陆联合攻击战。而且,那些较早的大规模入侵都是剑指欧洲大陆,而非太平洋上的小岛。

美国派遣近1600艘舰船运送50多万士兵前往冲绳。最终,包括步兵、支援部队、空军和船员在内的25万人将参与占领行动。在40艘不同型号航空母舰、18艘战列舰和150艘驱逐舰的炮火支援下,6万名海军陆战队员和新成立的第10集团军步兵师将于第一天单独行动。在为期90天的战役中,来自陆军和海军陆战队的约183000名步兵准备在岛上作战。理论上讲,美军可以在战斗中投入12000多架战斗机。美国将这场战役定义为一次教科书式的军事演习,

第一章 自杀的代价：冲绳战役（1945年4月1日至7月2日）

因为他们在物资与军事力量方面占据压倒性的优势，即便最无畏的敌人也会被轻松消灭。

许多参加冲绳战役的美国士兵，都曾在硫磺岛、贝里琉岛（Peleliu）、塞班岛（Saipan）和塔拉瓦岛经历过残酷的战役。对于美国战舰、部队和战机来说，如果他们能够成功占领琉球群岛这一战略要地，那么位于350英里之外的日本本土将会门户大开。尽管美军为冲绳战役付出了惨痛的代价，但是官方军事史依然宣称，"冲绳战役的军事价值超乎一切"，为"即将到来的殊死之战"打下了基础。

对于这场既定的战役，美军信心十足，准备也非常充分。然而，他们忽视了一个关键而又苦涩的事实：敌人在冲绳战役中的战斗方式与战败方的战略战术完全不符。日军根本不在乎美军熟练周密的战术和巨大的物资优势，更不在意西方那套过时的战争理念，即战争的主要目的是击败敌人，迫使敌人投降，放弃无谓的抵抗，实现仅靠政治手段无法达成的目的。

实际上，日军从未真正想过从军事上击败进攻冲绳的美军！他们也不在乎自己的陆、海、空军能否在这场战役中幸存。冲绳岛上的守军甚至可能已经意识到，在这场战斗之后，冲绳将会在一段时间内（几个月甚至几年）由美军而非日军控制。日本杰出的防御战术制定者八原博通（Hiromichi Yahara）大佐在战后写道："事实上，我们在冲绳战役中毫无胜算。"

1945年中期以来，日军开始孤注一掷，所追求的目标

战争的幽灵

与一切常规战争迥异。他们的方案非常简单：不惜一切代价消灭美国士兵，炸毁或击落美军飞机，击沉美国军舰，让前线惊骇不已的美军士兵和国内异常悲痛的公民不愿再次经历这种磨难。或许，在见识到冲绳岛惨烈的战况之后，这些富裕而软弱的西方人会寻求与日本人谈判，并进一步达成停战协议；他们会意识到，没有必要为了让日方无条件投降，而在日本本土遭遇更大的灾难。因此，冲绳战役是日本人给美国人上的一堂自杀课，让美国人认识到必须停止进攻，否则数以百万的士兵将葬身在日本的海滩。用历史学家约瑟夫·亚历山大（Joseph Alexander）的话来说，日本人将冲绳视为"太平洋上的英格兰"。冲绳岛靠近日本本土，是日本对外扩张的巨大集结地和补给站。

尽管美军战术先进，在物资方面也具有压倒性的优势，但是在新阶段的消耗战中，日军在岛上仍然占据着主动：之前的几次战役都发生在太平洋的环礁上，与之相比冲绳岛则要大得多；它是日本管辖的岛屿，使日军占有主场优势；而且，岛上天气变幻莫测，珊瑚礁遍布，植被茂密，防御工事也已建好；再加上，日本守军的数量、性质和将领的领导力。从理论上讲，岛上的几乎每一名日本战士都能拼死抵抗很长时间。为了激励部队士气，岛上的防御指挥官牛岛满将军曾写过一个简短的标语，很好地体现了日军的战略："一机换一舰，一艇换一船，一人换十敌或一辆坦克。"不过真实的情况是，美军每消灭十个敌人只需要牺牲一名士兵；但是直到现在他们仍然觉得，战斗过程非常

·第一章 自杀的代价：冲绳战役（1945年4月1日至7月2日）·

离谱。事实也的确如此。

即便如参谋们所设想的那样，冲绳不过是一座寻常的岛屿，很快就会被攻克，但是"冰山行动"并没有像以前的作战计划那样，提供军队发动进攻所必需的兵力优势。美军在数量上只是日本守军的1.5倍，而非必要的3倍。日军守军包括11万士兵，以及被迫或自愿站在他们一边的广大平民。美军要派出多少参战人员才能实现他们可怕的任务，即杀光所有的敌人？100万？十比一的攻防人数比例？要消灭岛上每个洞穴里的每一名日本人，美军需要多少步兵、轰炸机和战舰？里面的狙击手、自爆兵和伏击手白天躲在珊瑚礁下，夜晚出动火炮、迫击炮和自动武器向美军开火。在硫磺岛战役中，歼灭23000名日军总共牺牲了6000名美国士兵，若是按照这个比例来计算，要想消灭冲绳岛上11万经验更为丰富的日军，又将牺牲多少名美国士兵？

事后看来，美军进攻冲绳岛所集结的部队并不算少，只是投入战斗的军舰数量实在太少，在激战过程中，不可避免地会出现重大伤亡。战役持续3个月，岛上的美军地面炮兵发射了1104630枚105毫米口径的榴弹，此外还有60万枚75毫米至115毫米口径不等的炮弹。虽然每15枚炮弹消灭1名日军士兵，但是它们并不能挽救数千名美军士兵的性命。战役还未过半，美军已向牛岛满的士兵投掷了数千吨炸药，却丝毫没有削弱敌人的抵抗意志。

1945年中期，美军的轰炸机炸毁了位于日本本土的许多重要工厂，美军的战舰与潜艇几乎切断了日本在太平洋

战争的幽灵

23 各岛的增援和补给。在此后数周,日军的战术大多经过深思熟虑。牛岛满将军、长勇(Isamu Cho)将军(此人是一名臭名昭著的极右翼分子,1931年曾参与恐怖暗杀活动,妄图操控东京内阁政府)和睿智的八原博通大佐制定作战计划,在美军滩头登陆时毫不抵抗,然后将其诱至日军防战牢固的岛屿南部开展全面的消耗战。白天日军几乎消失得无影无踪,而一到晚上,数万名士兵就会对美军阵线发动攻击。一些小分队频频向美军渗透,不断破坏其海陆火力优势。冲绳岛总面积多达几百平方英里,但是日本第32军聚集在占该岛1/3的南部区域,10万多士兵构建了一系列防线,占据着制高点,火力更为集中。

藏在暗处的火炮会对美军造成重创,并能顺利返回到安全的山洞和堡垒。岛屿南部的日军充分利用山丘、峡谷和峭壁,依靠一系列连续的屏障,构筑起牧港(Machinao)和首里(Shuri)两大防线。许多隐蔽的混凝土碉堡和战壕形成连续的射击区域,彼此之间通过隧道、电话、无线电通信以及秘密路径相互支援,美军几乎不可能穿过这里。日军隐藏在山坡背面的地堡里,意欲将美军诱至山顶,当他们毫无觉察地暴露在山脊上时,一举将其歼灭。

此外,分散的步兵小队盘踞在不易发现的区域,随时准备射击经过的美军。他们夜晚潜入美军的防御阵地,用狙击手日夜锁定美军军官。美军在岛屿南部寸步难行,推进非常缓慢,舰队也遭到神风特攻队飞机和"自杀"艇的全方位攻击,不得不撤离,岛上的部队孤立无援。在庆良

·第一章 自杀的代价:冲绳战役(1945年4月1日至7月2日)·

间群岛(Kerama Islands)附近,美军俘获或摧毁了350只"自杀"艇。

由于没有补给,这场战斗最终演变成了一场"末日之战"。无论是对日军还是美军来说,冲绳岛都如同一座人间炼狱。美军同日军一样,必须根据岛上剩余的弹药和物资来制定行动计划。神风特攻队对美国海军的攻击越频繁,美国地面部队面临的压力就越大。他们必须迅速正面攻下该岛,将易受攻击的美军军舰从"自杀式"飞机的致命打击中解救出来,毕竟日军"自杀式"飞机的基地就在不远处的日本本土。美军进攻固守的日军,需要付出昂贵的代价。如果日军无法逃离该岛,那么他们唯一的希望就是尽可能多地消灭陆上和海上的美军,迫使美军撤离并绕过该岛。惨烈的战事或许会吓退美军,使他们不愿在日本本土经历同样的灾难。

然而,美军并不这么认为。在庞大的联合远征军中,巴克纳(Buckner)将军指挥的第10集团军担任地面进攻任务。他毫不在意冲绳岛的自然环境(如今看来非常可悲),因为,对美军舰队空前的杀伤力、美军的后勤能力以及他那支强大的海军陆战队充满自信。尽管在塔拉瓦岛、硫磺岛以及贝里琉岛遭遇过恐怖的恶战,但是海军陆战队从来没有退却半步,在攻占日军防御阵地时所向披靡。他认为,航母轰炸机在2月、3月的狂轰滥炸,能使冲绳岛上所有的日军机场陷入瘫痪,确保美军拥有制空权。

即便2月中旬以来,连续的空中轰炸没有彻底摧毁敌人最强大的炮兵和指挥炮台,那么在登陆那天,海军的炮击

战争的幽灵

和密集轰炸也会将其摧毁。美军利用炮击的掩护,集结了大量的物资,包括数千辆输送车,数百万枚炮弹,成吨的汽油、食物和轻武器弹药,对日军形成了压倒性的火力优势。而日军则处于被封锁之中,物资储备有限,每天都在不断耗损。作战期间,美军每周都会在冲绳岛的海滩上卸下约 20 万吨的物资,几乎每天都会有运输船(共有 458 艘)从菲律宾、马里亚纳群岛(Marianas)、夏威夷和旧金山出发。

美国装甲纵队登陆后,准备采用在欧洲战场行之有效的正面进攻战术,逐步消灭装备薄弱的日军火力点。他们通过无线电指挥航母战斗机、轰炸机和移动火炮,对岛上的抵抗力量狂轰滥炸。几天之内,美军便可将溃退的日军逼向绝境,他们要么投降,要么被美国的海陆空联合轰炸歼灭。这大概就是美国将领们所料想的作战过程。显然,他们对珊瑚礁、岩洞和日军的战术天赋一无所知。

事后看来,巴克纳将军本应该充分考虑到冲绳岛上所面临的各种困难,包括陡峭的峡谷、难以通行的地形、神风特攻队的致命威胁以及多云多雨的天气。持续的降雨严重影响侦察的准确性和轰炸的效果,还让装甲车和步兵陷入膝深的泥泞之中。如果美军更谨慎一些,把侦察工作做好,就能对将要面临的困境和恐怖场景有所认知:冲绳岛由 11 万精锐的日军把守,而非之前估计的 6.5 万,足足是硫磺岛上日军人数的 5 倍。

日本守军用将近一年的时间,建造了许多难以攻破的

第一章 自杀的代价：冲绳战役（1945年4月1日至7月2日）

堡垒，它们设有多个出入口。近50万名冲绳居民混杂在守军之中，既有无辜的平民，也有积极的斗士。岛上或许没有推土机，也没有载货3吨的卡车，却有近25万劳工。他们手拿镐铲挖掘地下隧道，往里浇筑水泥，在珊瑚礁上开凿堡垒，历时一年多，终于建成了一个约60英里长的巨大网格，几乎可以无限量地为整座防御迷宫供应水、食物和弹药。鉴于岛上的地形、道路的险阻以及燃料的匮乏，从长远看，这些散工的工作效率堪比铲土机群。岛上的防御由日军中最具攻击性、经验最为丰富的三位地面指挥官负责。最终的事实表明，日军对美军进攻规模、方式和日程的预判非常准确，远远超过美军对日军防御的认知。

美军是否真的明白，他们的舰队位置相对固定，远远超出了地面战斗机和轰炸机的保护范围，而日军在不到400英里外的日本本土仍有数千架战斗机可用？即便日军失去了冲绳岛上的机场，他们在本土还有数百个基地，大量战斗机仅需两个多小时便可直达美军舰队。

倘若美军最高统帅部事先预料到了这些阻碍，那么他们实施轰炸的时间可能会更长，派遣的部队也会更多。其实，美军可以采取完全不同的陆上作战方案：对日军据点进行包围和孤立，而不是强攻，两栖登陆部队则通过侧翼包抄迂回到敌人防线后方。这样一来，他们将会进行持续6个月的消耗战，而不是在3个月内歼灭敌人。然而，这绝非海军陆战队的作战方式。在此之前，他们在太平洋岛取得了一系列胜利；再加上，当时海外美军的数量和物资都空

战争的幽灵

前的充裕。假如美军因害怕伤亡而绕过 11 万敌军士兵,那么他们又怎么能在日本本土进行最后的决战?事实上,美军的确取得了胜利:不仅凭借他们强大的火力、供给和战术,而且依靠士兵们内在的勇气和惨烈的牺牲——他们可能是这个国家孕育的最忠诚的一代。

在短短的 90 天里,双方牺牲了 25 万人,尸体纵横相互枕藉,这一切都与巴克纳将军和牛岛满将军设想的作战计划不符。然而,在第一周的大部分时间里,冲绳战役的进程几乎完全符合双方的预期,两军都没有多少损失。美军在登陆当天,海军军舰发动了史上最猛烈的轰炸,共发射了 44825 枚重型炮弹、33000 枚火箭弹以及 22500 枚迫击炮弹。如果每一枚炮弹能击毙一名日本士兵,那么战斗早在开始之前就应该结束了。然而,大多数炮弹在混凝土和珊瑚礁之间爆炸,并没有造成什么伤害。虽然轰炸也造成了人员死亡,但遇害者大多是缺乏日军防御工程保护的平民。

除了舰队的轰炸之外,许多舰载机也对海滩及邻近地区展开轮番扫射和轰炸。美军登陆(仅第一天就有 5 万多人)只损失了 28 人,并且在夜幕降临前完成了前四天的计划目标。美军只用了几个小时,就占领了敌人的两个大型机场。在最初的几天里,神风特攻队零星的袭击只对 6 艘舰船造成了损害,包括印第安纳波利斯号(Indianapolis)重型巡洋舰、西弗吉尼亚号(West Virginia)战舰以及不倦号(Indefatigable)航母。其他美军舰队则相对安全。随着海军陆战队向岛屿的北部和中部挺进,陆军向南部的敌军防线

第一章 自杀的代价：冲绳战役（1945年4月1日至7月2日）

推进,美军的入侵取得了显著的进展。

初期美军推进迅速,伤亡轻微,巴克纳将军属下的海军陆战队高级指挥官盖格（Geiger）将军说道:"别问我为什么我们没有遭遇更多的抵抗。我也搞不懂。不过如今我们轻松地与日军对阵,只付出了极小的代价。"美军的轰炸和顺利登陆让海军上将特纳（Turner）非常兴奋,他向尼米兹（Nimitz）所在的指挥部报告称:"我的说法可能有点疯狂,但是日本人似乎已经放弃了战斗,至少在这个地区如此。"

美军轻易登陆后,最初的乐观情绪在北部持续了一个星期。4月12日,海军陆战队第6师几乎没经历苦战就击溃了日军的大部分抵抗。4月20日,该师和其他海军陆战队部队基本占领了该岛的2/3。但是在海上,战斗形势在4月6日发生了戏剧性的变化。日军出动200多架神风特攻机,出人意料地对美军舰队发动大规模的袭击,击沉了4艘军舰,并损坏了10艘。随后,日军7万吨级战舰大和号（Yamato）及其护卫舰和巡洋舰对美军展开猛烈攻击,然而却有去无回,以失败告终。在接下来的10周里,日本派出成百上千架自杀式飞机,发动了十几次有组织的袭击。美军虽然将其击退,却也损失了5000名水兵,这成为美国海军史上损失最惨重的一次战斗。

与此同时,在岛屿西南部,美军终于到达固若金汤的嘉数高地（Kakazu Ridge）。这里的守军是日本第13步兵营,分布在众多珊瑚山洞穴和通道中,由才能出众的原为

战争的幽灵

一（Hara Tameichi）大佐指挥。4月9日至12日，美军发动数轮攻势，虽然歼敌4000多人，却始终未能夺下所需的几百码珊瑚礁，而且伤亡近3000人。美国人这时终于意识到，他们步入了一个巨大的陷阱，配备重型武器的日军在暗堡里以逸待劳。4月10日至24日，岛屿南端的美军几乎全部出动，发起多次进攻，但依然未能击溃日军防线。

令人费解的是，面对日军突如其来的顽强抵抗，美军并没有修改最初的作战计划，而是依然坚持向前进军。没人能像日本人那样巧妙地利用崎岖的自然地形，也没人能像日本人那样负隅顽抗。然而不幸的是，他们的对手英勇无畏，精通各种近距离作战技巧，又有压倒性的火力优势和先进的技术做辅助。尽管美军受到了日军的强力轰炸——口径320毫米的超大迫击炮、数组75毫米和150毫米榴弹炮、47毫米反坦克炮以及无数的隐蔽机枪。4月12日突然收到罗斯福总统去世的消息，4月13日又遭遇了日军大规模的反攻，但是他们重新集结，继续向南推进，最终在当月下旬与进攻北方本部半岛（Motobu Peninsula）归来的海军陆战队实现了会师。

4月20日，首里防线开始陷落。4月25日，牛岛满将军撤退到首里防线后方更为坚固的堡垒之中。在5月的大部分时间里，两军一直处于僵持状态。"喷灯加开瓶器"（blowtorch and corkscrew）的作战方法——将汽油灌进洞里点燃，或用炸药炸开洞口，抑或二者兼用——使战斗变得愈发野蛮，演变成了肉搏战。显而易见，日军只要在地下

· 第一章 自杀的代价：冲绳战役（1945年4月1日至7月2日）·

堡垒中，就几乎是不可战胜的。为了将他们驱赶出来，美军动用了烟雾弹、磷弹以及大量的汽油。

5月12日至19日，美军在甜面包山的战斗尤其令人绝望。海军陆战队企图采用日军"万岁冲锋"（Banzai Charge）的方式强攻山坡，而日军则以美军惯用的方式，依靠火力优势固守阵地。美国陆军旅得到海军陆战队的增援后，在泥泞和雨水中持续作战一周多，却依然没有进展。5月21日，牛岛满将第32军剩余兵力撤回到该岛西南角的最后一处堡垒。然而，战斗在6月依然激烈。6月18日，巴克纳将军阵亡，成为二战期间美国在太平洋战场上牺牲的最高级别指挥官。牛岛满和长勇则在一周后自杀。

直到7月2日，冲绳才被正式认定为安全地区。如果要将日军第32军尽数歼灭，美国第10集团军会因此遭受重创，要重建受损的陆军和海军陆战队，需要花费数月的时间。也许是因为美国海军请求加快进攻速度，以使舰队免受神风特攻队的日常袭击；也许是因为美军越来越沮丧，付出巨大的代价却只占领了很小的区域，巴克纳将军在全无章法的正面攻击中投入了更多的兵力，却无视下属切断敌军补给、包围敌军或绕过敌军坚固防线的建议。陆军第77步兵师指挥官安德鲁·布鲁斯（Andrew Bruce）少将极力主张，美军应该在首里防线后方的岛屿南部登陆，迫使日军两面作战。然而，他的建议被否决了，因为这会分散正面攻击所需的宝贵物资，最终造成双重消耗。

4月底，美军在北部依然遵循先前制定的战略，而不是

29

战争的幽灵

绕到日军后方进行两栖登陆。他们重新部署了两个海军陆战师，替换此前遭受重创的陆军团。有些团的作战效率不到40%，若干受损的排甚至只剩下五六个人。在5月的大部分时间里，美军为这一传统的进攻战略付出了高昂的代价。根据战后幸存的日本士兵的访谈，尤其是八原博通大佐的证词，如果美军当时实施敌后登陆，那么美军早就攻破日军脆弱的防线了。

美军固执己见的结果是，从4月1日进攻冲绳岛到7月2日战役正式结束，3个月内陆军和海军共损失了12520人，另有33631人受伤或失踪。尽管海军航空兵在攻击岛屿和日本本土以及保卫舰队的战斗中英勇无畏，但是他们90天内在空中和航母上损失了763架飞机，据称日军损失的飞机是这个数字的5倍。美国海军每天不仅损失8架巡逻机，还遭受了170年以来历史上最严重的损失——36艘船沉没，368艘船受损。在这场战役中，每周有3艘战舰沉入海底，另有30艘遭到敌人的轰炸或撞击。美军舰队在冲绳岛附近布防期间，平均每天有4艘舰船被神风特攻队袭击。日方不无夸张地宣称，有近1万架海军飞机参加了3月至6月的战斗，其中绝大多数是常规轰炸机和战斗机。

这种破坏力让日军感到自豪，但他们也为此蒙受了更严重的损失：至少有11万人死亡，或者说差不多每牺牲10人才能换1名美国士兵；平均每小时有50人死亡，几乎每分钟就有1人死亡，这种悲惨的场景整整持续了3个月。大约有10万名平民死亡——我们并不清楚有多少是活跃的战

· 第一章 自杀的代价：冲绳战役（1945年4月1日至7月2日）·

斗人员，也不清楚冲绳岛居民的受伤和失踪人数。据估计，有2万多士兵和平民被封锁在洞穴中。只有不到7500名日本士兵被俘。总而言之，冲绳战役伤亡超过25万人，平均每天有2500多人死亡，主要集中在岛屿南部几平方英里的狭隘区域。

E. B. 斯莱奇（E. B. Sledge）曾参加过这场战役，当时在海军陆战队第1师。35年后，他这样描述位于首里防线上的屠杀：

> 一些地方的泥浆能没过膝盖，如果有人敢冒险，可能会遇到更深的地方。蛆虫在尸体周围几英尺的淤泥中爬行，很快会被雨水冲走。这里没有树，也没有灌木。四周是空旷的原野。炮弹将草皮彻底毁坏，地上没有任何植被。夜幕降临，大雨浇灌在我们身上。到处都是泥浆和炮火，积水的弹坑里枕藉着无言、悲惨和腐烂的尸体，毁坏的坦克、水陆两用车和装备被弃置一旁——满目疮痍的景象……我们深陷地狱，无时无刻不感到战争的恐怖……我们面对着首里防线，身处泥泞和暴雨之中，被蛆虫和腐尸包围着。人们在如此恶劣的环境中挣扎、战斗和流血，我认为我们被扔进了地狱的粪坑。

这些杀戮是为了什么？在战前有许多战略原因。显而易见，美国将获得一个640平方英里的巨大基地。这里距离

> 战争的幽灵

日本本土仅有350英里，可以作为将来决战的集结地与补给地；这里是一处深水港口，可以停泊整支美国舰队；这里还拥有几十个空军基地，可以停靠战术战斗机和战略轰炸机。同样重要的是，美国人认为，冲绳岛的陷落使日本在太平洋战场上的舰队和海上的空军力量不复存在。敌军最精良的军队也将被歼灭。美军未来对九州和本州的进攻——奥林匹克行动和小王冠行动（Operations Olympic and Coronet），将完全占有空中优势，丝毫不用担心日本海军的攻击，邻近地区许多经验丰富的日本地面部队也早已被消灭。

不少日军指挥和参谋在战斗尾声自杀，但他们并没有彻底失败。八原博通大佐指出，在岛上的日军高级将领自杀之前，美军最高指挥官巴克纳将军已被日军击毙。甚至美国总统也在战争期间去世。或许在日本人眼中，不断攀升的死亡数字会震慑美军，毕竟，日军最初的目的从来不是取胜或存活，而是重创美军，迫使其重新考虑是否进攻日本本土。

日本人认为，美军的伤亡会在九州和本州重演，这或许不无道理，然而，他们认为美国人不会进攻本土，这就大错特错了。冲绳战役的胜利让美国人意识到，征服日本会牺牲成千上万美国士兵的生命，但是他们可以而且必须征服日本。据称，在日本本土有50个作战师、数百万民兵以及数千名训练有素的神风特攻队队员，他们全副武装，以逸待劳，破坏力极强，然而这丝毫不能动摇几十万美军在日本海岸结束战争的决心。

第一章　自杀的代价：冲绳战役（1945 年 4 月 1 日至 7 月 2 日）

冲绳并不是第一个实行自杀式袭击的战场。美军在瓜达尔卡纳尔岛（Guadalcanal）和莱特湾（Leyte Gulf）作战时，在地面和空中都遇到过类似的袭击。平民跳崖或在洞中自杀，也不是第一次发生。在塞班岛马尔皮角（Marpi Point）发生的马里亚纳海战中，也零星地出现过这种恐怖袭击。我们应该记住，成千上万的美军在硫磺岛上牺牲，而他们几乎消灭了一切不肯投降的日军。冲绳战役融合了三年以来所有岛屿战役恐怖、残忍的因素，这不仅是太平洋战争的最后一场战役，而且是过去所有杀戮的集合。

1945 年 7 月，美军在取得惨烈的胜利之后，并没有极力避免下一场冲绳战役，而是设法降低损失，继续采取相同的战略。在击败了冲绳岛上的自杀式袭击者之后，美军觉得他们无所不能，在任何境遇下都能存活。这当然是事实。但是冲绳战役刚刚过去一个月，美军为避免再次取得皮洛士式的胜利（Pyrrhic victory）①，也不愿正面对抗神风特攻队、难以辨别的平民和民兵、装备炸弹的士兵以及自杀式袭击，而是将使用震惊世界的进攻方式。

自杀实验室

不论历史上还是神话里，一心寻死的斗士非常普遍：

---

① 皮洛士（前 319 年或前 318 年—前 272 年）是古希腊伊庇鲁斯国王，曾领兵前往意大利与罗马交战，虽然获胜却付出了极为惨重的代价，后来用"皮洛士式的胜利"表示付出惨重的代价而取得的胜利。——译者注

战争的幽灵

有人面对劫数难逃的命运选择结束自己的生命,有人执行一项没有生还希望的攻击任务,有人在受伤和临死的绝境下依然奋勇杀敌。在即将被围困之际(公元前480年),斯巴达国王列奥尼达斯(Leonidas)在温泉关(Thermopylae)遣散了数千名盟军士兵,率领剩下的299名斯巴达人、几百名特斯匹伊人(Thespians)和忒拜人(Thebans)①准备离开隘口,冲向成千上万的波斯军队。"勇敢战斗吧,"据说国王在全军覆没前几个小时对斯巴达人喊道,"我们今天将在死人堆里共进晚餐。"

公元73年,犹太人起义反抗罗马统治失败,狂热的信徒在最后的据点马萨达(Masada)被围攻。在罗马人展开攻势之前,以利亚撒·本·亚伊尔(Eleazar ben Yair)领导的起义军集体自杀。根据历史学家弗拉维奥·约瑟夫斯(Flavius Josephus)的统计,在960名被困的成人和孩子中,只有7人生还。1943年1月,德军在斯大林格勒被包围,然而希特勒命令他们既不能逃跑,也不能投降,而是要战斗到最后一人,这相当于成千上万人的自杀。

然而,日本敢死队在很多方面与悠久战争史上的一切狂热自杀行为迥异。成千上万的日本人被训练成自杀飞行

---

① 关于"Thebes"的译法,有人译作忒拜,也有人译作底比斯,因此"Thebans"也对应着忒拜人和底比斯人两种译法。译者比较认同杨德煜的观点,故在本书中统一译为"忒拜"和"忒拜人",参见杨德煜:《关于希腊神话传说中的一些人名和地名的译法》,载《宁波大学学报》(人文科学版),2006年第9期,第53—57页。——译者注

第一章 自杀的代价：冲绳战役（1945年4月1日至7月2日）

员。更甚者，自杀式炸弹袭击者驾驶着舰艇发动攻击，许多步兵采用自杀式冲锋，作战时身上绑着炸药包或者手榴弹。这些自杀者唯一的目标是，在死之前尽可能多地杀死美国人。这种自杀行为受到国家的认可。自杀式袭击出现之后，很快就不再是偶发事件，甚至由日本政府进行大规模的策划和组织。一个现代化的国家为何会采用这种未开化的方式对付敌人？

当然，战争中的绝望是一个跨越时空的人性常量，会让人突然接受曾经不可思议、令人厌恶的行为。1944年秋，日军在守卫菲律宾的战争中，出现了第一批有组织的自杀战士，这丝毫不令人意外。当时大部分日本空军和海军要么撤退，要么被摧毁。在美军逼近日本本土之际，日军对使用传统手段阻止强敌几乎不抱希望。随着牢不可破的"共荣圈"最后一道防线被攻破，1941年12月8日这种自杀式袭击被视为愚蠢和毫无必要的做法，但是到了1944年10月就不再如此了。12月7日，日军指挥官得到海军上将山本五十六（Yamamoto Isoroku）的许可，派遣水兵驾驶双人小型潜艇进入珍珠港，而执行这一冒险任务的前提是至少保证有营救的机会。

当1945年4月1日美军登陆冲绳时，日本面对的是军事史上最强大的舰队，无法通过常规措施将其击沉或驱逐。日本最好的飞行员们早已牺牲。他们曾经传奇的零式战斗机如今已被各种美国战斗机超越；他们的主力舰大多被击沉，或是停靠在干船坞里，又或是缺乏足够的燃料。更重要的是，1945年3月美国B-29轰炸机开始轰炸日本，军

战争的幽灵

国主义者据此向士兵和平民宣传，美军的目的并不是打败日本军队，而是消灭日本人民。

1944年至1945年，日本军队虽然走投无路，但是他们的绝望并没有特殊之处。在过去3000年的文明战争史上，无论是坎尼会战、君士坦丁堡（Constantinople）的陷落，还是坦能堡（Tannenberg）战役，在劫难逃的军队要么悄然投降，要么遭到屠杀，他们的指挥官从来没有成立过组织严密的自杀部队。而且，如果一个国家要让年轻人去执行这种一去不返的任务，需要具备某种特定的意识形态和狂热精神。就日本而言，早在太平洋战争形势开始恶化之前，在20世纪三四十年代的军国主义社会中就充斥着这些因素，普遍接受这种终极献身的需求不断增长。

直到19世纪，日本文化仍然具有很强的封建性和等级制，许多幕府将军及其小领主大名（daimyo）通过雇佣武士来掌握权力。将整套宗法体系凝聚在一起的黏合剂是耻感文化。这种文化不仅需要各种仪式，以确保对统治者绝对地服从，而且需要宣誓效忠，甚至甘愿为之献身。

武士道并非离经叛道，而是借鉴了一些更为传统的日本宗教信仰。儒家思想一直灌输绝对忠诚和服从权威的必要性。神道教（Shintoism）则不断提醒士兵，他们是神的后代，如果在战斗中表现英勇，死后就能回到神的世界。甚至主流的佛教也认为人生无常，死亡并非生命的终结，而是一种全新不同的存在形式。

然而，如果仅仅是对权威、超验性以及道德律例的信

第一章 自杀的代价:冲绳战役(1945年4月1日至7月2日)

奉,并且不考虑基督教对自杀的反感,也并不足以促使日本创建神风特攻队。1905年日俄战争和第一次世界大战期间,日本士兵的行为还相对传统,具有人道主义精神。要招募数千名自杀飞行员,需要具备以下三个条件:缺乏民主的社会、对来世的信仰以及对自杀少有禁忌的文化。

20世纪30年代,军国主义者的破坏使日本立宪政府昙花一现,为这种极端行为提供了必要的条件。这些密谋者不仅仅是垂涎权力的暴徒,里面更极端的一部分人——比如残暴的"樱会"(Sakura-kai)成员长勇(后来在南京大屠杀中成为嗜血的屠夫),则是深谋远虑、阴险狡诈的革命分子,妄图用一些反动术语为日本塑造一个全新的身份。

在这种背景下,军队中的民族主义思想为传统保守的日本文化增添了新的成分。如今日军的将领们大肆宣扬西方科技,当这种理念与灵魂净化的思想结合时,就会创造出比颓废的欧美军人更优秀的日本战士,因为养尊处优的西方人过于依赖物质财富和机械装备,反而忽略了内在的勇气。新出现的极端民族主义者将"精神教育"(Seishin Kyoiku)——源于对殖民主义的愤恨和对西方种族优越感固有的蔑视——嫁接到传统的天皇崇拜之上。于是,全体公民被灌输了种族纯洁性和民族命运的信念,而这要求每一名日本人要绝对忠诚。

青少年在学校接受的是灌输式的教育,他们被教导必须在日常生活中为天皇牺牲,因为天皇是优越的大和民族神圣使命的化身。这些怪诞的学校成为伊斯兰激进分子学

| **战争的幽灵**

校的前身,如今仍在中东制造着大量自杀式袭击者。人们越来越重视在战斗中牺牲所赢得的荣耀,特别是在威胁利诱下拒绝投降和坚决杀敌的行为。1941年初,陆相东条英机(Hideki Tojo)正式签发军事"道德准则"《战阵训》,鼓吹每一名日本士兵不要"害怕为永恒正义的事业牺牲。不要屈辱地活着。不要在屈辱中死去,否则会遗臭万年"。这种牺牲会使日本战士成为神灵,或许还能在"爱国者神社"(位于东京九段坂上的靖国神社)中永生。该神社建立于1869年,专门供奉在战争中牺牲的战士。

在西方民主国家,甚至在极权的纳粹德国和苏联,也不可能发生这种大规模自杀式袭击事件,因为它是特定背景下多种因素共同作用的产物:日本传统的文化习俗,1944年至1945年战事的溃败,以及东京独裁将领的大肆宣传。即便如此,神风特攻队也很可能昙花一现。支撑它的一个重要因素在于,日军偶然发动的第一波袭击取得了一定的效果:1944年秋,他们在莱特湾战役中击沉和摧毁了一些美军军舰。在任何一个时代,自杀式袭击都不曾绝迹,因为总有人认为它具有某种战略和战术意义。

支撑神风特攻队的另一个重要因素是,各类宣传报道不断夸大他们的狂热和战果。由于日本的媒体由国家操控,再加上宣传部门雷厉风行,所以统治者可以向民众公然宣称,只有自杀式袭击才能将他们从美国的威胁中拯救出来——或者在必要的时候否认糟糕的现实。如果有人告诉他们真相:自杀式袭击伤亡惨重,而且神风特攻队没有独

·第一章 自杀的代价:冲绳战役(1945年4月1日至7月2日)·

自击沉过任何一艘美国战舰或航空母舰,那么早在1944年初,低沉的士气就会击垮自杀飞行员的队伍。

这种特攻队对敌人物质、心理和政治上造成的长期破坏微乎其微,如果创建者能够认识到这一点,那么自杀式袭击很快就会被无条件叫停。然而早期的报道声称,传统的空中轰炸无法实现神风特攻队的攻击效果,再加上日本陆军和海军的飞机不断耗损,到1944年夏天已远远超过政府更换飞机或培训新飞行员的速度。焦虑的情绪在日军中蔓延,如果不能尽快制定出新的战术,那么不断削弱的抵抗力量很快就会湮灭。既然飞行员注定要被击落,那么何不借机消灭一些敌人?对他们来说,成为战俘是一种屈辱,即便对敌人不会造成任何损失,他们也要战死沙场。

日军统帅认为,他们一旦越过雷池,将国家组织的自杀行动接纳为合法的军事战术,就有可能在一定程度上恢复对抗美军的实力,进而避免无条件投降。1945年,日军前线的轰炸机和战斗机数量锐减,技术落后,在对美国船舰和轰炸机发动常规攻击时,无法与其全新的地狱猫(Hellcats)和海盗(Corsairs)战斗机相抗衡。而且,日军的航空燃料供应非常短缺,甚至无法满足为培养合格飞行员而进行的必要飞行训练。但是日本拥有成千上万陈旧的零式战斗机、俯冲轰炸机和鱼雷轰炸机——仅1944年就生产了26000架,还有无数满腔热血、赤胆忠心的士兵。

那么日军怎样才能扳平局势?如果以传统的方式训练一名优秀的飞行员,可能需要一年的时间;如果批量生产

战争的幽灵

同美军最新机型相匹配的原型战机并用于常规空战,则还需要两到三年的时间。1944年末至1945年初,日军亟须设计一套战术以解燃眉之急,让数以千计的老式战机和稚嫩的飞行员去摧毁世界上最先进的军队。自杀式炸弹似乎可以很好地解决这一困境。零式战斗机仍然是一款相对可靠的机型,即便无法用它来对抗更为先进的格鲁曼F6F-5"地狱猫"战斗机,经验丰富的飞行员仍然可以义无反顾地从高空俯冲,从而将其变成致命的巡航导弹。当零式战斗机短缺时,任何能飞的飞机——从笨重的教练机到过时的俯冲轰炸机——都能在对抗美军的战场上获得用武之地。这些遗弃在机库中的飞机一旦在大规模作战中使用,飞行员的性命就无关紧要了。

如果一名战士在进攻之初就不打算生还,那么他根本不会在乎油箱是否满油、回程天气是否晴朗、同基地的无线通信是否畅通、空战策略是否合理、飞机的性能是否优良。日军将年轻的狂热者"捆绑"在载有炸弹的飞机上,以此弥补同美军两到三年的技术劣势;日军飞机在速度和性能上的不足,如今通过超人般的精准度得以挽回。神风特攻队队员是早期的智能炸弹,其制导系统搜寻和追击移动敌人的能力远超过任何一台计算机。

神风特攻队队员的目标只有一个:锁定并消灭敌人。他们唯一关心的是,如何使出浑身解数击中敌舰或大型轰炸机;他们完全不用考虑保护战友、躲避炮火、安全返航或挽救战机。对死亡的执念使日军在战争最后关头创立了

第一章 自杀的代价：冲绳战役（1945年4月1日至7月2日）

一种机制，能将二流的飞机和三流的飞行员转换成一流的导弹。与之相比，德军的V-1导弹乃至英美武器库里的任何导弹都要逊色几分，因为它们一经发射便无法改变弹道或基本方向。

在第二次世界大战最后几个月里，神风特攻队的出现迅速掀起波澜，以不可预料的方式影响着社会，余波持续至今。1945年4月至6月，他们对美军舰队造成的破坏令人惊骇，也使得战争中的人认识到，敢死队可以极大地弥补实力上的差距，只要将科技与某种纵容和孕育自杀行为的思想或宗教结合就行。

冲绳战役带来的直接教训是，自杀式袭击可能在一段时间内削弱敌人在军事和技术上的优势。西方先进的武器装备——无论是自密封油箱、机载无线电和雷达通信、坚实的装甲、弹射座椅和降落伞，还是复杂的海上搜救基础设施——在很大程度上是为了保护战斗人员，并尽最大可能伤害敌人。但是如果发动进攻要以士兵牺牲生命为代价，那么战争就毫无意义可言。

虽然日军在冲绳战役中战败，但是自杀式袭击的思想延续至今绝非偶然，因为它为军事和技术上落后的一方带来了希望。他们通过特定的宣传、意识形态或宗教灌输，塑造了一批自杀式袭击者，西方先进成熟的基础设施在他们面前依旧脆弱。即便没有F-16战斗机或B-52轰炸机，操纵一架燃料充足的客机同样可以达到效果：只要飞行员及其同伙驾驶飞机冲向目标即可。那些一心赴死之徒，会

| 战争的幽灵

将竭力谋求活路的人视为懦夫。在这种情况下,先进武器与劣质武器相比并没有优势,因为前者以保护使用者、消灭敌人为目标,而后者只管破坏而不顾使用者的死活。

从长远来看,冲绳战役中的自杀式袭击带来了什么教训?我们会发现,神风特攻队和大批自杀战机的使用,完全改变了美国人的战争思维和实践。从那时开始直到今天,美国人始终以更为可怕的方式终结日本人挑起的事端。

神风

1274 年和 1281 年,忽必烈汗的蒙古大军两次东征日本,都因突如其来的台风被迫撤退,"神风"使日本免于外部强敌的入侵。大约 700 年后,大自然没有再次为日本人对抗强大的美军提供帮助,于是他们用士兵和机器掀起了一股新的"神风"。

在第二次世界大战初期,一些日本士兵和飞行员在面对人数众多、物资优势巨大的美军时,倾向于采取近乎自杀的战术。在瓜达尔卡纳尔岛战役(1942 年夏季和秋季)和阿留申群岛(Aleutians)战役(1943 年 5 月),数百名绝望的日本士兵成群结队,不顾一切地冲向布满炮兵和机枪的美军阵地,即所谓的"万岁冲锋"。在任何情况下,这种牺牲都会导致可怕的伤亡,却并不能改变战局。日军飞行员在受伤或濒临坠毁时,有时也会驾驶飞机撞向美国舰船。1942 年 10 月,日军在瓜达尔卡纳尔岛附近以这一方式击沉

· 第一章 自杀的代价：冲绳战役（1945年4月1日至7月2日）·

了大黄蜂号（Hornet）航空母舰。

日军在菲律宾的防御陷入绝境之后，才第一次成功地实施有组织的大规模"神风"行动。这是"胜利计划"（Sho plan）的一部分，以应对美国发动的海陆空全方位攻击。据称，10月25日海军中将大西泷治郎（Takijiro Onishi）率领新组建的大和号和敷岛号（Shikishima）战舰群，成功地发动第一次"神风"袭击，重创多艘美国舰船，并击沉了圣罗号（St. Lo）护航航空母舰。日本人认为，新成立的神风特攻队会成为令人闻风丧胆的武器：一旦美军意识到身处绝境的日军铤而走险，无所不用其极——许多日军飞行员不顾自己的生命，随时驾驶飞机撞向敌人的舰船——那么他们便会惶惶不安、丧失信心。负责指挥神风特攻队的猪口力平（Rikihei Inoguchi）和中岛正（Tadashi Nakajima）认为，这一维系日本人信念的军队极为特殊：

> 历史上虽然有不少士兵会在必死的情况下做殊死搏斗，但是它从来没有成为一种长期执行的系统性方案。在生死攸关的行动中，无论多么风险，总有生存的机会。然而，"神风"袭击只能通过士兵自杀得以实现。袭击就是死亡，二者是一回事。

从1944年10月25日开始到1945年4月爆发的冲绳战役，日军不断改进武器和战术，对美国舰船发动了一系列自杀式袭击，最终发现最实用的武器是携带500磅炸弹的零

▌战争的幽灵

式战斗机。有时候飞机为了躲避雷达掠过海浪,撞击美军船只脆弱的吃水线位置。更多的时候,它们会飞到高空,从近2万英尺的高度俯冲下来,以避免遭遇敌人防空火力和战机的攻击。发动袭击的最佳时间是黎明和黄昏,因为日出和日落时分比夜晚更容易识别敌人的舰船,还能避免白天飞行的危险。通过葬礼仪式、公共庆典和特意的媒体报道,军国主义者将神风特攻队浪漫化,以招募更多的队员,并获得持谨慎意见的统帅部和持怀疑态度的广大民众的认可。密切的小组互动、讨论和思想灌输,可以有效地防止胆怯的人改变自杀的主意。1944年秋季和冬季,神风特攻队在菲律宾破坏和击沉的美军船舰,超过了自珍珠港事件以来任意三个月内的数量。到1945年初,越来越多的自杀式轰炸机在台湾和硫磺岛袭击美军,摧毁了几十艘驱逐舰和轻型航母。

不同于传统的攻击,孤注一掷的零式战斗机所产生的破坏力超过了炸弹。除了重达500磅的爆炸装置之外,飞机自身的重量、密度和体积在时速高达300英里的冲击下,可以轻易地摧毁航母的木制甲板,甚至是钢板搭建的上层结构。在撞击的过程中,大量的航空燃料以凝固汽油的方式被点燃,在爆炸过后会造成火势蔓延。而且,自杀式袭击的发明者认为,敌人会因此而产生恐惧心理:当美军水兵意识到攻击他们的不仅是炸弹和子弹,还有整架飞机和飞行员,他们可能很快就会变得意志消沉。不过事实证明,这一想法是错误的。

第一章 自杀的代价：冲绳战役（1945年4月1日至7月2日）

然而，真正的考验在冲绳岛。那里的日军由老练的牛岛满将军和狂热的长勇将军指挥，决心以死殉职，消灭成千上万名美军。3月，数百名来自九州本土的神风特攻队队员组织所谓的"菊水"（Kikusui）作战。"菊水"意为"漂浮在水面上的菊花"，以传统纯洁的花朵来命名和象征空中和海上的联合行动。相比在菲律宾和硫磺岛，日军认为他们在冲绳更有机会摧毁美军船舰。该岛距离美军的空军基地太远，无法实施飞机轰炸。在新占领的岛屿建立起基地之前，美军两栖攻击所需要的空中支援几乎都来自航母。从理论上讲，神风特攻队几天之内便可摧毁这些数量有限、漂浮的木质跑道。

换句话说，美军舰队的位置几乎是固定的，一直驻扎在冲绳附近，没有陆军航空兵的庇护，完全处于来自日本本土的数千架飞机的攻击范围内。通常情况下，这种额外的部署不会对美军将领造成困扰，因为他们相信，新型航母战斗机和训练有素的飞行员可以迅速应对常规攻击和偶尔的自杀式袭击。

然而，日军实施自杀式袭击的规模完全出人意料。他们大约准备了4000架飞机，发动约10次大规模的"菊水"袭击，而且在美军刚登陆后就立即展开行动。其中，最激烈的一次当属4月6日的首次袭击。在整个白天和黄昏时分，约有223架飞机对美军发动俯冲攻击，其目标是在登陆海滩附近的美军攻击舰队——第58特遣舰队，以及冲绳岛东北部的多艘雷达警戒驱逐舰。尽管缺乏零式战斗机的掩

｜ *战争的幽灵*

护,飞行员的训练也严重不足,但是由于投入的飞机数量空前,神风特攻队至少击中了 14 艘船舰。美国人从来没见过这种进攻阵势。

更甚的是,美军有 15% 的舰队遭到了不同程度的损毁,可见神风特攻队的破坏性远高于以往传统的日本海军飞行员。对美军来说唯一的安慰是,敌机的大部分目标是远方充当雷达哨的驱逐舰。也许自杀式飞机意在破坏美军舰队核心的预警系统;也许他们满足于每次袭击能击沉一艘小驱逐舰;又或者,日军飞行员们认识到,他们在向美军舰队中心位置的航母进发途中,可能在巡洋舰和战列舰上空就会被击落,于是便会选择攻击视线内的第一个目标。虽然日军在首轮攻击中只击中了汉考克号(Hancock)航母和圣哈辛托号(San Jacinto)轻型航母,但是美国人立即意识到,如果他们以如此惊人的速度失去雷达哨驱逐舰、扫雷舰和补给舰,那么他们的主力战舰最终也会成为牺牲品。

4 月 12 日,神风特攻队以更大的规模卷土重来。大约 350 架轰炸机和战斗机从九州起飞,同护航战斗机混杂在一起;一些经验丰富的优秀飞行员计划对美军发动常规攻击。这次日本人投下箔条来干扰雷达,并在接近黄昏时从各个高度和方向对美军发动进攻。零式战斗机严重破坏了一些美军大型战舰,包括进取号(Enterprise)和埃塞克斯号(Essex)航空母舰,密苏里号(Missouri)、新墨西哥号(New Mexico)、田纳西号(Tennessee)和爱达荷号(Idaho)战列舰,奥克兰号(Oakland)巡洋舰,以及数十艘辅

第一章 自杀的代价：冲绳战役（1945年4月1日至7月2日）

助性的驱逐舰、炮艇和扫雷舰。

美国海军非常震惊，想尽一切办法阻止这种无法预见的伤害。他们轰炸了日军在九州的基地，那里的飞机经过伪装分散在各处，很难被侦察到。他们还将航母舰载机的任务由空袭冲绳岛调整为舰队防御，并增加了几十组防空炮为舰只护航——海军的炮火最终击落了70%的攻击者。4月16日，神风特攻队155架飞机对美军发动第三次大规模袭击。日军再次击中了一艘美军航母——无畏号（Intrepid），以及更多的驱逐舰、扫雷舰和油轮。在接下来的3个星期里，日军不断实施俯冲攻击，几乎每天都在破坏和击沉美军船舰。5月3日和4日，日军再次组织大规模的密集空袭，共动用305架飞机——至少损失了280架，摧毁了美军近12艘雷达哨驱逐舰和支援舰。

日军的袭击让美军疲惫不堪。5月11日，日军攻击美国海军上将米切尔（Mitscher）所在的邦克山号（Bunker Hill）航母，并击中新墨西哥号战列舰。美军官员5月底预计，如果神风特攻队保持当前的进攻效率，那么美军舰队将不得不在6月中旬撤退，否则他们会损失一些重要的主力舰，多数驱逐舰会被击沉或毁坏，海员主力也会伤亡惨重。在近两个月的时间里，美国海军天天与自杀袭击作战。他们目睹最优良的舰船被击中，战友被炸得粉身碎骨，却没有任何方法阻止日军的袭击。由于神风特攻队孤注一掷，即使是三四十架飞机组成的小规模空袭，也可能给美军带来一场灾难——若只是常规战斗机和轰炸机，几乎构不成

战争的幽灵

任何威胁。

6月5日,在首轮自杀式袭击过去近65天之时,美军本以为敌人已失去主动权,却突然遭到让他们最沮丧的一次空袭。第一批神风特攻队击中了密西西比号(Mississippi)战列舰、路易斯维尔号(Louisville)巡洋舰以及众多的驱逐舰和扫雷舰。随后,美军在撤退过程中遭遇了一场大风暴,航母和战舰受到进一步打击,142架飞机被摧毁,并迫使数十艘舰船返回美国大修。第二天的自杀式袭击更让美军雪上加霜。不过幸运的是,到6月中旬冲绳战役即将胜利之时,美军在空中和日本本土基地摧毁了数百架日军飞机,一些日本飞行员首次表现出对坚持实施自杀式袭击的不满,这导致自杀式袭击者逐渐减少。

本次"菊水"联合作战共击沉了美军11艘驱逐舰、1艘扫雷舰和许多其他辅助舰,同时摧毁了4艘舰队航母、3艘轻型航母、10艘战列舰、5艘巡洋舰、61艘驱逐舰和无数其他支援舰,致使许多舰船无法在接下来的战争中继续投入使用。日军最高统帅部基于夸大的报道和宣传,通报的美军战损是实际数字的10倍。这种做法可以缓和新招募的飞行员不断加剧的怀疑情绪,不然他们以为自己是被随意招募而来,为失败的事业白白牺牲。

在冲绳战役中,神风特攻队的实际规模和人数仍不明确,因为日美双方在出动的飞机架次、破坏和摧毁目标的数量上有所差异。不过我们基本可以认为,至少有2000名日军飞行员在袭击中丧生,导致近5000名美国水兵死亡。

·第一章 自杀的代价:冲绳战役(1945年4月1日至7月2日)·

美国人则认为,他们击落了7000多架敌机。在冲绳战役中,神风特攻队杀伤力巨大,其战损比与其他部队有着天壤之别:每2名神风特攻队队员便可消灭5名美国水兵,而步兵则每100人才能消灭7名海军陆战队队员和美国大兵。在实施神风特攻队战术之前,日本的海军和空军在1945年没有对美军舰队造成任何重大破坏。神风特攻队所带来的冲击力,甚至远远超出了那些最乐观的支持者的预期。6月22日,日本袭击行动正式停止。然而,遭受重创的美军舰队意识到,在不到400英里之外的日本本土,可能还有成千上万种这类武器随时准备发动进攻。

那么究竟该如何看待神风特攻队?它是一种能够抵消美国物资和技术优势的精明而又恶毒的战术,还是导致美军在广岛和长崎投下原子弹的一次溃败?答案并不明朗。从某种意义上说,神风特攻队取得了成功,因为它对美军造成了无法想象的破坏;然而,它也是失败的,因为它既不能拯救冲绳,也无法摧毁美军舰队或美国人的意志。尽管美国海军损失惨重,但是没有一艘舰队航母或主力战舰被击沉。尽管神风特攻队意在摧毁美军的主力航母,但美军的战机仍然每天持续进攻冲绳岛。美军以实际行动表明,他们能够战胜自杀式袭击,他们维修和更换舰船的速度,超过日本人用飞机和狂热飞行员造成的破坏。虽然日军声称,数以万计的自杀式袭击者准备用飞机、船只和潜艇发动袭击,但这不过是虚张声势。因为日军缺乏足够的载具,而且自杀战士和渴望入伍的士兵并没有他们宣称的那样多。

战争的幽灵

当时"菊水"作战的影响主要体现在心理和思想方面，并且跨越时空延续到今天。西方人认为，自杀式空袭的思想是狂热军国主义的表现，必须采取一些极端措施来打破其对日本公民的控制。如果敌人采用同归于尽的方式，并且有足够多的飞机和飞行员来实施，那么又何必担心对他们的报复太过严厉？离开冲绳战场的美国海军确信，太平洋战争必定愈发艰难，比欧洲战场更为残酷和可怕。他们一致认为，在洞穴、自杀舰艇和飞机上的亚洲人与德国纳粹和意大利法西斯不同，这些敌人异常狂热，应当对其采取更极端的措施。因此，美国在几十年后攻打朝鲜和越南时，首先实行地面轰炸；尤其是在越南，那里巨大的洞穴和地下防御工事不禁让人想起冲绳战役：美军大面积盲目的地毯式轰炸很难将其摧毁。

更重要的是，美军档案记录了战争期间约3913起成功的自杀式袭击事件，它们为应对双方实力不对称的战争提供了典范，至今仍有借鉴意义。飞机不再只是运输炸弹、导弹和枪械的载具，倘若飞行员有意发动自杀式袭击，它们也会成为极具毁灭性的武器。神风特攻队不禁会使人想到"9·11"事件中的恐怖分子：他们为未来的游击战提供了不切实际的希望，让那些实力较弱的一方幻想着去战胜庞大的美国资本——无论是巨型船舰还是摩天大楼。

然而，不论是过去还是现在，那些驾机自杀的人意识不到这一致命袭击所产生的深远影响。西方思维极力排斥宗教狂热、极权主义以及敌人这种负隅顽抗的行为；而自

·第一章 自杀的代价：冲绳战役（1945年4月1日至7月2日）·

杀式袭击打击的正是这一思维的核心：它表明战争绝不只是出于对政策的误解，或是疯狂领袖的鲁莽行为，而是准确地反映了文化和社会的根本差异。冲绳战场上的自杀式袭击导致美军对日本投掷原子弹；大型飞机撞击世贸中心的行为导致美军在阿富汗战场上使用"摘菊使者""碉堡克星"和温压弹。美国展露出自1945年以来从未展现或预想过的狂怒。2002年4月，以色列军队占领杰宁（Jenin）难民营，据称摧毁了当地的民用基础设施，这遭到西方世界的公开反对。然而，不少人私下感慨说："这是他们（巴基斯坦人）在特拉维夫（Tel Aviv）实施自杀式袭击炸死儿童所付出的代价。"如果说西方标榜的道德准则是遏制残忍战争的最后防线，那么毫无疑问，当敌人使用自杀式炸弹时，这一限制就会荡然无存。

此外，日军还有一系列海上和空中自杀式袭击计划，手段之极端，种类之繁多，令人瞠目结舌。随着战争的进行，美军发现了日军几十种新型的自杀式武器、专门的敢死队以及平民和应征入伍者视死如归的承诺。日军最精密的单程武器是所谓的"樱花"自杀式战斗机。1944年6月至7月，马里亚纳群岛陷落后，美军摧毁了日军数百架轰炸机和战斗机（共有445架战机被击落）。日本领导人开始意识到：他们曾经所向披靡的飞机如今速度太慢，飞行员极度缺乏经验；而他们炸弹的威力也太小，根本无法对美军舰队造成伤害。在如此绝境下，"樱花"火箭特攻机（美国人称之为"Baka"炸弹，意为"蠢货"）应运而生。这是一

战争的幽灵

种单程载人火箭，理论上可以抵消美国海军防御的一切优势。

这种导弹飞机造价低廉，由劣质金属和木材制成，设计简单，只有 20 英尺长，机翼粗短，配有两个垂直稳定器。头部锥体装有重达 2640 磅的 TNT 炸药，其破坏力超过了大多数自杀式飞机的 5 倍。5 个小型火箭——受德国设计的启发——可以提供 9 秒的助推燃料，使飞机的最大滑翔速度达到每小时 600 英里。

双引擎"贝蒂"轰炸机①在飞抵目标一定安全距离时，在 2 万英尺的高度投放"樱花"特攻机，确保它能以不可思议的速度毫无征兆地从天空呼啸而至。理论上讲，飞行员几乎不需要任何技能就可以锁定美军庞大而又移动缓慢的舰船。这些驾驶"樱花"特攻机的神雷特攻队（Thunder Gods）训练时间短、成本低，完全不用担心起飞、降落或错过如此庞大的目标。实施"9·11"事件的飞行员与他们相似，无须经过专门训练就能驾驶大型喷气式客机撞向世贸中心。

然而，不论是在实施层面还是技术层面，这一进攻方式很快就出现了一系列问题，比如提前爆炸，轰炸机坠毁，由于美军轰炸而无法将战机运至基地。短程"樱花"特攻机的投放点必须非常靠近美军舰队，而这一距离很容易使移动缓慢的母机成为攻击的目标，因为装载战机的贝蒂轰

---

① 日本太平洋战争中使用双引擎中型轰炸机"一式陆上攻击机"，简称"一式陆攻"，盟军称之为"贝蒂"（Betty）轰炸机。——译者注

第一章 自杀的代价：冲绳战役（1945年4月1日至7月2日）

炸机很难达到150节的速度（约278公里/小时）。虽然神雷特攻队只牺牲了56名队员，但是在美国军舰附近共有372名贝蒂轰炸机机组人员遇难。而且，特攻机一经投放，便很难实现精确控制，日军在冲绳战役中共出动185架"樱花"特攻机，却只击沉了1艘、损坏了5艘美军驱逐舰。

除火箭特攻机外，日本人还建造了一系列自杀式小型潜艇、单程摩托艇和人操鱼雷。它们成为后来自杀式武器的前身。2000年10月12日，一艘自杀艇在也门差点击沉美国科尔号（USS Cole）驱逐舰。然而，所有这些特殊武器总共击沉了不到6艘美军登陆艇、油船和驱逐舰。或许，世界上最大的战列舰——大和号的末次航行，是最著名也是最失败的一次自杀行动。1945年3月28日，大和号从海军港口吴港（Kure）驶出，执行一项有去无回的任务。大和号及其护卫舰计划在被攻击或击沉之前，冲向冲绳沿岸的美军舰队，凭借18.1英寸口径的主炮摧毁美军装甲轻薄的航母，或至少转移美军舰载机的注意力，使同时行动的神风特攻队更容易击中目标。然而，大和号未能成功地靠近冲绳。4月7日，它在半路上就被美军航母的舰载机炸毁，致使2000多名船员葬身海底。

自杀式袭击在冲绳岛上的陆战中并不少见，经常以各种伪装的形式出现。其实，早在太平洋战场初期，数百名日军士兵就发动过多次自杀式冲锋。一直以来，长勇将军对八原大佐坚持的防御方针极为不满。5月4日，他终于获

战争的幽灵

准发动反攻,在美军战线后方实施两栖登陆,配合神风特攻队正面进攻美军舰队。在拂晓时分,日本第32军约15000名士兵对美军发动袭击。他们携带了10天的食物和弹药,分成若干小分队执行独立行动,得到的命令是"一个日本人换一个美国鬼子"。日军认为,美军在首里防线临时停战是示弱的信号,于是放弃了曾给他们带来成功的策略,从而加速了战败的到来。

到第二天午夜,这场进攻演变成了战术上的灾难。日军损失了5000名士兵和至少19门重型火炮,而美国陆军第24军却只有1000多名士兵伤亡。日军在为期两天的进攻行动中,发动了数次意在杀伤美国人的"万岁冲锋"。日军步兵则在夜间自愿潜入美军战线,对海军陆战队队员实行割喉行动——尽管他们从事这种秘密行动通常会被警觉的美军岗哨击毙。

另一些自杀式袭击者则采用了更极端的策略。他们随身携带炸药和手榴弹,甚至将其捆绑在身上,一旦靠近美军士兵、卡车、坦克、吉普车乃至任何事物就引爆自己,从而重创敌人。两名日本士兵曾将炸药绑在背上,炸毁了一座为让海军陆战队第22陆战团通过安谢川(Asa River)而修建的人行桥。牛岛满将军曾鼓吹"一人换一辆坦克",这种自杀式炸弹迅速成为实现这一目标的唯一方式。

从理论上说,狂热的神风特攻队能够弥补重型武器的匮乏和反坦克火箭的不足,其效果相当于后来的激光制导火箭弹。人体炸弹与"智能"炮弹的效果几乎完全等同,

第一章 自杀的代价:冲绳战役(1945年4月1日至7月2日)

可以利用人的感官和智力瞄准目标,而且它还具有额外的优势,不会被限制在预定的轨道上。美军在冲绳岛上约阵亡了7000名步兵,然而究竟有多少死于自杀式袭击却不得而知。海军陆战队训练有素,火力强大,更害怕隐藏在牢固洞穴里的狙击手发出的致命袭击和炮击,而不是日军这种暴露的自杀式冲锋。

日军士兵有时故意躲在地堡里,等进攻的美军两三个人一组进入地下时,通过自杀式袭击将其炸死。作为回应,美军则先对据点焚烧,然后再要求日军投降。在6月13日至17日的5天时间里,美军713喷火营的火焰喷射坦克向日军洞穴和掩体中注入了37000加仑(约14万升)汽油。

八原博通上校是日军抵抗行动的主要策划人,经常与性格暴躁的长官们意见不合。他在战后回忆与一位军官的对话时说,军国主义者好大喜功、自私自利,牺牲了数千名日本士兵的性命:

> 随后,我解释了实施全面自杀式袭击的计划。我们的士兵会从摩文仁(Mabuni)山丘向下冲锋,而将领们则会在目睹这一幕之后在山顶从容地自尽。我很高兴地听到砂野(Sunano)补充道:"在这种局面下,我们的火力已无能为力,但我们应该设法将一些枪支转移到大度村(Odo)。他们在那里可以像放烟花一样疯狂地射击,为战事出一份力。这非常壮烈。"听到他

战争的幽灵

的计划后,我备受鼓舞。接着,我们开始讨论我们十分关心的问题——日本的未来。显然,在冲绳战役之后,日本将不可避免地败北。我们的领导人选择了这条毁灭之路。他们根本不在乎成千上万的士兵战死沙场,却只想着如何维护自己的地位、威望和荣誉。

同样令美军感到不安的是,冲绳岛的平民会不时地自杀。因为日军告诉他们,占领冲绳岛的美国大兵和海军陆战队在俘获平民之后,会对他们进行折磨和杀害——就像编入日本第32军的士兵多年来在中国东北残害平民一样。然而,伊佐顺子(Junko Isa)在落入美军手中之后,却受到了非常人道的待遇。她回忆称,日军士兵曾告诉她:"女性一旦在冲绳岛中心区域被俘,就会被美军士兵强奸;这些美国人会把儿童从胯部撕开,残忍地将其杀害。当然,这都是无稽之谈,只是为了吓唬我们不要被敌人俘虏。但我还是害怕被抓。"

在美军占领冲绳离岛庆良间群岛期间,许多日本平民没有投降,而是选择了自杀。关于冲绳战役的史书上记录了美军抵达一个小山谷时看到的惨状:

> 上午他们发现了一个小山谷,那里散落着150多名死亡和濒死的日本人,大多是平民。父亲们有计划地掐死家中的每一位成员,然后用刀或手榴弹把自己杀死。在一条毯子下面,躺着爷爷、奶奶、父亲和两个

· 第一章 自杀的代价：冲绳战役（1945年4月1日至7月2日）·

孩子，都被布绳勒死了。美军士兵和医护人员们做了他们能做的一切。当地人被告知，入侵的"野蛮人"烧杀抢掠，无恶不作。然而，当美军到来后，他们惊奇地发现美国人为他们提供食物和医疗服务。一位杀死了女儿的老人悔恨不已，痛哭流涕。

没有人统计过，在长达3个月的痛苦煎熬中，冲绳岛上究竟有多少平民自杀，据说可能有数千人。那些所谓的"平民"被捕后也会成为隐患。一位名叫托马斯·汉纳赫（Thomas Hannaher）的士兵说："在战争后期，我被派去看守一大群囚犯。这项工作很无聊。他们被关在铁丝网后面，大多是平民，但也不一定。有个人曾用手榴弹引爆了自己。"弗兰克·吉布尼（Frank Gibney）曾是冲绳战役的情报官员，在评论八原博通大佐的战后回忆录时指出：

> 正如八原在作品中所言，那场战斗发生在那霸港附近的小禄半岛（Oroku Peninsula），双方在海军基地堑壕里殊死搏斗，数千人死于自杀或徒劳的攻击。最糟糕的莫过于平民的死亡。成千上万的冲绳平民——包括大量妇女和孩子——被勒令与负隅顽抗的日军士兵一起留在洞穴中。日军司令部的指令使岛上无数的"青春之花"凋零，包括担任护士助手的少女和"家乡护卫队"（Boeitai）的年轻士兵。在很多情况下，他们不得不从岛屿南端低矮的悬崖跳入大海，也算是"为

战争的幽灵

天皇捐躯"。

在参加冲绳战役的 11 万日军中,有 7000 多人被俘。士兵投降的行为似乎表明,日军的作战方式发生了根本性的变化。这一数字异常"庞大",却并非毫无缘由。在冲绳战役中,被俘的日军数量远多于塞班岛、贝里琉岛、硫磺岛等其他太平洋战场,因为参战的人数也多。事实上,成千上万的日军士兵在地下洞穴中战死或自杀,只有 7% 的人选择了投降。6 月 18 日,长勇和牛岛满两位将军切腹自杀,由介错人砍掉了头颅。当美国海军陆战队逼近到几百码时,不知有多少日本军官以这种方式结束生命。不过,他们大多没有切腹的工具,也没有介错人,自杀的方式通常只是在身上安一枚手榴弹。

起初,日本平民和士兵采用自杀的方式是为了消灭美国大兵,但是随着战事的失利,他们自杀纯粹是为了结束自己的生命。美军在目睹了各式各样的自杀后,困惑不解,甚至有些茫然无措。在冲绳战役之前,进攻的美军打过两种不同的战争:一种发生在几乎没有平民的硫磺岛等岛屿上;另一种则发生在对美军夹道欢迎的菲律宾等地,当地的居民渴望得到解放。冲绳战役之后,美军对即将在日本本土发生的战况不再抱有任何幻想,他们可能会遭遇前所未有的抵抗——有传言说,那里有 3000 万日本老人、妇女和儿童拿着枪支、长矛和炸药,准备同日本军队和民兵并肩作战。

· 第一章　自杀的代价：冲绳战役（1945年4月1日至7月2日）·

在之前的战场上，美军可以轻易地分辨敌我：要么当地没有居民，或者非作战人员非常友好，要么所有人都充满敌意。然而，冲绳岛的情况截然不同，甚至与人口更少的塞班岛也不一样。冲绳人一直对日本的统治心怀不满，他们的文化与日本本土有所差异，无论在精神还是物质方面都存在着隔阂。尽管他们可能会与日军并肩作战，至少会公开表示支持或提供援助，但是一旦日军陷入绝境，他们就会急于逃跑，或保持中立。海军陆战队要在受到攻击之前，准确判断洞穴和堡垒中每一位非战斗人员的心态变化。冲绳人伊佐顺子后来回忆她和家人被美军从藏身之处驱逐出来的情形：

> 那天晚上，三名美国士兵挥舞着武器把我们赶出了藏身之所。他们用日语喊道："从那儿出来！"然后用枪对准了我们的胸膛！我不敢相信这些家伙竟然如此魁梧。我只记得当时在想："哦，天哪，这就是敌人！"你能想象一个人把我举起放到卡车上带走是什么感觉吗？我不会说也听不懂英语，只能用手势告诉他们我无法行走。他们点了点头，准备了两个竹筐，一个用来抬我，一个用来抬我还是婴儿的弟弟。

那些困在洞穴里的无数平民究竟是决绝的自杀式袭击者，还是惶惶不安的非作战人员，抑或惊慌失措决心自杀的战败者？美军究竟是该阻止他们还是鼓励他们自杀，抑

▌战争的幽灵

或对那些独自赴死的人视而不见？这种对死亡的渴望究竟是源于非理性的恐惧，还是因曾经杀害过美军士兵而产生的不安？这些陌生的问题让美军士兵困惑不已，但也是一个提醒：他们面对的是全新的敌人，在希特勒的欧洲战场上不曾出现过。

很多记录显示，即便是美军士兵，也不得不对神风特攻队——甚至是那些走投无路决然自杀的步兵——怀有钦佩之情。但是，如此顽固的敌人除了让美军感到震惊，也使他们产生了一种根深蒂固的厌恶感，因为自杀式袭击策略极为疯狂，完全不合理性。因此，美国人把"樱花"特效机戏称为"蠢货炸弹"。随着战争的发展，美国人逐渐认识到，广大敌人一心赴死，而不是寻求一线生机。这个残酷的事实影响了美军对俘虏和非战斗人员的普遍态度，一言以蔽之，"既然他们自己都不重视自己的生命，我们又何必重视？"

美国采取了一系列有效的对策，较好地缓解了日军大多数自杀式袭击，比如增加雷达数量，使用雷达哨驱逐舰，扩大战斗机海面覆盖范围，在陆地上使用火焰喷射器、炸药和夜视仪等。然而，日军恼羞成怒，不但没有改变对美作战方式，反而因为持续遭到攻击，产生了一种蔑视和不可遏制的愤怒。自杀式炸弹袭击者完全无力扭转战局，只是想尽可能多地杀死美国人，而非夺回失地或击沉美军的主力舰。

尽管用火焰喷射器对付洞穴里的敌人效果极佳，但美

・第一章　自杀的代价：冲绳战役（1945年4月1日至7月2日）・

国人认为，要打败自杀式袭击者无须借助新型武器，他们传统的训练方式和武器足矣。因此，他们转而轰炸遥远的神风特攻队基地，协调海上精锐的防空排炮，派出先进的地狱猫战斗机和更优秀的飞行员，飞往数英里之外去击落日军落后的零式战斗机。岛上的美军源源不断地补充士兵、枪支、船只和飞机，其增援速度远超过损失速度。最终，强悍的海军陆战队学会了如何使用迫击炮、机枪和手榴弹炸开顽固的日军据点。

　　日军在冲绳战役中使用了若干新式武器和特种部队，其恐怖程度不亚于但丁的《地狱篇》。不过，美军经此一役信心倍增，他们可以凭借强大的火力、军队和高强度的训练战胜任何敌人。美军无疑会取得战争的胜利，唯一的变量是他们所能承受的伤亡人数。在即将到来的本土防御战中，日本人准备用比冲绳战役更强大、更致命的方式对抗美军，比如自杀舰艇、自杀飞机、自杀潜艇、自杀鱼雷、自杀火箭以及成千上万的大规模自杀式冲锋步兵。美军已经做好了应对一切的准备。他们要避免重演冲绳战役中的屠戮场景，要让战争成为日本人而非美国人的噩梦。事实也的确如此。

54

军事教训

　　中学教科书在讲述二战历史时，几乎很少提及冲绳战役。人们关注更多的是广岛原子弹爆炸，美国西部拘禁日

战争的幽灵

裔美国人的集中营，美国军队中的种族隔离，以及南京大屠杀。在最近出版的《牛津军事史指南》（*Oxford Companion to Military History*）中，尽管有诸如"同性恋与武装部队""军队中的女性""非裔美国士兵"等形形色色的条目，也有文章提到瓜达尔卡纳尔岛、硫磺岛以及一系列不太重要的战役，却没有关于冲绳战役的条目。最新的军事研究不再关注两军的战略、战术和激战，而是将重点放在如何解决过去战争中的种种罪恶，比如同性恋恐惧症、性别歧视和种族主义等。除此之外，还有什么因素导致人们忽视这场有史以来最大规模的两栖进攻——同时也是**美国海军史上损失最惨重的单场战役**？[①] 难道梦魇般的冲绳战役没有产生什么历史影响？难道只有温斯顿·丘吉尔能意识到它的巨大意义？他在战役刚结束之时就指出，美军的作战技能以及日军的决心与凶残，使"这场战役跻身于军事史上最激烈、最著名的战役之列"。

或许，对这场战役的漠视可以追溯到1945年。当时就有一些美国士兵抱怨，几乎没有同胞知道他们所付出的牺牲。到了四五月份，纳粹德国濒临灭亡，大多数美国人将注意力转向了欧洲战场。他们的大军在德国所向披靡，以闪电般的速度推进，俘获了大量战俘，攻占了大片土地，几乎没有任何伤亡。然而，冲绳战场却像瓜达尔卡纳尔岛和硫磺岛一样，充满了血腥和混乱，没有战术和机动性可

---

① 黑体字部分在原文中为斜体，以示强调。——译者注

・第一章　自杀的代价：冲绳战役（1945年4月1日至7月2日）・

言，即便摧枯拉朽的巴顿部队也毫无用武之地。

日军没有机会从岛上撤离，他们的舰队和空军也基本上被摧毁，难以逃脱失败的命运。然而，美国大众关心的不是能否拿下冲绳，而是何时拿下以及为此所付出的代价。尽管神风特攻队极具杀伤力，日军第32军凶残无比，但是几乎没有人相信庞大的美军舰队会被击溃或逼退，从而使岛上的美军孤立无援，任由顽固的敌人摆布。当人们意识到，唯一的悬念并非战争的胜负，而是死伤的人数，或许会觉得索然无味，甚至毛骨悚然。

冲绳战役之后，美国人开始产生排斥情绪，随之是冷漠。战斗的惨烈与恐怖，战场的泥泞与恶臭，令大洋彼岸的美国人非常压抑。巴克纳将军在美军宣布冲绳岛安全几天前不幸惨死，为战后纪念和战事分析蒙上了一层阴影。即便他活着，人们可能也会严格审查他的指挥才能。制定进攻日本本土战略方针的人认为，冲绳岛上的日军早已是强弩之末，海军陆战队和陆军的表现很不及格。时至今日，对美军战术的责难依然会引发许多更大、更棘手的战略问题：美军当初是否应该绕过冲绳岛，从而切断日军的补给，让岛上11万士兵自生自灭？美军是否应该将台湾作为前哨基地，实施进攻日本本土的计划？如果美国想拿时间换生命，将战争延长一年或者两年，那么所有问题的答案都是肯定的。

而且，太平洋战争的结局使冲绳战役的重要性大打折扣。在广岛原子弹爆炸之后，许多批评家以后来者的视角

战争的幽灵

看待这场战役；然而他们没有意识到，1945年4月美军还不确定是否（应该）使用新武器，以避免在进攻日本本土时付出高昂的代价。如果在广岛和长崎原子弹爆炸事件之后重新审视冲绳战役，那么它有没有发生的必要？美国民众很可能对这一决定并不后悔。但是既然核武器能阻止在日本的屠戮，那么在几个月前，美军统帅是否应该等到这种超级武器抵达前线之后再发动进攻？总而言之，残酷野蛮的冲绳战役使美国付出了巨大的代价，也迫使人们思考，有没有必要在日军投降前几周发动这场战役。因此，美国人试图忘记它，今天仍然不重视。显然，冲绳战役在某些方面出了问题。

尽管冲绳战役不受媒体和历史学家的重视，但它对美国人的影响超过了历史上的任何一场战役。当然，最显著的影响是，促使美军在广岛和长崎使用原子弹。鉴于美军之前的空袭已经摧毁了日本的主要城市，因此怀疑论者为这次核攻击争论了半个世纪。许多人声称，美国这么做很可能是为了向苏联传递一种信号，即美国有能力也有意愿使用核武器。为了实现这种可怕的意图，他们不惜用人体做靶子来实验这一昂贵的武器，或者纯粹是出于对日本人的种族仇恨。不过，广岛核弹事件肯定是出于战略目的，如果不考虑冲绳战役，那就很难解释了。

4月1日至7月2日，日军损失了大量海军、空军以及混杂其中的平民，一步步陷入绝境。但是他们给美军造成了巨大的破坏，使其不愿再次经历冲绳战役那种灾难。如

·第一章 自杀的代价：冲绳战役（1945年4月1日至7月2日）·

果美军此前没有进攻冲绳，那么他们很可能会在夏末登陆日本本土，并因此遭受更大的伤亡。

E. B. 斯莱奇在经历过冲绳战役的噩梦后，本应同幸存的海军陆战队战友一起进攻日本。然而，此时传来了广岛原子弹爆炸和随后日本投降的消息，这让还在岛上的他目瞪口呆："我们听到这个消息时简直难以置信，同时也感到了一种无法形容的解脱。我们以为日本人永远都不会投降。许多人不相信这个消息。我们呆坐着，默不作声，怀念那些逝去的战友。太多的人牺牲，太多的人沦为残疾，太多美好的未来被埋藏在过去的灰烬里。"

更准确地说，7月初日军约有6150架飞机、近8000名经过特殊训练的飞行员准备投入战斗。这只是战后的官方数字，1945年8月日军的实际数字可能远不止这些。日军鼓吹说，他们拥有超过235万正规军队，一旦到了穷途末路，能够动员多达3000万人组成的庞大民兵组织。日本本土防御计划决战行动（ketsu-go）的理念是，每一名日本平民和士兵杀死尽可能多的美国人。这种对敌人的重创可能会导致一个未被征服和占领过的民族走向灭绝，也可能会迫使美方而非日方寻求谈判。

惨烈的冲绳战役致使美国使用原子弹，加速了日本的投降，从而避免了双方更大规模的灾难。其实，数百万美军已经做好了在日本街道和乡间殊死搏斗的准备，杀戮天才柯蒂斯·李梅（Curtis LeMay）将军也计划以全新的方式空袭以减少美军的伤亡。为避免重蹈冲绳战役的覆辙，他

战争的幽灵

精心组建了一支庞大的轰炸机联队,约有5000架B-29飞机,5000多架刚从欧洲战场调来的B-24和B-17轰炸机,1000多架英国兰开斯特式(Lancaster)轰炸机以及经验丰富的机组人员!这支轰炸机联队执行了多次短途任务,成为日本人的梦魇,共造成了约50万人死亡,即便是后来的两颗原子弹也无法与之相比。1万多架轰炸机从冲绳出发,铺天盖地地投下燃烧弹,仅1945年3月11日一天,死亡人数就超过了广岛和长崎。

李梅打算对日本农村实施地毯式轰炸,以减少美军地面部队在日本本土的伤亡。为避免可能发生比冲绳战役严重100倍的灾难,同时减少日美双方在战场上的伤亡,李梅准备发动比广岛和长崎原子弹爆炸威力强十倍的轰炸。然而,令人不安的事实是,他这样做所能挽救的生命仍有可能超过双方地面冲突牺牲的人数。

此外,在战争最后几个月里,成千上万的中国人和日本人在常规陆战中丧生,这种屠杀在冲绳战役时并没有停止的迹象。从这方面来说,那两颗摧毁日本军国主义统治的原子弹同样拯救了无数中国人。在8月初短短1周的战斗中,苏联大约歼灭了8万日军,俘虏50多万人——许多人再也没有从劳改营活着回来;而苏联付出的代价是8000人牺牲、2万人受伤。如果战争再持续一年,东北可能会成为整个战争中最血腥的战场,在那里160万苏联士兵与100多万日本守军对峙。双方都身经百战,不会对敌人手下留情。

第一章　自杀的代价：冲绳战役（1945年4月1日至7月2日）

核武器恐怖的杀伤力为批评军国统治的日本人提供了依据。他们理直气壮地指出，政府一意孤行负隅顽抗，是导致平民重大伤亡的罪魁祸首。冲绳战役虽然代价惨重，却避免了1945年末和1946年在中国和日本可能发生更大的灾难，而且35万名盟军战俘也得以幸存——日本可能会在本土遇袭后处决他们。

冲绳战役使美国人认识到，为了避免在日本本土发生更大规模的杀戮，必须使用比常规武器更可怕的手段。同样，神风特攻队的徒劳牺牲也在日本国内掀起了波澜。由于战争突然结束，一些公众开始强烈反对军国主义，尤其是自杀式袭击的制造者，甚至在更早的时候，就有日本人对这种未能在冲绳岛上阻止美军的极端策略有所质疑。神风特攻队队员——海军少尉山口照夫（Teruo Yamaguchi）在给父母的信中说："一想到那些狡猾的政客欺骗无辜平民，我就感到恶心。但我愿意接受上级甚至政客的命令，因为我相信日本的政体。"数百万日本士兵和平民愿意用生命去保卫祖国，同时采用各种常规手段和自杀式袭击，坚决抵御美军的入侵。然而到了1945年，他们完全认识到了军国主义政府的虚伪和欺骗。

如果不考虑冲绳岛上的战况，任何关于广岛原子弹爆炸的讨论都没有意义。对于广岛原子弹爆炸和冲绳战役之间关系，乔治·费弗的分析可谓鞭辟入里：

> 冲绳岛上的岩洞、杀戮和痛苦应该被人铭记。至

战争的幽灵

少从人类伤亡数据来看,原子弹袭击可能使双方避免了血腥程度超过 200 倍的杀戮:假如美军进攻日本本土,将会造成 2000 万日本人丧命,这还不包括西方人和其他亚洲人的伤亡。

人们很难理解这些数字,也很难记住 1945 年的紧张局势,毕竟原子弹更引人注目。但是如果要用一个符号来保存关于太平洋战争的记忆,冲绳战役将是一个更好的选择。

冲绳战役之后,美国军队和公众开始对亚洲的陆战有所认识:有的正确,有的充斥着种族偏见,有的则完全错误。在此后的 30 年里,它们构成了美军在朝鲜和越南作战方式的基础。冲绳岛上的一系列自杀袭击令人震惊,使美国人确信,亚洲人不像西方人那样重视生命,不管对自己还是对别人。即便面对压倒性的军事力量,即便必败无疑,他们仍然会奋勇作战,竭力杀死美国人。在冲绳战役中,攻城略地与死亡人数相比已不重要。战役的结束并不在于占领多少战略要地,而是全歼岛上的敌军。美国人也因此形成了一种独特的思维模式,极大地影响了他们在朝鲜半岛和东南亚的战争。

对冲绳岛上的日军来说,某个山脊或防线的陷落可能预示着战争的失败,但是他们顽强抵抗直至全部被歼。即便击溃日军并攻占岛屿的最南端之后,美军依然会接到分批回撤的命令,在"夺下的"地盘铲除敌军狙击手和零星

·第一章 自杀的代价：冲绳战役（1945年4月1日至7月2日）·

的抵抗力量。在这场"扫尾"行动中，美军共歼灭了8975名日军士兵。那些太平洋战争中担任中尉和上尉的美国军官，后来在朝鲜战争和越南战争中被提拔为将军，他们再次验证了之前的观点，即采用轰炸、炮击和正面攻击等各种方式，尽可能多地歼灭狂热的亚洲军队，这比攻城略地更为重要。只有在敌人被歼灭或注定灭亡时，战争才会结束。日军曾被包围、击败和失去补给，然而战争并没有停止。冲绳岛上的洞穴和夜袭预示着越南战场上的地道和伏击。无论是在冲绳还是越南，这些手段令美军的大规模轰炸和炮击毫无用武之地。加速战争结束的并非攻陷首里防线，而是歼灭或俘虏全部日军。同样，越南战争结束的关键也不是夺取河内，而是战争中的"死亡人数"。

在太平洋战场上，有些平民会与敌军共同作战，尤其是在冲绳战役中，当面对妇女、儿童和老人时，美军经常处于一种两难的境地：这些人可能毫无恶意，甚至会非常友好，但也可能是杀手。由于冲绳战役远离大众的视野，在报道中也很少被提及，再加上对抗的敌人是可恶的法西斯，因此当美军离开该岛时坚信，应当在这个地狱般的地方，不加区别地轰炸附近可能为敌军提供帮助的所有平民。然而，到了电视媒体播报战况的20世纪六七十年代，这一想法会产生灾难性的后果。在向全世界直播的环境下，战争的胜利不再仅仅取决于敌人的死亡人数，同样需要赢得广大平民等非战斗人员的人心。那些制造南京大屠杀的日本士兵可能会杀害成千上万的冲绳平民，仅被劫掠到日本

战争的幽灵

帝国主义军队中的成年男性就有4万人。在这场混乱的战役中，那些疲惫不堪的美国大兵——被视为自由的西方人——倘若误杀或故意射杀几百个平民，将会招致国内外极为严厉的道德谴责。

经历过冲绳战役的美军指挥官相信，美国公众能够承受在亚洲战场损失5万人的代价。然而他们没有意识到，冲绳战役极其反常和特殊，不具有任何典型性。由于欧洲战事结束、罗斯福总统去世、日本即将战败等事件，冲绳岛上的血腥杀戮没有成为人们关注的焦点。直到战斗停止、战争结束美国人才意识到，他们在与被包围和隔绝的敌人签署停战协议前几周，牺牲了无数优秀的士兵。

美国军方判断失误，将民众一时的默许解读为对其歼敌策略的坚决支持。他们以为，只要歼敌数量远远超过损失，能够从军事上击败敌人，并达成规定的目标，国内公众便允许他们在之后的太平洋战争中牺牲年轻人。冲绳战役的死亡人数骇人听闻，远远超过贝里琉岛和塔拉瓦岛战役的损失。倘若它早点儿发生，赶在欧洲战场较为平静之时，人们必然会对其惨重的代价群情激愤，甚至将其看作国家丑闻，反对再次派遣美国人到亚洲进行肉搏战——敌人唯一的获胜希望在于，尽可能地杀死美国大兵。

美军不仅想把冲绳岛作为B-29轰炸机和众多战术战斗机联队的就近基地，还想将其作为海军的深水港。美军将领们意识到：假如他们绕过冲绳岛，不将其作为空军和海军基地，那里的10万日军绝不会投降，除非将其全部消

· 第一章 自杀的代价：冲绳战役（1945年4月1日至7月2日）·

灭；要迫使日本天皇让步，需要在日本各地消灭足够多的敌人。因此，这场战役的关键并非攻占土地，而是伤亡人数。

以此看来，在后来的朝鲜和越南战场上，制胜的关键依然不是攻占土地（无论是占领平壤还是控制河内），而是消灭敌人。然而，这种类比并不成立。朝鲜和越南绝非孤立无援的岛屿，作战的也不再是常规部队，而是其代理人。

实际上，思维错误并非全在美国这边。冲绳战役也对世界军事产生了影响，那些从中吸取错误教训的人将会发现，自杀式袭击代价惨重。日本人表明，一个在军事和人数上完全处于劣势的国家，只要有成千上万的战斗人员实施自杀式袭击，就能对强大的敌人造成巨大的破坏。如果不考虑攻击者的安全或存活，武器是否先进就不重要，技术上的优势完全可以被抵消。狂热的激情、无畏的勇气、对事业集体献身的精神，甚至可以战胜大规模的火力和物质充足、技术娴熟的士兵。在西方的军事理念中，保护战斗人员的安全和尊严是必要的前提，因此在歼灭敌人之外，还要将大量的资源投入防御、通信和搜救任务中。无论是基地组织恐怖分子，巴勒斯坦自杀式炸弹袭击者，还是伊拉克民兵，这些实力悬殊的一方从冲绳战役等野蛮战争中认识到：缺乏训练的飞行员和身绑炸弹的青年可以抵消西方强大的军事力量，比如2001年美国先进的空军或以色列的国土部队。或者他们是这么认为的。

▎战争的幽灵

如果仔细研究一下冲绳战役，人们可能会得出迥异而又令人心寒的结论。日本的自杀式袭击者虚张声势，完全无法阻止美军的进攻——事实上，他们没能击沉美军的任何一艘主力舰。虽然富兰克林号（Franklin）大型航空母舰几乎被日军摧毁，造成700多人丧生，被迫返回美国进行大修，但是日军飞机在冲绳战役中的损失非常严重，而且，两个残酷的现实使日军短暂辉煌的战绩大打折扣：富兰克林号航母仅靠自身动力便实现了返航，并且可以进行修复和改装。更重要的是，美军投入的航母数量已今非昔比：1942年任何一艘航母的暂时损失对美军来说都是一场灾难；而如今，他们在太平洋拥有超过16艘航母，并计划进一步加大投入。如果神风特攻队希望长期削弱美军对冲绳岛或日本本土的空军力量，他们必须击沉而非破坏美军航母，需要摧毁10—15艘，而非2—3艘。

对美军来说，损失5000名海军是个可怕的数字，但对日本人来说，这必须放在大背景下：美军在经历了历史上最大规模的自杀式袭击之后，依然拥有100万海军和16艘完整的航母。海军陆战队虽然在冲绳岛遭受重创，但经此一役，越来越多的队员做好了进攻日本本土的准备。日军的自杀式袭击既是一种恐怖的武器，也是一种摧毁敌军装备的常规手段，然而它在长期战略上并没有取得成功。

原因何在？很大一部分原因在于人性。尽管日军非常狂热，但是甘愿为失败的事业自杀牺牲的人十分有限。事实上，随着7月份大规模进攻完全停止，数百万日本人中只

· 第一章　自杀的代价：冲绳战役（1945年4月1日至7月2日）·

有几千人成为神风特攻队队员。在冲绳战役临近尾声时，神风特攻队的飞行员不完全是志愿者，而是被指派的。有传言说，理科学生因科研职责受到优待；而那些人文、社会学和法学的学生，则被送到教授自杀袭击的学校。一些人选择了逃离，或回到原来的生活，另一些人则深陷其中，麻木不仁。内藤初穗（Hatsuho Naito）曾写过一部关于"樱花"特攻机中队的历史书，他在书中说："那些年轻人是受到号召才参加大规模的自杀式袭击行动的，与集体的疯狂毫无关系。他们经历了别人无法想象的恐惧和创伤。我不相信当他们驾驶装满炸弹的飞机俯冲撞向敌人时，真会有人高喊'天皇万岁'。"

事实的真相是，正如当代巴勒斯坦自杀式炸弹袭击者一样，绝大多数的自杀飞行员年龄在18—24岁，级别较低，受命于年长、高级别的军官。即便是最狂热的神风特攻队飞行员，也会因自杀任务分配不均而不满，并怀疑其他日本人是否愿意做出类似的牺牲。22岁的海军少尉冈部平一（Heiichi Okabe）在日记中写道："今天的任务是什么？是战斗。明天的任务是什么？是胜利。每日的任务是什么？是牺牲。我们毫无怨言地战死沙场。"随后他又补充道："我想知道在其他领域战斗的人，比如科学家，是否也会像我们一样毫无怨言地死去。只有当他们做到这一点时，日本才能团结起来，才有可能赢得战争的胜利。"

冈部平一的长官们很少亲自带领实施自杀式袭击，并且通常能在战争中幸存下来。在"樱花"特攻机队里，海

战争的幽灵

军士官与预备役军官之间的关系非常紧张,有时会升级到斗殴的程度,即使一些运载自杀式火箭的飞行员也表示抗议。轰炸机飞行员野中五郎(Goro Nonaka)的评论并不罕见:"你真的以为我们能做到?我们的同伴,那些天天和我们一起生活的人,被人以最血腥、最冷酷的方式护送着走向死亡。你真的以为我们能够一次又一次地丢下他们转身离开?"据说在日本投降后,"樱花"特攻队的组织者大田正一(Shoichi Ota)便躲藏了起来,在战争结束后用化名生活了多年。这丝毫不令人意外。

我们永远也不会知道,如果美军进攻日本本土会发生什么。但是在冲绳战役结束大约5周后,美军舰队始终处在敌军陆基飞机的攻击范围之内,日本本土仍有数以千计的敌机,只是神风特攻队的袭击或多或少不存在了。自7月2日冲绳宣布安全至日本投降前,美军只报道了5起自杀式袭击。日军究竟是没有志愿飞行员,还是要把神风特攻队留到最后,抑或没有志愿者想去攻击庞大的美军舰队——除非他们在日本本土登陆?

自2001年秋恐怖袭击以来,一系列类似的事件相继出现。西方世界被告知,成千上万的伊斯兰激进分子准备对美国、欧洲和以色列实施轰炸。然而,在这个亿万人组成的愤怒群体中,只有几百人愿意采用自杀式炸弹攻击美国人。浪漫主义者可能会想起神风特攻队,现实主义者则会思考应对的方法。显而易见,在西方之外从来没有一种军事文化具有如此惊人的能力。它在世俗理性主义、自由探

・第一章　自杀的代价：冲绳战役（1945年4月1日至7月2日）・

索和政府共识等内在价值观的基础上，通过制造具有威慑力的杀伤性武器、签订协议以及培养训练有素的士兵，产生了巨大的影响。但是强大的攻击火力和物资储备能够打败最狂热和致命的战士，无论是阿帕奇人（Apaches）、神风特攻队还是基地组织恐怖分子。

神风特攻队的瓦解在很大程度上与美军的回应有关。恐怖的自杀式袭击导致西方改变了战争方式，引发了更大的恐怖。针对神风特攻队和"万岁冲锋"，美军制定了相应的对策，专门配备了雷达哨驱逐舰、喷火坦克等装备；他们离开冲绳岛时，对战争的认识发生了根本性的转变，即人类狂热的意志将会遭到工业和技术力量的报复。冲绳战役使世人认识到，战争中最恐怖的并非随机发动的自杀式炸弹袭击，而是西方大国对此的回应。他们在杀戮方面的才能受自身强加的道德观制约，而自杀式袭击将这一约束完全打破。

美国军事史在谈到冲绳战役时鞭辟入里地指出，面对这场噩梦般的战役，美军依然错误地抱着典型的美国式自信："美军为胜利付出了巨大的代价，因为日军领导出众，远超美军的预期；岛上地形复杂，防御工事严密；而且战场远在家乡几千英里之外。虽然冲绳战役持续的时间远远超过了预期，但是美军再次证明，他们能从日本人手中夺取想要的一切土地。"

制造"9·11"事件的恐怖分子本应从冲绳战役中吸取教训，明白美军能夺取"想要的一切土地"。至少在对付自

战争的幽灵

杀式炸弹和万岁冲锋方面,日本的对手最有发言权。一个60年前生产凝固汽油弹和火焰喷射器并最终制造原子弹的国家,在对付成千上万的自杀士兵时,会始终保持其组织性和意志力,将数百名自杀式炸弹袭击者和支持他们的小团体烧成灰烬。这一切毫不意外,都有迹可循。

结语:冲绳战役的一代

任何战役的后果都不仅仅体现在政治或文化方面。冲绳战役使25万人不幸丧生,我们不清楚对于日美双方——甚至是全人类来说,无数青年才俊的牺牲会带来什么影响。我们也无法体会这些人突然消亡,会给上百万他们的家人和朋友带来什么后果。

军事史如此残酷,不仅因为它为我们讲述了战争的残忍本质,而且因为它没有涉及的方面也极其冷酷:战役中无数的死难者从来不会被人以个人的名义想起或纪念,他们的故事以及各种虚虚实实的推测,仅仅在少数几位家庭成员之间流传,不能走向公众或启迪更多人。因此,我们对冲绳岛上的死难者及其可能经历的故事知之甚少。

1945年4月,厄尼·派尔不仅成为美国最知名的战地记者,而且是读者最多的专栏作家。早在战争开始之前,派尔就作为一名流动记者,在多家日报拥有专栏,通过记录大萧条时期美国人的日常生活,在1935年到1941年间积累了数百万读者。战争爆发后,他理所当然地当选为美国

·第一章　自杀的代价：冲绳战役（1945年4月1日至7月2日）·

首席战地记者，从欧洲战场发回的报道也成为人们了解战场上的士兵最直接的途径。

1945年4月18日，美国新闻界的标杆厄尼·派尔在冲绳岛附近的伊江岛（Ie Shima）牺牲。其实，该岛位于阵线后方所谓的安全区域。派尔在报道第77步兵师的战斗时，受到隐藏在珊瑚坡上日军的机枪攻击，所在的吉普车偏离了路线。他和一名团长急忙逃到附近的壕沟里避难。过了几分钟，他以为危险已经过去，便抬起头来，也因此被击中了头盔边缘下方几英寸处的太阳穴。

向车辆射击的敌军机枪手本不应该在美军阵线的后方出现。通常来说，士兵不会把头伸出洞外，除非他们确信危险已经解除，而且头部是一个很小的目标，何况是钢盔下方脆弱的太阳穴和脸部。然而，派尔却在安全地带被日军枪手击中头部而死。他的墓碑上写着："1945年4月18日，第77步兵师在这里失去了一位战友，厄尼·派尔。"大多数人没有认识到战争的恐怖，派尔的牺牲也没有立刻改变这一局面，但是依然震惊了全国。

很少有人意识到，派尔在战斗中的突然死亡反而为他的作品和民粹思想赢得了不朽的声誉；若是他幸存下来，可能不会产生如此久远的影响。他坦承在欧洲经历过多年的战争后，如今很难再有勇气面对。他在美军进攻前夕的报道中提到，自己惶惶不安，在死寂中预想交战时海滩上的杀戮和支离破碎的尸体。美军轻易登陆冲绳后，他松了一口气，并感叹道"这感觉太美妙了"。然而，在战役初期

战争的幽灵

的大部分时间里,他始终待在后方或者海上。当时他酗酒严重,婚姻濒临破裂,妻子处于自杀的边缘。一些有失公允的批评开始出现:当年轻的记者不顾个人安危从现场发回真实的战斗报道时,派尔已毫无优势可言。

如果一个正直善良的人突然意外死亡,他的声誉往往会被抬得很高,即便他活着可能也无法企及这一高度。尽管这种推测有些荒诞,也令人生厌,却无疑在林肯身上得到了印证。如今他受人景仰,在很大程度上得益于南方重建时期的烂摊子——这搞垮了约翰逊和格兰特政府。同样,在1963年11月22日遇刺之前,约翰·菲茨杰拉德·肯尼迪(John Fitzgerald Kennedy)已经引发民怨沸腾:连任艰难,立法政绩糟糕,个人生活混乱,尴尬的场面被记者不断曝光(除非他们有所收敛或心存善意)。派尔因从欧洲前线发回战况报道而成名,因在冲绳岛的激战中阵亡而不朽,当时他的手中还握着铅笔。他目睹了太多的死亡,却并没有因此而有所怨恨和倦怠,直到生命的最后几周仍在后方报道战事。

从这种意义上说,58岁的西蒙·玻利瓦尔·巴克纳将军同派尔的命运相似,突然而意外的牺牲让这位指挥官避开了自身那些尴尬的问题,或许也因此得以免除后来的军事调查。6月18日,战斗接近尾声时,巴克纳前往真荣里高地(Maezato Ridge)视察第8海军陆战团最后的推进情况。约一个小时左右,突然传来了日军炮击的声音:一名在美军炮轰中幸存下来的枪手,将炮火对准了这位美军高

第一章 自杀的代价：冲绳战役（1945年4月1日至7月2日）

层将领。一颗炮弹击中了附近的岩石，飞散的碎片击中了他的胸膛。几分钟后，这位将军便因失血过多而阵亡，周围的军官却毫发未伤。

在战役结束前几天，牛岛满中将和长勇中将切腹自尽。巴克纳将军在前线阵亡，成为美军在整个太平洋战争中牺牲的军衔和职务最高的军官。随着巴克纳将军的不幸去世，那些质疑他在冲绳战役中指挥才能的问题也烟消云散。为什么当巴克纳心爱的陆军师在那霸—首里防线遭到重创时，海军陆战队经验丰富的第1师和刚刚组建的第6师在北部数周无所事事？为什么巴克纳拒绝安德鲁·布鲁斯少将提出的让第77师在牛岛满后方的港川海滩（Minatogawa Beach）登陆的建议？——那些担心巴克纳正面进攻会带来严重伤亡的资深海军陆战队军官也提出过类似的建议，甚至更有创造性。为什么莱缪尔·谢泼德（Lemuel Shepherd）少校和亚历山大·范德格里夫特（Alexander Vandegrift）将军没有采纳用海军陆战队实施包围的建议，反而坚持攻占日军阵地？为什么巴克纳要使用老套的"喷灯加开瓶器"战术？这让日军能够轻易地从一个要塞撤退到另一个要塞，却将大批美军士兵扔进了地狱。5月中旬，在日军补给被切断后，美军难道不能建立起防御严密的包围圈，使用大炮和炸弹轰炸牛岛满的阵地？为什么不能放弃杀光每一名敌人的肉搏战？

后来麦克阿瑟（MacArthur）将军认为，巴克纳为了实现将日军全部赶出冲绳岛的目标，制定的战术牺牲了"成

战争的幽灵

千上万的美国士兵",其实这毫无必要,美军完全可以绕道而行。在巴克纳去世之前,许多报社记者在愤怒的海军陆战队和海军军官的支持下,公开批评他针对日军防御计划制定的战术老套,并肆意使用诸如"极端保守主义""惨败""比珍珠港事件更糟糕、无能的军事事件"等说法贬斥他。

事实上,战后的调查不会玷污一名优秀的战士、一位受人爱戴的将军的声誉。最严厉的批评者感叹道,他已经为一项本来没必要牺牲无数人生命的作战计划付出了代价。他的支持者则认为,对于一位战功赫赫的将军来说,最光荣的莫过于同士兵一起战死沙场。随着巴克纳悲剧、荒诞式的死亡,对他指挥失误的批评也戛然而止,因此至今也没有人对他冲绳战役的战术做过全面的审查——冲绳战役的伤亡人数是珍珠港事件的 20 倍,而此时的美国已不再脆弱和震惊,而是非常强大,甚至马上就要取得全面胜利了。

几十年后,冲绳战役中幸存的盟军士兵——而非阵亡者,依然会影响成千上万美国人的生活。这些人第一次读到关于这场战役的叙述,对战斗的情形和目的有所了解。有两本里程碑式的回忆录讲述美军在第二次世界大战中的经历。这两本书无疑都聚焦惨烈的太平洋战场,并在讲述恐怖的冲绳战役时达到顶峰。战役的战略和战术意义可能会在战后被人遗忘,但是其中的残酷和从恐惧中诞生的勇气却难以磨灭:它们会不断涌现,让无数读者对战争以及

· 第一章 自杀的代价：冲绳战役（1945年4月1日至7月2日）·

美军在战争中的表现有所认识。威廉·曼彻斯特的《再见，黑暗》（Goodbye, Darkness）和 E. B. 斯莱奇的《与老兵同在》（With the Old Breed）不仅是对战争的生动叙述，而且是不可多得的文学作品，可与色诺芬（Xenophon）的《长征记》（Anabasis）、西格夫里·萨松（Siegfried Sassoon）的《步兵军官回忆录》（Memoirs of an Infantry Officer）以及罗伯特·格雷夫斯（Robert Graves）的《向一切告别》（Goodbye to All That）相媲美。

与20世纪大多数战争叙事不同，《再见，黑暗》和《与老兵同在》成功之处在于，将冲绳战役的荒谬与不那么荒谬的战斗理念联系在一起。这一理念远胜于日本军国主义，并与之截然对立。这两本书叙事生动形象，揭示了战争愚蠢而又毫无意义的残酷事实；当然远不止如此，它们都传达了一种宝贵的思想：人们在战场上远不仅是为战友而战。斯莱奇关于冲绳战役的描述，以广岛原子弹爆炸和战争结束的新闻结尾。尽管他承认"战争是残忍、可耻的，是一种巨大的破坏"，"战斗在那些被迫参与者身上留下了不可磨灭的印记"，但他还是在结尾写道："只有千禧年来临、国家不再奴役他人之时，人们才有必要对祖国承担义务，并甘愿为之牺牲，正如我的战友所做的那样。"请注意他的关键词："国家不再奴役他人。"

威廉·曼彻斯特试图向后人描绘一个近乎神圣的世界，他们这些海军陆战队队员曾经为之英勇地战斗："欠债是耻辱，勇气是美德，母爱伟大，婚姻神圣，离婚可耻……所

战争的幽灵

有这些以及'上帝保佑美国'、圣诞节或光明节、对战争胜利使人不朽的信念——这一切让你投入战场,成为支撑你战斗的力量,在你跌倒时能抚慰你的心灵;如果你不幸牺牲,所有深爱你的人都会将你视为英雄,一如你深爱着他们。"

描绘完恐怖的冲绳战役之后,曼彻斯特对这个丧失价值观的迷惘时代感慨说:"之后的准则会发生改变。但我们当时不知道。我们并不知道。"冲绳战役是太平洋战争中最惨烈的战役,关于它是否应该发生引起了长期的争议,它本身也表现出诸多明显的悖论,比如轻松的海滩登陆与恐怖的内陆战斗、陆上的自杀式攻击与海上的神风特攻队、平民与准平民的伤亡、冲绳战役与广岛原子弹爆炸的联系。多年之后,它们依然会对人们产生影响。如果不是《再见,黑暗》(1979年)和《与老兵同在》(1981年重印),这一切都可能会湮没于历史的尘埃。这两本书表明,岛上的那几周深深地改变了它们的作者,甚至超过了他们此后几十年的经历。不论美国人是否意识到,他们之所以能对"9·11"自杀式袭击采取有力的行动,其中一个原因或许便是,他们的祖辈和父辈早在冲绳战役中就经历并应对过这一切。

美国和日本有许多人讲述过自己在冲绳杀戮战场的经历,只是《再见,黑暗》《与老兵同在》以及一些名人的牺牲更为人所熟知。其实,它们只是冰山一角,更多的故事隐藏在海面以下,存在于无数人的集体意识之中。我不

第一章 自杀的代价：冲绳战役（1945年4月1日至7月2日）

知道一个瑞典乡下的农村家庭，如何同远在另一个世界的牛岛满和长勇的狂妄计划产生联系，但是这的确发生了，而且对我们许多人来说，整个世界从那时起就完全改变了。

各种类型的美国军舰在比谢川（Misha River）① 河口的黄滩3号登陆，卸下数吨补给品。就攻击火力、参与人数和空载吨位而言，它们是太平洋战争中规模最大的进攻舰队的一部分。事实上，冲绳岛登陆可能是战争史上最庞大的一次两栖攻击。

---

① 不知作者为何拼作Misha River，更常见的拼写是Hija River。——译者注

▎战争的幽灵

到了5月，持续的大雨和炮击将冲绳变成了泥泞的海洋。因此，美军无法充分发挥在机械化车辆和重型装甲方面的显著优势。上图中，坦克陷在约5英尺深的水中，在被拖至安全地带前，乘员们不得不从车厢内向外舀水。

第一章　自杀的代价：冲绳战役（1945年4月1日至7月2日）

轰炸和炮击似乎将日军的防御工事变为了一堆瓦砾；但是大多数日本人安然无恙，他们躲藏在散布各处的天然洞穴和利用珊瑚、礁石建造的防御工程之中。上图中，美国海军陆战队第6师的队员们正一步步向前爬行，试图用炸药和近距离炮火轰击防御者。

战争的幽灵

冲绳岛上遍布着巨大的岩洞防御网,这是美军面临的最大挑战。这些岩洞由隧道相连,在珊瑚之下延伸约60英里。洞穴的开口通常在高地上,几乎无法察觉,也难以被炸弹和炮火击中。上图中,一名美国海军陆战队队员正从一个被占领的日本前哨站向外观望。

· 第一章 自杀的代价：冲绳战役 (1945年4月1日至7月2日) ·

1945年5月19日晚，与作者同名的士兵（维克多·汉森）在进攻甜面包山时阵亡。这张照片摄于6个月前的瓜达尔卡纳尔岛。在他牺牲57年之后，他右手上的戒指由战友路易斯·伊特曼（Louis Ittman）归还。

战争的幽灵

由于美国航母铺有木制甲板,而且要在海上停留数周,因此极易受到自杀式炸弹的袭击。虽然美军没有一艘航母被沉没,但是大量海军士兵葬身火海,总共损失了近5000名海军。上图显示的是,1945年5月11日,美军舰队旗舰邦克山号航母被击中并引发大火。

第一章　自杀的代价：冲绳战役（1945年4月1日至7月2日）

1945年5月18日晚，维克多·汉森遇害。彼得·马迪根得知消息后，愤怒地离开散兵坑冲向日军阵地，随即被日军杀害。图中站立者从左到右分别是：阿尔弗雷德·P.帕帕（Alfred P. Papa）、维克多·汉森、霍华德·J.刘易斯（Howard J. Lewis）、伯里特·H.辛曼（Burritt H. Hinman）。前排从左到右分别是：约翰·理查德·格里菲斯（John Richard Griffith）、彼得·马迪根、毛里斯·哈里（Mauris Harry）、比尔·特威格。

战争的幽灵

在这条名为"森肯路"(Sunken Road)的道路沿途,普伦蒂斯(Prentiss)将军率领北方联邦军顽强抵抗,关键时刻抵挡了南方邦联军对"蜂巢"(Hornet's Nest)阵地的进攻,为格兰特在后方重建北方防线赢得了时间。在不远处的树林中,阿尔伯特·西德尼·约翰斯顿(Albert Sidney Johnston)将军在与北方联邦军的战斗中阵亡。

· 第一章　自杀的代价：冲绳战役（1945年4月1日至7月2日）·

夏洛战役之前，时年40岁的内森·贝德福德·福瑞斯特（Nathan Bedford Forrest）上校还不算太出名。夏洛战役之后，他从严重的伤病中逐渐恢复过来。由于功勋卓著，他被提拔为将军，后来成为南方军最有天赋的将领，深为北方军所畏惧和痛恨。

约翰斯顿臂膀宽阔，下颚坚毅，眼神犀利，被视为南方男子气概、勇气与决心的化身。他身上带有某种神秘色彩，这多半源于他那俊朗的外表和战死沙场的事迹。其实，他几乎没有为南方军赢得过战斗。

战争的幽灵

这张照片摄于 1864 年。谢尔曼严肃而又有些冷酷的表情,给朋友和敌人留下了深刻的印象。他衣衫褶皱,头发凌乱,深为战友们所熟识和爱戴。

卢·华莱士(Lew Wallace)参加夏洛战役时,年仅 34 岁。当时他风度翩翩,偶尔透露出一丝傲慢。不过,在战役开始的第一天晚上,他的军事生涯就遭到了毁灭性的打击——战后的分析报告对他很不公平。他后来的一切文学成就——包括畅销书《宾虚》(Ben-Hur),都在竭力挽回 1862 年春天失去的声誉。如今,他已成为印第安纳州的骄傲。他的这座大理石雕像依然陈列在美国国家雕像大厅里——在 50 个州推选的 100 位杰出人物中,他是唯一一位以小说家身份入选的。

·第一章 自杀的代价：冲绳战役（1945年4月1日至7月2日）·

根据卢·华莱士同名小说改编的百老汇戏剧《宾虚》，成为当时美国有史以来最成功的演出，在全美巡演长达21年。截至1920年，该剧演出场次总计超过6000场，观看人次达2000万。

这块黑色的石灰岩墓碑上雕刻着战败的勇士索吉尼斯（Saugenes），反映了维奥蒂亚（Boeotian）军团的最后时刻。画面前景是破损的长矛，战士上方则是死后英雄的盛宴。石碑的作者可能是忒拜的阿里斯提德（Aristeides）。

战争的幽灵

现代的海边村庄德利西（Delisi），建在公元前424年的战争遗址之上。越过群山可以看到远处的阿提卡，位于冒失的雅典人撤退的大方向上。

苏格拉底在撤退行动中英勇抵抗，拯救了他的朋友们。当时他已年过中年，头上开始脱发。这幅大理石雕像是件复制品，原作是利西波斯（Lysippus）制作的青铜像（公元前330年），突出这位严肃哲学家粗犷的一面。

德利姆战役爆发时，柏拉图只有四五岁，但是他从苏格拉底那里听过许多故事，后来以各种方式记录在《柏拉图对话录》中。上图为柏拉图的罗马大理像（公元1世纪，希腊原作复制品）。

· 第一章 自杀的代价：冲绳战役（1945年4月1日至7月2日）·

维奥蒂亚人聘请一些希腊著名的雕塑家，用德利姆战役的战利品为死者制作纪念像。上图中的艺术家省去了姆纳森（Mnason）的盔甲，以凸显他年轻、英勇的体格；姆纳森墓碑浮雕和索吉尼斯石碑很可能是阿里斯提德创作的整套作品的一部分。

众所皆知，亚西比德（Alcibiades）在可怕的德利姆撤退行动中表现英勇，他年轻、健壮的形象在柏拉图的《对话录》得到了进一步巩固。上图是意大利18世纪的蜡笔画，展现了苏格拉底和学生之间的暧昧关系——前者年长、持重，后者自负而又冒失。

第二章 夏洛战役的幽灵
(1862年4月6日)

上午：比利叔叔的诞生

夏洛战役改变了威廉·特库姆·谢尔曼（William Tecumseh Sherman）的一生，而他后来改变了美国内战的进程，直到今天仍在某些方面影响着美国。这一系列令人惊叹的事件，都发生在1862年4月6日的上午。

临近早上7点，南方邦联军队突然在夏洛地区出现，袭击威廉·特库姆·谢尔曼指挥的俄亥俄军团（Army of the Ohio）第5师①。第5师位于北方联邦军队的右翼，距离格

---

① 其他资料表明谢尔曼是在田纳西军团（Army of the Tennessee）第5师。作者此处说俄亥俄军团，可能是指田纳西军团第5师第3旅第53俄亥俄团，译文以原文为准。——译者注

第二章 夏洛战役的幽灵（1862年4月6日）

兰特在田纳西河畔匹兹堡码头（Pittsburg Landing）的大本营最远①。当时谢尔曼并不知道，这几波袭击攻势是内战开始一年以来最猛烈的。事实上，谢尔曼前一天还给格兰特的参谋发了一封急件，信誓旦旦地表示，北方军遭遇敌军进攻的可能性微乎其微。

谢尔曼和北方军的其他长官都没有发现，阿尔伯特·西德尼·约翰斯顿（Albert Sidney Johnston）率领的4万南方军就驻扎在离他们防线只有两英里的地方。这支军队的计划是，在1862年4月6日星期天上午击溃谢尔曼的师部，深入战场后转而攻击其左翼，将小部分北方军赶进田纳西河。当时一位上校曾警告过谢尔曼，有一支南方军正在向他们的防线逼近。然而，谢尔曼却对他咆哮道："带着你那该死的团，滚回俄亥俄老家吧！离我们最近的敌人还在科林斯（Corinth）呢！"

突然，帕特里克·克莱本（Patrick Cleburne）将军率领的一支近千人先头部队出现在灌木丛中。该部队包括两个团，主要来自密西西比州和田纳西州。他们迅速击溃了俄亥俄团士兵的防线，径直冲向谢尔曼，在距离50码处（约45.7米）开枪齐射。当时，北方军大部分人正忙着吃早餐，有的才刚刚起床。见此情形，第53俄亥俄团副官道斯（Dawes）大声喊道："谢尔曼会中弹！"

"天啊！我们被袭击了！"谢尔曼喊道。第一波射击打

---

① 为行文简洁，也减少汉语中不必要的混乱，"南方邦联军队"和"北方联邦军队"在下文中分别简称为"南方军"和"北方军"。——译者注

战争的幽灵

倒了他身边的好几个人。在他身边几英尺处的列兵霍勒迪（Holliday）当场阵亡，这是官方记载的北方军在夏洛战役最早的伤亡之一。死里逃生的谢尔曼在一周后写道："那致命的一枪本来是射向我的。"当时他正骑着战马，举手示意军队展开防御，一颗子弹从 0.69 英寸口径的火枪中射出（弹壳中包含一颗弹丸和三颗较小的铅弹），击穿了他的手掌。谢尔曼很快从震惊中缓过神来，骑着马穿过枪林弹雨，回到附近的指挥所夏洛教堂。他努力在惊慌失措的部队被彻底击败前，重新建立起防线。在这次战斗之前，他的队伍还没有愤怒地开过枪。

就在第 53 俄亥俄团即将溃败之前，北方军炮组及时发射霰弹，延缓了南方军骇人的攻势，破坏了它新一轮的进攻。惊魂甫定的北方军重新集结，在最后 500 码的开阔地带顽强抵抗，致使因上坡而行动缓慢的南方军伤亡 70%。尽管谢尔曼被克莱本打得措手不及，但是北方军且战且退，火力反而不断增强，终于在上午 8 点 30 分左右削弱了南方军最前线的进攻。北方军的阵型虽然遭到压缩，阵列却没有被击垮。

为增援克莱本早先发动的进攻，布拉克斯顿·布拉格（Braxton Bragg）带领近一万步兵展开第二波攻势，扑向谢尔曼麾下仓皇失措的新兵。幸运的是，布拉格对北方军的进攻毫无章法。军队混乱，指挥无序，支援的炮兵迟迟不到，拖延并打乱了布拉格当天上午的进攻计划。直到 8 点 30 分，人多势众的南方军才终于向谢尔曼仅存的两个团驻

第二章 夏洛战役的幽灵(1862年4月6日)

守的防线发起进攻。谢尔曼后来声称,他"第一时间就确信敌人会进攻我们的整个营地",但是他依然没有意识到自己所面临的险境:不只是他手下的7000士兵,还有从他驻守的右翼一直延伸到田纳西河的整个北方军,都有可能瞬间被南方军同时发起的进攻击溃。在这次战役中,南方军投入的兵力大于北方军,这在整个内战期间非常少见。谢尔曼镇定自若,却也非常震惊——尽管他后来极力否认这一点。

在南方军的攻势下,谢尔曼军的师部渐渐不支。他的副官约翰·泰勒(John Taylor)后来评论,部队的长官"抽着雪茄,头脑冷静,镇定自若",他大无畏的精神"立刻让我感到,能与他并肩作战是一种荣幸"。即便如此,北方军还是在早上9点30分撤退了上千码,将指挥营设在了夏洛教堂。他们许多精良的大炮要么被摧毁,要么被敌军缴获。有些俄亥俄团士兵无意在那里构筑新防线,反而是前往他们最后的避难所——位于东边1英里左右在田纳西河畔匹兹堡码头的北方军基地。傍晚时分,有10000—15000名北方军士兵(超过人数的1/3)失踪,或者战战兢兢地躲在山崖下。炮火从两边呼啸而过,谢尔曼纵马在士气低落的队伍中穿梭,竭力阻止一些受惊的士兵临阵脱逃。

他左侧的兵团隶属约翰·麦克伦南德(John McClernand)的第1师,如今来到前线,试图在南方军发动第二波攻势击溃北方军防线之前,填补谢尔曼与本杰明·普伦蒂斯(Benjamin Prentiss)第6师防线结合处的缺口。约翰·

战争的幽灵

泰勒目睹了谢尔曼落马的过程：当时他的战马严重受伤，跌跌撞撞，倒地而亡。英勇的谢尔曼将军一跃而下，马鞍和枪套则被压在马下。他跑向泰勒，跨上副官的坐骑，又回到战场。"兄弟，我和你说过吧，要全力杀敌！"谢尔曼大喊着绝尘而去，状态正佳。

不过，他想在夏洛教堂进行抵抗并固守指挥部的努力注定失败，因为他显然还需要继续撤退。在强大的火力下，防线的左右两翼摇摇欲坠。上午 10 点，谢尔曼努力集结残部，甚至试图在珀迪-汉堡路（Purdy-Hamburg Road）后方构建一条新的防线。当他在协助部署炮兵阵地时，他的第二匹马又被射杀了。

泰勒中尉再次见到长官在南方军的攻势下遇袭落地，于是从无数受惊的战马中帮他抓到了一匹。这是谢尔曼一小时内骑的第三匹马。当时他的手血流不止，外套被打得千疮百孔，还有一颗子弹射穿了他的帽子。他准备战死沙场吗？不，见过他的人绝不会这么想。他在人们眼中镇定自若，毫不惊慌。谢尔曼的炮兵指挥官帕特里克·怀特（Patrick White）中尉说，这位血染征袍的将军是"我那天见到的真汉子。"

他当之无愧。几分钟内，又一颗子弹击中了他的肩带。还好，这是一颗跳弹，并没有给他带来太大的伤害。谢尔曼手上流着血，肩膀上缠着绷带，两次坠马摔得鼻青脸肿，浑身沾满泥泞，却依然骑着第三匹战马在枪林弹雨中指挥，激励新兵勇敢战斗，为北方军争取了宝贵的时间。后来他在

· 第二章 夏洛战役的幽灵（1862年4月6日）·

给妻子的信中描述过这一噩梦般的时刻："我竭尽全力指挥残存的队伍，我的作用大家有目共睹。我注意到，当我们被包围时，当我们被死神凝视时，即使更高级别的长官也要依靠我。"

战事正酣之时，谢尔曼立刻认识到，如果他的侧翼部队能有序撤退而不被击溃，在夏洛周边10英里范围内的25000多名北方军很快便会驰援赶到。然而，当时他的部队在战场上已遭受重创，人数完全处于劣势，任何地方都面临5000—10000人的攻击。在那个星期天上午，越来越多的北方士兵逃离值守，前往匹兹堡码头寻找安全之所。到中午时分，格兰特精锐的田纳西军团几乎被摧毁。

不过，南方军也没想到，他们一开始就打得对方措手不及，轻易获得了压倒性的优势。因此，他们没有制定增强进攻火力的后续计划，更没有在谢尔曼余部向右方撤退之前，切断来自匹兹堡码头的北方军补给线。这对北方军而言是一件幸事。

1862年初期，南方军在兵力和补给方面占上风的情形非常罕见。在过去6个月的时间里，西线战场对于他们来说堪称灾难。直到1862年2月，田纳西河上的亨利堡（Forts Henry）和坎伯兰河（Cumberland）上的多纳尔森堡（Forts Donelson）相继失守，15000多名南方军士兵被俘。如果那些士兵还在，也许可以彻底改变夏洛战役的走向。北方军继而占领了纳什维尔（Nashville），这里是南方邦联第二大城市，仅次于新奥尔良（New Orleans）。随着阿尔伯特·西

战争的幽灵

德尼·约翰斯顿将军向南败退,孟菲斯和整个密西西比河谷兵力空虚,极易遭受攻击,西部的得克萨斯州和阿肯色州与南方邦联其他州的水陆交通面临被切断的危险。约翰斯顿曾被视为南方军的拯救者,如今却遭到南方报纸的口诛笔伐,批评他难堪大任,胆小如鼠。

在这一背景下,南方军迅速发动大规模进攻,将严重准备不足的大军匆匆投入战场。他们从田纳西河向夏洛行军,以阻止格兰特与唐·卡洛斯·比尔少将(Don Carlos Buell)会师,破坏其占领田纳西州与密西西比河上游地区的意图。南方军似乎认为,他们可以效仿拿破仑,占据中心地带,逐个击破格兰特和比尔,以阻止他们会师后形成兵力和物资优势。北方军草木皆兵,无法对当前形势做出正确的判断,极大地高估了南方军的实力。实际上,南方军孤注一掷地对田纳西军部或俄亥俄军部发动进攻,无异于自投罗网,因为格兰特与比尔可以在遭受攻击时互相支援;而且,北方军仅在田纳西州的兵力,就超过南方军的两倍。

一群争论不休的南方军将领能够带领着 4 万军队,悄无声息地逼近数量庞大的格兰特大军,这简直是一个奇迹。他们即便在抵达之后,也无法就进攻策略达成一致。他们不知道如何驱逐北方军,对突袭成功也不抱希望。而且,就在发动袭击前的几小时,一大群惴惴不安的军官还倾向于撤退至密西西比州的科林斯,在那里重新部署防线。甚至还有谣言说,格兰特和比尔的军队早已会师,并在夏洛

第二章　夏洛战役的幽灵（1862年4月6日）

筑好了防线。只有阿尔伯特·西德尼·约翰斯顿坚持认为，南方军应该团结一致，绝不能取消进攻格兰特部队的计划。

事实上，南方军队是一个松散的组织，由多股势力构成，只是名义上接受约翰斯顿将军的领导。约翰斯顿将军十分倚重 P. T. 博雷加德（P. T. Beauregard），按照他的建议，组织了4支军队，总共约4万人。从理论上讲，这4支军队的首领——波尔克（Leonidas Polk）将军、布拉格将军、哈迪（William J. Hardee）将军和布雷肯里奇（John Breckinridge）将军——都听从约翰斯顿的命令，但实际上大多行动独立，供给自足。即便在进攻第一枪打响之时，他们也很少与约翰斯顿或博雷加德直接联系，更不用说协同作战了。这支南方军是南方邦联松散体系的缩影，在首战告捷之时，这些将领缺乏统一的协调机制，无法将优势转为胜势。

他们没有形成钳形攻势合围北方军两翼，而是愚蠢地组成三连阵线进攻其右翼，这不禁让人想起拿破仑经典的纵队战术，或者古罗马军团的三线阵。疲惫、饥饿的南方军占领谢尔曼的营地后逐渐停下进攻，开始劫掠和吃饭，再次贻误战机，给北方军留下了喘息的时间，让他们找到了新的防御位置。约翰斯顿才能出众，不仅集结了4万大军，而且指挥他们秘密行进到距离联邦军几千码的位置。然而，他并不是一个高明的战术家，他的下属——尤其是博雷加德，甚至缺乏战局意识。另外，他的队伍装备简陋，训练懈怠，经验缺乏，在组织协调和凝聚力方面也无法与

战争的幽灵

格兰特部队相提并论。

谢尔曼英勇奋战，顽强抵抗，迫使对方不得不派出几千人攻击北方军右翼。实际上，南方军更希望集中兵力攻打较为薄弱的左翼，以便切断全军退往匹兹堡的路线。在第一天的大部分时间里，夏洛成了一个可怕而又相对独立的战场。南方军在进攻北方军防线时各自为战，而不是集中优势兵力攻击格兰特的部队。结果便是，南方军虽然在若干单个战场上取得了胜利，也慢慢瓦解了北方军区域性的抵抗，却因陷入鏖战而耗损了太多的兵力和时间，没有实现全面击溃敌军的计划。

谢尔曼很快发现，他的师部只剩下一半的人马。他决定与士兵共同进退，希望能尽量减缓南方军的攻势，为北方军修筑防线赢得时间。上午10点30分，他在原营地后方半英里多的地方重新集结残部，准备在这里坚守4个小时。格兰特10点左右见过他，认为他的右翼虽然伤亡惨重，却还能坚守并有序撤离，以确保匹兹堡码头有足够的时间形成防线。

那天即将结束之时，谢尔曼已经与其他幸存的北方军师部联合起来，形成了马蹄形防线。格兰特则在等待卢·华莱士（Lew Wallace）将军和比尔将军27000人增援部队的到来。谢尔曼将在第二天早上发起反攻。在之后的战役中，他会在4月7日北方军伟大而又幸运的转折中扮演关键的角色，并在8日上午带领为数不多的北方军追击败退的南方军。他在与负责断后的内森·贝德福德·福瑞斯特

· 第二章 夏洛战役的幽灵（1862年4月6日）·

（Nathan Bedford Forrest）的遭遇战中，一马当先，差点再次中弹。

不少长官曾记录过谢尔曼在夏洛战役中骁勇善战的事迹，尤其是格兰特在回忆录和书信中都有过详细的描述。纳尔逊（Nelson）将军是俄亥俄军团比尔将军帐下的一位师长，在第二天加入战斗。他与格兰特和谢尔曼二人都不熟悉，曾写道："如果谢尔曼倒下了，他的部队就会被俘虏或者被消灭。"亨利·W. 哈雷克（Henry W. Halleck）少将整理过战争目击者的记录之后，非常肯定地对作战部长埃德温·斯坦顿（Edwin M. Stanton）说："大家一致认为，威廉·特库姆·谢尔曼准将在6日的作战中力挽狂澜，为7日伟大的胜利做出了突出贡献。他这两天都处在战斗的最前线。"

平时沉默寡言的格兰特也对他赞不绝口："我认为必须……特别提及一位勇敢、称职的军官威廉·特库姆·谢尔曼准将。在这两天的军事行动中，他指挥得当，对战局判断准确，对部下管理有方。他第一天手部严重受伤，却从未离开过自己的岗位。"格兰特在回忆录中补充道："夏洛一战，谢尔曼身受重伤，如果他当时伤退，结果将不堪设想，我们距离战败仅在一线之间。"

威廉·特库姆·谢尔曼在伟大的北方将领中独一无二，经历了内战第一场战役牛奔河（Bull Run）战役和最后一场战役本顿维尔（Bentonville）战役。在夏洛战役中，他从始至终都处在第一线，在战场上纵横驰骋近48小时，重整缺

战争的幽灵

乏经验的俄亥俄师,面对重重包围,依然坚守着田纳西军团的右翼防线。他很可能是夏洛战役中首先遭袭的北方将领之一。他与这场战役最后一位负伤的指挥官斗智斗勇,即才华横溢、声名赫赫的内森·贝德福德·福瑞斯特。谢尔曼的传记往往会单独辟出一章描写他在夏洛战役中的英勇事迹,并用"重生""转变""第二次机会""绝不回头"等字眼,这场战役也被视作谢尔曼由耻辱走向伟大的分界线。

夏洛战役究竟为谢尔曼带来了什么?不论是他在战场上的卓越贡献、被详细记述的事迹,还是这场宏大而重要的战役本身,都无法解释他神奇而持续的转变。这次战役并非内战的终结,甚至没有结束西部的战事。而且,在夏洛战役中谢尔曼也不是全军的统帅,只不过是格兰特、比尔和哈雷克将军属下的十多个师长之一。在此次战役中,他并非北方军的战略负责人,也没有参与任何全局性的战术指导,只是严格执行了上级的命令而已。

然而,在夏洛战役中围绕谢尔曼发生的一系列神奇事件,不仅在几个小时内改变了他的职业生涯,也决定着这个国家未来十几年的发展方向。在夏洛战役开始前,没有任何预兆表明谢尔曼会取得巨大的成功。他参加夏洛战役时41岁,在此之前20年的军旅生涯中,他的战绩只能说差强人意。尽管他在西点军校1840年毕业的42名学员中排名第六,但是15年来,他在南部和西部的军事行动中并不出色。在美墨战争中,他由于驻守加利福尼亚而错过了立功

·第二章 夏洛战役的幽灵（1862年4月6日）·

的机会。

厌倦了军旅生涯的谢尔曼于1853年退役，在旧金山成立了一家银行分行。他虽然有卓绝的军事才能，但经商的七年却完全是一场灾难：他沦落为一家破产金融机构的地区经理，债台高筑，并最终与家人分居。他收入微薄，靠打零工度日。与这种窘迫生活形成鲜明对比的是他妻子家的成功与财富，尤其是他的岳父（也是他继父）托马斯·尤因（Thomas Ewing）是一位享誉全国的律师；谢尔曼的弟弟约翰也是位冉冉升起的新星，当时担任共和党俄亥俄州的参议员。

雪上加霜的是，他重返军队之后，在夏洛战役爆发之前的两年里，经历了一系列大起大落，生活在失败的阴影之下。1860年，谢尔曼大部分时间都在以平民的身份筹建路易斯安那州立军事学院（Louisiana State Military Academy）——路易斯安那州立大学（Louisiana State University）的前身。谢尔曼作为首任主管，负责招聘教员、设置课程、建设新校园的基础设施等等。各种资料表明，他获得了巨大的成功。尽管他是个来自俄亥俄州的北方人，还有一个北方佬参议员弟弟，却深受南方人的喜爱。而且，据说内战刚开始时，南方军曾招募他做高级指挥官。1861年2月，他在军事学院的生涯戛然而止。因为当时路易斯安那州即将脱离联邦；再加上他痛苦地意识到，军事学院的装备和学员很快会支援南方邦联。他多年来饱受挫折，如今事业刚刚取得成功。作为学院的专管，他收入丰厚，本打算退

战争的幽灵

休后在校园里建一个温馨的家。然而，面对现实他无能为力，只能看着自己的成就在一年后化为泡影。在路易斯安那州退出联邦后，他带着绝望和挫败感，悄悄回到了北方。

内战爆发前几个月，形势开始恶化。虽然北方亟须经验丰富的指挥官，也稀缺西点军校的毕业生——其中的佼佼者都去了南方军队，但是谢尔曼并没有谋到更高的职位，被某些能力不足的军官和毫无军事训练的政客忽视。1861年7月，他在牛奔河战役中担任上校和旅长，由于表现优异，再加上他在政坛的关系，开始引起林肯总统的注意。他奇迹般地被提拔为西部坎伯兰战区的指挥，负责保护联邦在边境州肯塔基的一切利益。谢尔曼终于获得了与他能力相匹配的职位——尽管与他的经验和自信心还不相符。1861年底，灾难开始降临肯塔基州。

虽然组织防御和招募新兵的工作进展顺利，但是谢尔曼却深感疲惫，也有些意志颓丧。不久，他被安排守卫长达300英里的防线，而手下却只有18000名新兵。在他驻守的边境州，南方支持者和南方军的进攻情绪高涨，而华盛顿的北方指挥官却普遍忽视西部地区。过度劳累和慢性哮喘病让谢尔曼越来越消沉，几近崩溃。其实，他可能没有意识到，敌人的状态更为糟糕。1861年10月之前，他情绪一直非常低落，不断给林肯总统、内阁成员和军事长官写信，还近乎愚蠢地对来访记者发牢骚，沮丧之情溢于言表。

1861年10月17日，在路易斯维尔召开的会议上，谢尔曼向作战部长西蒙·卡梅隆（Simon Cameron）、北方军的

第二章 夏洛战役的幽灵（1862年4月6日）

将领以及一些记者悲观地说：要想守住肯塔基州，需要6万军队。要想在战区发动进攻，肃清在密西西比河谷的南方军，则至少需要20万兵力！这一数字震惊四座，并开始四下传播，让人们对战争的预期更加黯淡。后来发生的事件表明，谢尔曼颇有先见之明，所给出的数字与实际相符。

北方联邦政府的真实意图是，希望在肯塔基州或田纳西州大获全胜（格兰特将军所谓的"一场伟大的战役"），一举击溃南方军的士气，以达成全面休战的协定。然而，战区指挥官的预测则截然相反：这将是一场旷日的持久战，几十万兵力卷入其中，耗费也将以百万计。谢尔曼的观点非常悲观，他认为即便能守住俄亥俄州南部，肯塔基州北部也会失守。在他发表演说之后不到一个月，流言蜚语四起：有人说他劳累成疾；有人甚至说他精神错乱，胡言乱语。1861年12月11日，《辛辛那提商报》（Cincinnati Commercial）刊登头条新闻，宣称他们的老乡"威廉·特库姆·谢尔曼精神错乱"，并且非常傲慢地评论他被免职一事：

> 谢尔曼的怪异行为招来了铺天盖地的批评，如今人们开始对他巨大的不幸深表同情。幸运的是，国家及时将守卫肯塔基州的重大责任收回，不至于因为一个精神错乱的军官而损失一整支军队。

谢尔曼受辱蒙羞，似乎表现出典型的抑郁症特征，而

战争的幽灵

且身体极度疲惫。1861 年 12 月至 1862 年 2 月,他卸任肯塔基州的职务后声誉日下,大部分时间闭门谢客。他在放逐期间给弟弟写信说:"我为夸大了肯塔基州的南方兵力而深感耻辱,要不是因为孩子,我早就自杀了。"大多数媒体评论家认为,他稍有起色的事业如今已在耻辱中结束。

谢尔曼的妻子、岳父和弟弟的多方游说,使林肯总统和哈雷克将军又给了失意、困顿的他一次机会。2 月中旬,谢尔曼接到一个不大的任务,前往肯塔基州西部训练新兵,为新任将军尤里西斯·S. 格兰特进攻多纳尔森堡和亨利堡做准备。由于没有了指挥整个战区的压力,加上格兰特捷报频传带来的鼓舞,谢尔曼逐渐恢复了昔日的健康和自信。格兰特在取得两次胜利后,不仅守住了肯塔基州,而且打通了进军田纳西州的门户。局势的改变使谢尔曼更加振奋,因为他在俄亥俄州招募的新兵得以加入格兰特的新田纳西军团。4 月初,谢尔曼更加沉稳和坚韧,指挥一个师驻守夏洛地区,参与到北方军平定田纳西州南部和密西西比河上游地区的行动中。

谢尔曼很清楚,正是由于以前对战争的悲观态度,使他被媒体称之为懦夫,甚至是疯子。其实,谢尔曼一直是个十足的冒险者:淘金热时代,他在加利福尼亚创办银行支行;南北战争前夕,他在路易斯安那筹建军事学院。然而,这些创举都湮没在喧嚣的批评声中。如今,他再次获得机会——也许是最后一次,必须孤注一掷,为自己挽回声誉。那些军官、政客和媒体总是盯着他一时的疑虑不放,

· 第二章 夏洛战役的幽灵（1862年4月6日）·

却无视他过去20年的不懈努力。即便在他新招的俄亥俄士兵中，也有流言说他们的将军是疯子。

对于身处夏洛的谢尔曼来说，4个月以来跌宕起伏的经历是把双刃剑。报纸诋毁他精神失常，堵住了他的晋升之路，让他声名狼藉：他已经一无所有。人们普遍认为，他在北方军中无处容身，他也知道自己已经没有退路。因此，他对靠近夏洛战场的敌军毫不畏惧。在战斗打响前，他曾得到准确的情报，有一支数量庞大的南方军即将袭击他，不过他对此置若罔闻。过去的耻辱让谢尔曼完全不顾个人安危，在夏洛战场上表现得坚定果敢，总是一马当先。对他来说，要么战死沙场，洗刷自己带给家庭的耻辱；要么在战场上展示他的勇气和才能，带领军队取得胜利，即便不能恢复名誉，也要击碎世人对他的质疑。

4月6日上午，南方军发起进攻。可是在此之前，谢尔曼对敌军逼近的种种迹象视而不见，完全没有任何御敌的意图，甚至没有针对性地加强和巩固薄弱的右翼防线。格兰特对此也十分震惊，他从没下过这样的命令。在过去的几个月里，谢尔曼饱受批评，处于崩溃的边缘。他固执而又冷静地嘲弄着准确的军事情报——敌人正在移动，向他的方向逼近。

这一点使他为同时代的人所诟病，也遭到了传记家的批评。虽然他在回忆录中为自己申辩，自己在夏洛战役中从未受惊——这很有可能，却不为人接受。其实，历史学家忽略了一个问题：即便当时谢尔曼命令士兵巩固防线，

84

战争的幽灵

也无济于事,因为那天早上,在35000人的北方军中,其他师部都没有下过这样的命令。而且,他的部队身处北方军阵线的最前沿,如果躲在防御工事里会失去机动性,很容易被包围和分割。再加上他之前声名狼藉,若在战斗前下达命令采取防御措施,会再次招致"疯子谢尔曼"的骂名。

另外,谢尔曼的右翼薄弱,他的新兵不可能顶住南方军的进攻。不过,他带领军队有序撤退,合理使用炮兵,并偶尔展开反攻,在敌众我寡的不利条件下,用将近一天的时间撤回到田纳西河畔的匹兹堡码头。他采取的防御策略是不构筑防御阵地,这样也有好处,否则在敌人的进攻下龟缩在堡垒里,会使挫败和恐惧的情绪在军中蔓延。

总之,造成北方军溃败的主要原因并非遭到突袭或将领失误,而是低落的士气。北方军缺乏经验,深信南方军在亨利堡和多纳尔森堡遭受重创,只有招架之力,不可能发动进攻。因此,南方军的突袭击垮了北方军的信心,使他们在交火之初就溃不成军。

另一个被人忽略的事实是,在战争开始前几天,谢尔曼做出过占领制高点的英明决定。他的两翼都有河流做屏障:右翼是枭河(Owl Creek)支流,左翼河流虽小,却水位高涨。要攻击山上的守军,必须穿过一片狭窄的草地,而这一路都在北方军的射程内。格兰特主张(并非谢尔曼),让守军分散驻守在匹兹堡码头周围的狭窄区域,与华莱士、比尔的部队以及他的指挥部保持一定距离,这使北

第二章 夏洛战役的幽灵（1862年4月6日）

方军更靠近驻守在密西西比州科林斯的南方军。从战略上讲，格兰特的排兵布阵毫无道理；从战术上讲，谢尔曼将军的安排堪称典范。

当天晚上，北方军后撤两英里，到了田纳西河畔码头。伤亡、失踪人数近1万人，有1万至2万人被打散，但他们依然斗志昂扬，坚守着最后的防线。夜幕降临，伤亡惨重的北方军队列齐整，等待着华莱士将军和比尔将军的增援部队。南方军的情形则与之形成反差，他们虽然取得了胜利，却疲惫不堪。

4月7日，夏洛战事第二天，发生了一系列著名的事件。在匹兹堡码头，虽然有上千名北方士兵被吓破胆，试图逃离战场，但是格兰特迅速从最初的震惊中缓过神来，展现出过硬的心理素质。6日晚上11点，他和疲惫不堪的谢尔曼一致认为，在增援部队的帮助下，他们仍然可以在第二天上午发动反击，谁在上午占据主动，谁就能赢得这场战役。南方军选择正面进攻强大的北方军阵地，尤其在所谓的"蜂巢"（Hornet's Nest）地带，这很不明智。他们进攻前的部署极其混乱，战斗中还失去了指挥官约翰斯顿，如今更是精疲力竭，组织涣散，无法保持歼灭北方军最后势力的进攻火力——哪怕是一个小时。到了周一上午，一切都太迟了，攻守之势彻底改变。在兵力上，南方军面临着2万多人的绝对劣势。当时，南方军约有2.5万人，北方军则有5万人，而且一半以上是新来的增援部队，没有经历第一天的苦战。

战争的幽灵

夏洛战役打响前,过去的耻辱让谢尔曼低估了南方军的威胁,过去的紧张与妄想又迫使他在战火中依然保持清醒的头脑。他在战场上镇定自若,指挥有度,使北方军坚持到了战术相持阶段。他率领的部队全部由俄亥俄州人组成,从未上过战场,最早受到袭击,却最晚退出战斗。他们稳步撤退,保住了右翼防线。格兰特的右翼是第一天战斗最激烈的地方。

如果当时谢尔曼情绪失控,命令部队迅速撤离,或者负隅顽抗,坚守阵地,南方军便会摧毁北方军的右翼,并向北方军没有设防的部队后方发起攻击。当然,在夏洛的其他北方部队也在积极参与营救,比如倔强的普伦蒂斯将军就在"蜂巢"附近。谢尔曼所在的防区面积最大,他在战场上血染战袍,极大地提升了部队的士气。

当时的一些观察家准确地认识到,如果谢尔曼在4月6日阵亡——那天他确实有五六次与死神擦肩而过——或者没有如此疯狂地投入战斗,那么在华莱士或者比尔的援军赶到之时,夏洛就早已失守。格兰特在西部的军事行动也会停滞(格兰特本人也会因遭到突袭而失势并离职),密西西比河可能直到1864年或1865年仍在南方军的控制之中。北方军也许能从夏洛战役的失败中恢复过来,但是南北战争不会在1865年结束。亚伯拉罕·林肯(Abraham Lincoln)也不会在1864年获得连任,南方军更不会无条件投降。谢尔曼在夏洛战役中的英勇表现意义重大,远不只是拯救了1862年北方军在西线的军事行动,它不仅极大地推进了南

第二章 夏洛战役的幽灵（1862年4月6日）

北战争的进程，而且可能从根本上改变了现代战争的方式。

南北战争于1865年春结束，主要有两个原因。首先，罗伯特·E. 李（Robert E. Lee）率领的北弗吉尼亚军团（Army of Northern Virginia）无法突破格兰特在汉托马克河（Potomac）的包围圈；第二，谢尔曼将军率领的西线部队从后方包抄，迅速直逼南方邦联首府里士满（Richmond）。当时谢尔曼的兵力已经超过10万人，大多是来自中西部地区久经沙场的老兵，他们从南部内陆向东部沿海行进，转而向北进军摧毁了亚特兰大（Atlanta），洗劫了佐治亚（Georgia）和南北卡罗来纳（Carolinas），所到之处只留下一片焦土。从某种意义上讲，李将军之所以投降，不仅仅因为他的部队即将被格兰特击败，而且因为他手下数以万计的战士得知谢尔曼的部队即将践踏他们的家园，他们为了保护家人，纷纷离开作战岗位。即便是顽强抵抗格兰特的南方士兵也意识到，他们即将被格兰特和谢尔曼组成的钳形攻势包围和歼灭。

战争结束的关键在于两点：3年间，谢尔曼从夏洛战役到南方在阿波马托克斯（Appomattox）投降期间所向披靡；他与格兰特形成了一种奇妙的合作关系，两人协同作战，双线推进，共同拯救了北方联邦。不过，这一切都源于谢尔曼在夏洛战役中的英勇表现。虽然普伦蒂斯、麦克勒南（McClernand）和比尔等将领对北方的胜利也发挥了重要作用，但是无法与谢尔曼相媲美。假如他们在夏洛战役中阵亡、被俘，或在战役后被免职，对北方最终的胜利影响并

战争的幽灵

不大。

夏洛战役之后,谢尔曼晋升为少将,他给妻子写信说:"我努力保持低调,但总是被推到显耀的位置,我只好接受这一安排。"谢尔曼越战越勇,一发而不可收。北方军获胜数月后,他对孟菲斯武装管制,在那里制定了北方军占领南方城市的基本原则:对未给南方军卖命、顺从的南方人宽大处理;对援助分离主义者的游击队和市民毫不留情。1863年春,在格兰特顺利攻下密西西比要塞维克斯堡的战役中,谢尔曼发挥了至关重要的作用。1864年初,他全面接管南部,成为北方军西战区司令,对密西西比州、路易斯安那州和佐治亚州造成毁灭性的破坏,他的部队擅长快速奔袭,被士兵亲切地称为"比利大叔"(Uncle Billy)。

1864年秋,谢尔曼攻占亚特兰大,对林肯总统选举有所助力。11月至12月初,谢尔曼未经上级许可,成功实施"向大海进军"的作战方案,重创了南方军的士气,摧毁了约1亿美元的基础设施。从1864年冬到第二年初春,他在南、北卡罗来纳州的军事行动更具有破坏性(虽然再次遭到格兰特的反对),彻底摧毁了南方邦联残存的经济基础,无可辩驳地表明,南方军的抵抗毫无意义。谢尔曼的西部大军所向披靡,训练有素,直捣李将军的部队后方,这是战争史上最令人闻风丧胆的一支现代军队,令波托马克军团(Army of the Potomac)相形见绌。虽然格兰特将军和托马斯将军坚持不懈的抗争是获胜的重要因素,但真正改变战争走势的是谢尔曼深入南方腹地的军事行动,这也成为

第二章 夏洛战役的幽灵（1862年4月6日）

他心路历程的转折。不过，这一切都始于他在夏洛战场的落马和负伤。

夏洛的战火让谢尔曼与格兰特的关系得到淬炼，变得更加牢固。在战斗最惨烈的时刻，谢尔曼冷静地向格兰特的副官威利上尉（Captain Wiley）汇报："请告诉格兰特，如果他还有人手，就支援我；如果没有，我也会竭尽全力。我们打得很好，非常好！只不过这里像地狱一样糟糕！"在战斗最关键的第一天，两位将军两度会面。早上10点，格兰特匆忙赶往溃败的右翼部队，为谢尔曼率领的俄亥俄将士送去弹药。他看见谢尔曼在败落的军队中镇定自若，"就这样沿着防线走着"，他在上午的检阅记录中写道："我从没想过，与谢尔曼长期共事是多么重要。"

他们在晚上又碰巧相遇。田纳西军团的军官大都希望部队渡河撤退；那些持反对意见的军官则宣称，只有等到比尔和华莱士的援军到来，才有可能在夏洛和南方军打成平手。匹兹堡码头弥漫着一片悲观的情绪。谢尔曼此时走近格兰特说："格兰特，我们简直经历了魔鬼的一天，对吧？""没错，"格兰特说，"我们明天就要战胜魔鬼。"

战役结束后，格兰特原本打算辞职，因为哈雷克将军捏造是非，影射他纪律松弛，经常酗酒。正是重整旗鼓的谢尔曼说服格兰特留任，从而造就了后来的超级英雄。夏洛战役结束后，在格兰特将军即将辞职之际，他们再次相遇，谢尔曼后来写道：

战争的幽灵

我请求他留下来,并拿我自己的遭遇和他作对比。夏洛战役前,我一直很沮丧,因为舆论宣称我是个"疯子"。但这场战役让我重获新生,现在的我斗志昂扬。我与他争论说,如果他离开了,一切都会照常运转,但是他将被人遗忘;如果他留下,或许会有幸运降临,让他重新振作,找回自我。最终,他听取了我友善的建议,保证不会立刻辞职。

"那场战役"之后,格兰特对谢尔曼非常信任,当他前往东部接任北方军总司令时,指定谢尔曼成为西战区司令。1864年至1865年,两人虽各自为战,但关系十分融洽,这与之前几位将军之间破坏性的竞争关系形成鲜明对比。战争开始后的头两年时间里,林肯手下的大多数将军,包括哈雷克、麦克莱伦(George McClellan)、比尔、胡克(Joseph Hooker)、波普(John Pope)、罗斯科拉恩斯(William Rosecrans)、伯恩赛德(Ambrose E. Burnside)等相互倾轧,几乎毁掉了北方军的战局。整个战争期间,谢尔曼一直发表文章维护格兰特;在此后的20年时间里,谢尔曼劝说比尔将军和华莱士将军以及他们的众多支持者,不要因为宿怨批评格兰特,不再指控格兰特在夏洛战役中造成重大损失的罪责。总之,谢尔曼在夏洛的英雄事迹,使他与格兰特建立了相互信任的关系,如果没有这种信任,北方军不可能在4年内赢得战争。

夏洛战役之后,谢尔曼对于新工业时代现代战争的性

第二章 夏洛战役的幽灵（1862年4月6日）

质和意义有了全新的认识。与格兰特不同，他在夏洛战场上冲锋陷阵，数次与死神擦肩而过，见证了无数的杀戮。这是南北战争中第一次伤亡如此惨重的战役，给谢尔曼留下了挥之不去的阴影。他在回忆录和书信中清楚地记录了自己的转变。夏洛战役是他在南北战争中经历最早、最恐怖的战役之一，后来成为他一生的噩梦。在战役结束后的第四天，他给妻子写信说："战场上的场景惨不忍睹，足以让战争者息战。残缺的肢体、死人、濒死之人，以各种形态出现，没有头的、没有腿的，还有那些死去的战马！……我依然能感受到战争的恐怖，尸骨成堆，满地伤兵和残兵，我从未如此渴望结束这场战争，我知道这不会持续太久。"格兰特也认同这种判断，他后来写道，在夏洛战役结束后的第二天，在战场上"无论往哪个方向走，踩的都是尸体，而不是地面"。[90]

在夏洛战役结束近25年后，士兵死伤的惨状仍然萦绕在谢尔曼的脑海。1881年，他向田纳西军团发表演说时依然非常痛心：

> 只有夏洛战役的幸存者才能准确描述那里的惨状。我们的伤员与叛军士兵纠缠在一起，被燃烧的帐篷和灌木丛熏黑、灼伤。他们四处爬着，祈求有人能结束他们的痛苦。除了亲历战火的人，谁能描绘出枪林弹雨像闪电一样劈开粗壮的橡树、把战马和骑兵打倒在地的场景？谁能描绘出迷你弹奇特的声响以及排枪的

战争的幽灵

呼啸和轰鸣?谁能描绘出伤员痛苦哀求却无人搭救、在绝望中死去的眼神?还有战地医生经历过的惨景?或是被掩埋的战壕?

谢尔曼目睹过尸体枕藉的场景,决心不再像格兰特那样,在开阔地带面对敌人枪林弹雨时,使用伤敌一千自损八百的大规模冲锋战术。南方军尽管有不少弱点,却从不畏惧浴血冲锋。

然而,格兰特在第二天增援部队赶到时,得出的结论与谢尔曼截然不同。他主张北方军与南方军正面交锋,凭借绝对的兵力优势取得胜利,甚至不惜以二换一的代价。刚下战场的谢尔曼则认为,在48小时内以死伤2万人为代价打赢战争过于残酷,现代战争应该有更好的方式。他在今后的战斗中,几乎再也没有过夏洛战役那种正面交锋。唯一的例外发生在1864年6月,他在凯纳索山(Kenesaw Mountain)被误导,不得不打了一场正面突击战。

在今后3年的时间里,谢尔曼找到了对付南方军的新战略——总体战,即摧毁敌人的一切基础设施,而又不伤害无辜的平民,甚至不用消灭南方军。他认识到,支撑敌人在夏洛战役中冲锋陷阵的不只是武器和供给,还有他们对南方邦联坚不可摧、家园安全无虞的信念。他必须打破这一神话,摧毁种植园的土地和奴隶,让南方邦联失去根基。如果士兵失去信念,南方军自然溃不成军。让李将军为他那神圣的弗吉尼亚老家遭受攻击而痛苦吧!同时,在他后

· 第二章　夏洛战役的幽灵（1862年4月6日）·

方南方各州的经济也将被谢尔曼摧毁。谢尔曼给林肯、亚特兰大的对手约翰·贝尔·胡德（John Bell Hood）以及格兰特写了很多信，极富预见性，形象地描述了现代战争中新的道德规范以及迅速扩大的战场。

战争就是"地狱"。夏洛战役结束后，谢尔曼并没有成为和平主义者，而是化身为复仇天使，惩罚那些将无辜孩子派到双方战场上的高层。他离开亚特兰大时宣布："我要暴露南方的脆弱，让它的居民认识到，战争意味着私人财产的毁灭。"南方邦联政府要求不要驱逐亚特兰大市民，他后来嘲讽地说："你可以谴责暴风雨和战争的巨大苦难，但是驱逐他们不可避免。这些亚特兰大人应该知道，要回归和平与安稳的生活，唯一的方式就是停止战争，但前提是他们必须承认，这源于他们的错误与傲慢。"约翰·贝尔·胡德要求在亚特兰大周边光明正大地打一场战斗，但是谢尔曼一口回绝并反驳道："如果我们不得不彼此为敌，那么就来一场男人间的较量，不要找些上帝和人道主义的托词。届时上帝会对我们做出裁决。"

对于谢尔曼来说，参与夏洛战役是一个错误。因为他的队伍都来自中西部地区，并非废奴主义者，对于是否向没有奴隶和财产的南方穷人开枪，存在着很大的分歧。他认为，更人道的做法是：烧毁富人以及投票退出联邦的反动政客的种植园和财产；解放奴隶，因为他们对南方经济至关重要，而且正是奴隶制引起了叛乱；向攻击北方军阵地的南方士兵表明，他们在遥远后方的政府和家园不可能

战争的幽灵

免于战火和毁灭。他在给格兰特的信中写道："我们不能改变南方人的想法，却可以让战争变得可怕，让他们知道，无论他们多么英勇善战，对自己的国家多么忠诚，他们注定失败；当他们冲向战场的一刻，就不再拥有和平了。"

谢尔曼曾说，虽然我们"没法赢得他们［南方人］的爱戴，却可以让他们心存敬畏"。从1864年11月到1865年春，谢尔曼浩大的西部军团几乎没有出现任何伤亡，他也几乎没有杀害南方人。这是向南部统治阶层发出的明确信号：他们不计后果地做出脱离联邦的决定，会使南方人生活无依。谢尔曼不仅摧毁了南方，而且不断地羞辱它。因此，南方顽固分子对于这些财产破坏者和奴隶解放者愤恨至极，甚至超过了双手沾满南方人鲜血的格兰特。谢尔曼揭示了现代战争的残酷事实，然而格兰特和李却不理解。战争中最不道德的并非"向大海进军"，而是在夏洛战役之后接连发生的安提坦战役、葛底斯堡战役、冷港（Cold Harbor）战役以及莽原（Wilderness）之役：无辜的年轻人在战场被屠杀，而有罪的年长者却在后方颐指气使，大发横财。

格兰特依靠兵力优势赢得了夏洛战役，同样将会在弗吉尼亚葬送成千上万人的生命。他确信，李的军队会在他的军队死伤殆尽之前溃败。然而，格兰特没有认识到战争的目的：南方的腹地完好无损，那里的人不会悔悟。北方虽然在战场上取得了"胜利"，却比"战败的"南方损失了更多年轻宝贵的生命。

第二章　夏洛战役的幽灵（1862 年 4 月 6 日）

李也完全没有领会谢尔曼的战争策略。1863 年，他向北进军，寻找与北方军正面交锋的机会，虽然杀死了无数北方士兵，将战争延长了两年，但最终在葛底斯堡溃败。与之对比，谢尔曼于 1864 年率军进入"佐治亚腹地"，摧毁了当地的经济和理念，几乎没有杀戮，也没有什么损失，战争却在一年之内宣告结束。也许李最终可以认识到，格兰特能够阻挡他的军队，但是他和他的将领永远无法理解，谢尔曼如何以及为何摧毁了他们的文化。

如果 1863 年 6 月谢尔曼统领的是李的军队，那么北弗吉尼亚军团就会避开米德（George G. Meade）在葛底斯堡的部队，转而火烧华盛顿特区，并摧毁宾夕法尼亚州（Pennsylvania）南部和马里兰州（Maryland）的经济，毫发无损地返回南部，并有可能促成和谈。相反地，如果 1864 年秋李统领的是谢尔曼的军队，那么他会寻求与胡德、哈迪和布拉格部队正面交锋，而不会向萨凡纳（Savannah）进军。

大众舆论经常诋毁谢尔曼摧毁公民财产和士气的做法，认为他是美军在德累斯顿（Dresden）、广岛和美莱村（My Lai）暴行的始作俑者。事实并非如此。他的西部军团从不故意杀害平民，也没有奸淫和屠戮行为。实际上，他在战争中破坏敌方财产和基础设施的做法，如今已经成为美国军队在战争中不成文的规定，比如近期在伊拉克、巴尔干和阿富汗的军事行动。我们更倾向于采用谢尔曼的方式，通过摧毁通信设施、政府和精英的财产进而摧毁一个民族的意志，而不是消灭全部士兵或者随意袭击平民。在 19 世

战争的幽灵

纪的将领中,只有谢尔曼认识到,支撑工业时代战争的是越来越复杂和脆弱的基础设施,包括运输、通信、制造业和政府部门等。它们一旦瘫痪,战场上的军队便会停滞不前,优势瞬间化为乌有。更重要的是,他深刻地预见到,随着物质生活的进步,人们会宣扬一种启蒙的人道主义:在自由富裕的西方民主社会里,胜利的一方最终追求的目标是杀戮少、损失更少;因此攻击敌人的财产和资本比攻击敌人的生命更为切实可行。

最终,谢尔曼发展出集体罪行(collective guilt)的思想。这一富有争议的概念是指,在任何意义上支持战争的人,都不应该完全免受战争的苦果。要让南方人对蓄奴制和退出联邦的行为幡然悔悟,就必须让他们知道,他们需要承受"向大海进军"的后果。同样,阿富汗人在塔利班(Taliban)和基地组织(al-Qaeda)问题上并非完全无辜,应当让他们看到,对这两个恐怖组织的默许,不仅会招致美国外交部门的抗议,也会招来 B-52 轰炸机和巡航导弹。不管你是否喜欢,威廉·特库姆·谢尔曼从夏洛战役到南方军在阿波马托克斯投降期间构想的多面战争,如今仍与我们美国人同在,而且它绝不能被简单地称为"恐怖"。

对于北方军和格兰特的职业生涯来说,幸运的是,夏洛战役的枪林弹雨只是击中了谢尔曼摆动的外套、帽子、肩带、手掌和战马,而不是他的胸膛。在战线的另一边,阿尔伯特·西德尼·约翰斯顿在前线作战英勇,不过战前他也曾遭到媒体不公正的抨击。谢尔曼与南方最高将领不

第二章 夏洛战役的幽灵（1862年4月6日）

同的是，敌人的子弹没有击中他的动脉和重要器官。

夏洛战役没有夺走谢尔曼的生命，反而让这个被称为"疯子"、人微言轻的军官获得了权力。作为回报，英勇、自信的谢尔曼用战场上的表现和战后的忠诚拯救了格兰特。他们两人携手，共同拯救了联邦，摧毁了南方。南北战争初期，夏洛战役给善于反思的谢尔曼上了一课，使他成为唯一知道怎样避免交战的将领。经历了1862年4月的残酷战役之后，南方很快就在佐治亚州和南、北卡罗来纳州尝到了苦果。

下午：错失良机的神话

在南方军左翼重创谢尔曼之际，南方军右翼开始执行向田纳西河挺进的既定计划。阿尔伯特·西德尼·约翰斯顿是双方军队中经验最丰富、最富盛誉的将领，原计划切断格兰特军队来自河畔基地的供应，然后回师枭河，包围并歼灭那里的北方军。

然而上午晚些时候，南方军既定的计划出了差错。约翰斯顿将军整个上午都在前线骑马指挥，他担心右翼军的进攻只能将赫尔布（Hurlbut）、普伦蒂斯和W. H. L. 华莱士（W. H. L. Wallace）将军率领的北方抵抗力量包围，而无法将其歼灭。更让约翰斯顿将军忧心的是，获胜的南方军开始劫掠北方军营地，他们队伍涣散，只顾抢夺战利品，甚至经常把进攻方向搞错。南方军最初的巨大优势逐渐消失，

▎战争的幽灵

为仓皇的北方军赢得了退守和重整队伍的宝贵时间。

身陷重围的北方军已走投无路,只好向右撤退至一个名为"蜂巢"的地方,倚仗一片桃园和下陷的道路。他们粉碎了南方军的攻击波,打乱南方军在夏洛战役的所有部署。中午时分,约翰斯顿将军骑马巡视敌情,准备亲自指挥南方军发起冲锋。然而,北方残军制造的破坏以荒诞的方式发生了。约翰斯顿和布拉克斯顿·布拉格没有选择绕过或侧翼包抄"蜂巢"的战术,而是进攻北方军的炮兵和狙击手,致使几百名士兵白白送死。对南方军来说,夺取这一小块地盘似乎突然成为南方公认的英雄气概的象征。与此同时,宝贵的时间白白流逝,逃走的北方军团在匹兹堡码头的大本营周围重新筑起防线。南方将领出人意料地在错误的时间和错误的地点打了一场错误的战役。

由于冲锋被一次次瓦解,南方军似乎开始变得急躁。下午两点左右,布雷肯里奇将军向约翰斯顿摊牌,他的一个田纳西团拒绝再次执行这种自杀式进攻。对于布雷肯里奇指挥不动军队的托词,约翰斯顿回复说:"不,将军,我觉得你能。"最后,被激怒的约翰斯顿对一再抱怨的布雷肯里奇说,他会亲自带队冲锋。随后,他来到不服从命令的田纳西团前,骑着马与他们一一碰刺刀,喊道:"士兵们,这是我们的使命!敌人负隅顽抗,要让他们尝尝刺刀的厉害。"约翰斯顿骑着他信任的战马"吞火"(Fire-eater)环视四周,冲在队伍最前面,对着步兵喊道:"跟我冲!"激战正酣之际,几乎没有人意识到这一幕有多么荒唐:这支4

第二章 夏洛战役的幽灵（1862年4月6日）

万大军的最高指挥官曾独自集结军队，悄无声息地将其带至夏洛；如今他却率领几百名士兵以近乎自杀的方式冲向敌阵——用刺刀去对抗密集的枪炮。

约翰斯顿在进攻中逐渐淡出了队伍。尽管他的士兵迅速击溃敌人，点燃了摧毁"蜂巢"的战火，但是约翰斯顿却在战斗中受了伤。一开始他情绪高昂，在北方军的枪林弹雨中死里逃生。他甚至拍着大腿自负地说，一颗子弹叮了他一下，另一颗子弹把他的靴子分成了两半，"那时他们没有击倒我"。

然而，事实上他们做到了。几分钟后，约翰斯顿将军突然裹足不前。他是在骑马经过桃园的时候受的伤？"吞火"已筋疲力尽，身上至少有两处负伤。约翰斯顿的靴子跟被打烂了，外套也是千疮百孔。他对田纳西州长伊瑟姆·G.哈里斯（Isham G. Harris）说："州长先生，我在这次冲锋中被打倒了。"不一会儿，约翰斯顿脸色惨白，险些坠马。哈里斯问："将军，您受伤了吗？"约翰斯顿喘着粗气说："恐怕非常严重。"

一系列不幸的事件接踵而至，最终导致了阿尔伯特·西德尼·约翰斯顿的死亡。在他冲锋时，子弹穿过了他右膝盖下方内侧的腘动脉，伤势虽重，却并不致命，在战场上只需用止血带处理一下即可。约翰斯顿像很多士兵那样，随身携带着止血带。但是他中弹后没有及时告知哈里斯，大概一刻钟后才发现自己的伤情。战场上的激情让他感觉不到疼痛。在此期间他流血超过2夸脱（约1.88升），这

战争的幽灵

足以致命。后来发现,一枚口径为0.577英寸的米尼弹射进了他右膝下方。数年前,他的右腿曾在一次决斗中受过重伤,留下了右腿麻痹和神经疼痛的后遗症。是不是之前的伤情让他被流弹划破动脉时仍浑然不知?抑或胜利冲锋的兴奋让他忘记了疼痛?还是生性坚忍的他即便失血过多也默默忍受不吭一声?

更不幸的是,从伤口涌出的鲜血顺着他的裤腿流进了靴子。威廉·普雷斯顿上校(William Preston)把他从战马"吞火"上扶下来时,并没有看到他身上的血迹,不能在第一时间找到他昏厥的原因。他们没用止血带和绷带,反而错误地给昏迷的他灌白兰地。

平时,他的私人医生D. W. 扬德尔(D. W. Yandle)时刻不离左右,本可以立刻帮他止血,却在几小时前被他派去照看北方军战俘。扬德尔医生曾拒绝离开他,但是他命令医生必须和伤员在一起:"照顾一下这些伤员。这些北方人之前是我们的敌人,只是如今是战俘。"总之,阿尔伯特·西德尼·约翰斯顿没有意识到自己受伤,而且是主动脉破裂,血液流进靴子没有被发现,他的私人医生不在身边,惊慌的战友又没有找到伤口,所有的一切导致了他的死亡。这种死亡方式引发了此后几十年里的各种猜测。

约翰斯顿已无生命迹象,周围的军官不知所措。他们的指挥官刚才还斗志昂扬,带领士兵们冲锋陷阵,并一举拿下"蜂巢",几分钟后却突然离开人世,身上没有明显的伤口。他们立即封锁了将军阵亡的消息,以免在士兵中造

第二章 夏洛战役的幽灵（1862年4月6日）

成恐慌，尤其不能让士兵知道，他们敬爱的统帅并非死于致命的伤。声明中说，他们从前线带回了一位"得克萨斯州杰克逊上校"的尸首。直到约翰斯顿的遗体被带到南方军指挥部之后，宝格德将军的私人医生肖邦（Chopin）才发现他的致命伤，以及其他三处轻伤和制服与外套上的几十处弹孔。

宝格德将军十分震惊，在战役的关键时刻，他们的最高指挥官、南方军进攻的策划者却阵亡了。怎么办？从下午2点半到4点，即约翰斯顿牺牲后1个多小时，南方军一片死寂。不论是希瑟姆将军（Cheatham）、威瑟斯将军（Withers），还是布雷肯里奇将军、杰克逊将军（Jackson），右翼军没有一人挺身而出，来接替约翰斯顿将军的位置，继续进攻在"蜂巢"龟缩防御的北方军。约翰斯顿最后的冲锋使北方军阵线七零八落。在南方军看来，混乱的北方军已不足为虑，直通匹兹堡码头指日可待。

然而，南方军并没有继续采取后续行动。布拉克斯顿·布拉格将军姗姗来迟，战术也毫无新意，只是命令军队再次向北方军发起正面进攻。南方军没有包围"蜂巢"，转而向西北方向移动，为被围困的北方军留下了重新集结的宝贵时间。虽然布拉格将军重新组织起了像样的进攻，但是在接下来的1个小时——也就是下午5点左右，普伦蒂斯的军队也没有投降。此时，约翰斯顿将军已离开战场近3个小时。

南方军的62门大炮将普伦蒂斯的阵地夷为平地，他不

战争的幽灵

得不投降。不过,那时已接近黄昏。最终,获胜的南方军占领了北方军左翼阵地。当他们准备歼灭狼狈不堪的格兰特军队时,夜幕已开始降临。几十个南方小分队乘胜追击,另一些人在洗劫北方军营地,还有一些人向慌乱逃跑的敌军开火,更多的人则在扫荡北方军营地里残余的敌人。南方士兵普遍认为,在夕阳余晖消失前,布拉格将军及其部下可能会再次发动进攻,把格兰特的余部赶到河里。

然而,6点左右宝格德突然下达全体撤退的命令!10余位南方军官瞠目结舌。最不能理解这一命令的是内森·贝德福德·福瑞斯特上校,因为他的部队马上就要登上一座峭壁,可以居高临下地进攻被围的北方军。他确信如果黄昏时再发动一次攻势,他们就能在华莱士和比尔部队赶来增援之前,彻底摧毁这股北方军。这便是"错失良机"(Lost Opportunity)观点的由来。

是不是因为约翰斯顿将军突然阵亡,导致南方军推迟了攻占北方军阵地的时间,进而叫停了对匹兹堡码头的进攻?经历过这场战役的士兵说,普伦蒂斯大约在困境中指挥作战。南方军直到夜幕降临才向匹兹堡码头进军。如果南方军能在约翰斯顿将军牺牲的正午攻破北方军防御的凸出部,那么下午5点格兰特的军营就已在他们掌握之中。南方军最高指挥官殉职后,他们的进攻居然受阻于几百名北方军士兵,谁该为此负责?北方军背靠田纳西河,已无路可退,为何在此时叫停进攻?

约翰斯顿的突然阵亡,不仅轻易解答了以上所有的问

第二章 夏洛战役的幽灵（1862年4月6日）

题，而且迅速炮制了许多关于南方军队的传说——这与南方人热爱冒险和骑士传奇的性情相契合。按照这一说法，南方军即将在夏洛取得重大"胜利"，然而作战总指挥约翰斯顿却因轻伤突然阵亡。20世纪60年代初，我的外婆佐治亚·韦·约翰斯顿（Georgia Way Johnston）给我讲过一个民间流传很广的故事。她的家人声称是阿尔伯特·西德尼·约翰斯顿的表亲。约翰斯顿的意外死亡导致攻击"蜂巢"的行动被迫停止，北方军因此获得了一两个小时的宝贵时间，得以重新集结、武装和布置防御。当士气低落的南方军再次发动进攻时，天色已晚，如果没有卓越的将领很难取得胜利。然而，宝格德身处遥远的后方，糊涂地下令停止进军，短短几小时就将约翰斯顿用生命换来的艰难胜利拱手让人。在田纳西战区，尽管北方军占据至少二比一的绝对兵力优势，在后勤、武器、物资方面也遥遥领先，而且涌现出格兰特、谢尔曼、托马斯等优秀将领，但是南方军的失败源于一颗流弹，说不定还是己方射击反弹的结果。

  南方邦联的传奇故事宣扬，假如英勇果敢的约翰斯顿还活着，再过几分钟他就能摧毁"蜂巢"。他会在下午晚些时候下令大举进攻，骑着他的战马"吞火"，将残余的北方军赶下田纳西河。当时格兰特的3.5万大军只有不到1万人还保持着一定的阵型。一旦摧毁了格兰特的军队，比尔的人马就无法渡过田纳西河，他们要么退回肯塔基州，要么被乘胜追击的南方军歼灭。卢·华莱士的7000人军队则被迫返回克伦普（Crump），或者在黑夜中被人数4倍于自己

战争的幽灵

的大军消灭。

空前惨烈的夏洛战役战略意义重大,成为整场战争的转折点。因此,约翰斯顿的意外死亡引起了人们无限的遐想。南方军当时已在夏洛击溃和包围了格兰特的部队,胜利的天平正向他们倾斜。而且,范多恩将军(Van Dorn)率领部队前来增援,使他们的兵力达到5万人。一旦他们在各交界州驻守,就能迫使北方军从田纳西州撤离。如此一来,韦克斯堡长达数月的攻城战也不会发生。约翰斯顿的突袭会在几小时内歼灭北方军,格兰特和谢尔曼将遭受奇耻大辱。摇摆的边境州——肯塔基将重新回到南方军的控制之下,并加入南方邦联。北方军的军权将落入比尔和哈雷克手中,而他们绝不是常胜将军阿尔伯特·西德尼·约翰斯顿的对手。如果约翰斯顿没在夏洛战役关键时刻阵亡该多好!

然而,多数清醒的历史学家对约翰斯顿的阵亡轻描淡写。在他们看来,南方军停止进攻"蜂巢"是军队疲劳、缺乏弹药所致。不少学者指出,约翰斯顿战术失误,没有从侧翼包抄北方军,而是选择不断正面冲击——虽然这并非他的命令,却得到了他的认可。一些怀疑论者则认为,即便脾气暴躁的约翰斯顿还活着,并且能够指挥黄昏时分对匹兹堡的进攻,一切也无济于事。格兰特最后的防线早已构筑完毕,防御坚固,火力强劲,而且占据着制高点,绝不可能在天黑前一个小时内沦陷。另外,南方士兵军纪涣散、人困马乏,即便第二天一早没有格兰特的协助,面

第二章 夏洛战役的幽灵（1862年4月6日）

对比尔和卢·华莱士的军队也不见得能取胜。

无论如何，我们没法预测约翰斯顿的阵亡对南方军乃至整个战局的影响。南方人坚信这举足轻重，而北方人则认为无关紧要。或许，真相在二者之间。格兰特曾猛烈抨击约翰斯顿的指挥才能，认为他"行动举棋不定，缺乏决断"。显然，这是指责他的部下失守亨利堡和多纳尔森堡，却不能从密西西比州的科林斯快速调遣部队到夏洛。这种批评到底是源于客观冷静的军事分析，还是反映出格兰特的尴尬——约翰斯顿率领4万大军出现在距离他防线几十码处，他却没有觉察？这一直存在争议。

在某种意义上，约翰斯顿之死所产生的真实具体的后果并不重要，它最大的影响在于使南方对夏洛战役在内战中的作用形成了一种认知。尽管格兰特、谢尔曼及其他人一再阐明自己的立场，但在持续十年的争论中，一种观点逐渐在南方成为正统：约翰斯顿的牺牲几分钟内就断送了南方军胜利的希望。他们最终功亏一篑，而战败的格兰特则挥师密西西比，切断了南方军之间的联系。如果约翰斯顿将军一息尚存，战争的结果会截然不同。

最早鼓吹这种观点的是夏洛战役中受到质疑的南方将领，尤其是布拉克斯顿·布拉格及其下属，在为自己不光彩的表现寻找托词。他们声称，如果能在夜幕降临之前发动进攻而不是撤军，一定可以摧毁格兰特的堡垒。由于进攻乏善可陈，无法统筹各股分散的力量，他们在战后饱受批判，而宝格德则成为夏洛战役的替罪羊，一些自私自利

战争的幽灵

的行为让他声名扫地。他们声称，失败的根源是在约翰斯顿阵亡之际，给了"蜂巢"的防御部队喘息之机。《萨凡纳共和报》(*Savannah Republican*) 是"错失良机"说的源头之一。1862 年 7 月，战役结束不久，该报就以《夏洛战役中错失良机》为题进行报道。作者彼得·亚历山大（Peter Alexander）是南方军的首席前线记者，他根据对南方将领的采访，指出宝格德搞砸了约翰斯顿来之不易的胜利。

> 战役结束不久，布拉格将军直言不讳地写道：尽管遭到各种反对，也预计到可能会失败，但是约翰斯顿将军当机立断，坚定不移地发动进攻；虽然他在排兵布阵上偶有差错，但是在他阵亡的那一刻，胜利已近在咫尺。胜利的果实终究还是溜走了。我们因何失败，官方报告将说明一切，历史也会记录一切。

大多数历史学家指责布拉格指挥不当，正面进攻"蜂巢"不仅导致错失良机，而且消耗了南方军的兵力。他曾两次为此发表声明。他在第一次声明中指出，约翰斯顿的阵亡延缓了南方军消灭普伦蒂斯部队的速度，进而造成了致命的后果：

> 我们浪费了如此宝贵的时间，也便与胜利失之交臂，最大的原因莫过于最高指挥官的阵亡。噩耗到来之前，右翼战事在他的指挥下快速推进；然而在此之

第二章 夏洛战役的幽灵（1862年4月6日）

后，军队由于缺乏统一指挥，本来顺利的进攻停滞不前，直到夜幕降临，新指挥官才将筋疲力尽的军队撤回休整……

布拉格后来指出，少了约翰斯顿的亲自指挥、鲜明的侵略性进攻以及对全面胜利的渴望，坐镇后方的宝格德疲软无力，不能控制局势。宝格德毕竟不是约翰斯顿，没有攻下北方军在匹兹堡码头的大本营，为北方军留下了喘息之机，也为南方军的失败埋下了隐患。布拉格坚称，约翰斯顿掌控全军，坚决主张进攻，他的计划本来能够实现：

> 如果4月5日交战之初约翰斯顿死于散兵线，那么夏洛战役就不会打响，南方军也不会暂时取得胜利。如果那颗致命的子弹没有射出，格兰特的军队在日落之前就会被消灭或成为俘虏，比尔的部队也没有机会渡过田纳西河。

宝格德之外的许多南方高级将领大多赞同布拉格对战局的判断。谢尔曼也承认，有一段时间南方军的攻击力突然减弱，他借机取得了主动——大概就是在约翰斯顿阵亡之际。吉布森将军坚信，宝格德的错误导致南方军没能摧毁格兰特的大本营，因为当时天光正亮，南方军也已发起进攻的准备：

战争的幽灵

我确信,要是约翰斯顿还活着,胜利将属于我们,他的部队会把南方邦联的旗帜插在俄亥俄河南岸。约翰斯顿将军的牺牲是一场巨大的灾难。它对我们国家带来的损失难以言表。有时候,几百万人的希望仰仗于一位指挥官和一支军队。阿尔伯特·西德尼·约翰斯顿的牺牲导致西线沦陷,随之而来的是南方邦联。

在给阿尔伯特·西德尼·约翰斯顿儿子的信中,J. F. 吉尔默(J. F. Gilmer)将军对这种观点做了很好的总结:"我深思熟虑之后认为,如果令尊那天活着,他在6日日出之前就能击溃并俘虏格兰特将军的部队。事实上,如果在令尊受致命伤之际,宝格德将军下命令进攻的话,我们那天就赢了。"

巴兹尔·W. 杜克(Basil W. Duke)将军则更进一步,声称假如约翰斯顿还健在,那么约翰斯顿的胜利之师经过夏洛战役之后将变得无坚不摧:

他的部队会在田纳西河畔休整几天,从战役的疲惫中恢复并重新集结。轻伤的士兵返回战斗序列,使兵力达到3万人。普莱斯和范多恩将率1.5万人来增援,再加上从各方征募的士兵陆续赶往科林斯,约翰斯顿的军队将达到近6万人。

随着"被偷走的胜利"这种观点不断传播,过去批评

第二章 夏洛战役的幽灵（1862年4月6日）

约翰斯顿的人开始反思这位将军在夏洛战役之前和期间的指挥，发现他的指挥才能无可指摘。犯了致命错误的并非约翰斯顿，而是宝格德。紧张不安的他反对当天继续攻击夏洛；他坚持采用三线列进攻阵型，笨拙而又不切实际，延误了战机；他还无视约翰斯顿最初包抄北方军左翼、切断其退守田纳西河的命令，反而大举进攻谢尔曼的右翼。

一些修正主义者认为，西线战场的惨败不应让约翰斯顿负责；即便是此前亨利堡和多纳尔森堡的失守，抑或纳什维尔草率的投降，也很难归咎于他。提格曼（Tighman）将军在驻守亨利堡时疏于防备；巴克纳、弗洛伊德（Floyd）和皮洛（Pillow）将军虽然兵强马壮，也曾经击退过北方军，却在多纳尔森堡临阵脱逃。最令人扼腕的是，多纳尔森堡15000名南方士兵白白投降——他们本应在几周后的夏洛战役中力挽狂澜。

其实，约翰斯顿很有远见。他计划守住田纳西州，夺回肯塔基州，并确保密西西比州的安全；然而，他的部下没有这种能力。实践是最好的检验标准：约翰斯顿的第一个机会是自己争取来的。他几乎以一己之力，在密西西比州的科林斯秘密组建了一支大军，悄无声息地将他们带领到距离北方军只有几十码的位置，并在接下来的八个半小时里，差点击溃风头正劲的尤里西斯·S.格兰特，最终却被一颗流弹击中而牺牲。扎卡里·泰勒（Zachary Taylor）总统之子理查德·泰勒（Richard Taylor）将军总结道："阿尔伯特·西德尼·约翰斯顿是南方邦联最优秀的将领；南

105

· 145 ·

▍战争的幽灵

方本可以团结一心、众志成城、舍生忘死地保卫家园,然而他在夏洛战场的牺牲让一切化为泡影。"

"错失良机"的说法迅速在南方将领之外流传,因为这深深触动了南方人的灵魂:尽管北方兵强马壮,但是南方士兵英勇无畏、将领智勇双全,会将一切劣势抹平——只是造化弄人。尤其是,在1866年至1880年的十几年里,战败的南方人生活困顿,无法为当前的耻辱和窘迫找到任何借口,因此"夏洛战役错失良机"的说法迅速传播。战争结束一年后,弗吉尼亚州一家报社的编辑爱德华·波拉德(Edward Pollard)出版图书《败局命定》(*The Lost Cause*),在提到夏洛战役中约翰斯顿之死时感叹:"哎!夏洛战役不仅使南方军再次错失良机,而且扭转了战局,将一次伟大的胜利变成了失败。"

如果承认南方统治者贸然发动一场不明智的战争,就相当于表明他们行事鲁莽,缺乏道义,甚至极为愚蠢:因为他们资源短缺,管理混乱,为了保存奴隶制,竟然公开对抗一个更加强大、广阔和富裕的工业联邦。相较之下,鼓吹南方人的英雄气概,感喟造化弄人,更容易被南方人接受。因此,波拉德在《败局命定》中总结道:"内战就像两个人吵架,双方都爱自说自话,失败的一方总会用意外和疏忽做借口。南方邦联输掉了战争,随之而去的还有他们骄傲、神秘、永恒而又可怕的优越感。他们没什么诉求,只不过是想改变现状。"

北方军封锁了南方军的港口,在弗吉尼亚州拖住了李

第二章 夏洛战役的幽灵（1862年4月6日）

的部队，在密西西比州打得南方军溃不成军，谢尔曼部队在敌后作战，只用了4年的时间就入侵并占领了与西欧面积相近的领地。然而，南方几乎没人愿意承认北方战略高明。北方联邦不仅在战场上战胜了南方邦联，摧毁了南方的军队，消灭了1/4的20岁到40岁的白人男性，以及1/4的军官——他们有很多人是南方贵族；而且完全摧毁了南方的经济。在战争史上，很少有军队能在如此短的时间内彻底击溃对手。

南方社会广泛流传的说法是，他们在夏洛抵抗北方侵略者的正义战争功败垂成，并非因为南方军作战不力，也不是因为北方军战术高超或兵力强大，而是造化弄人。1878年，《南方历史学会档案》（Southern Historical Society Papers）上有一篇文章认为："夏洛战役是一场巨大的不幸。从西德尼·约翰斯顿阵亡的时刻开始，一切都走上了敌人预设的轨迹。当时格兰特龟缩在田纳西河彷徨无助，如果约翰斯顿再多活一个小时，就能彻底击溃他。"

1879年，在夏洛战役结束17年后，约翰斯顿的儿子威廉·普雷斯顿·约翰斯顿为父亲创作了一部广为流传的传记——《阿尔伯特·西德尼·约翰斯顿传：献给美国、得克萨斯共和国和南方邦联军队的一生》（The Life of Albert Sidney Johnston: Embracing His Service in the Armies of the United States, The Republic of Texas, and The Confederate States），揭示了"错失良机"的说法如今依旧流行的原因。他在书中指出，南方军攻陷"蜂巢"后没有继续进攻，并且极力渲

战争的幽灵

染之后可能会发生的事。

所有的一切因为一个词而破灭。"前进"将创造历史,但最高指挥官却说"撤退"。哎,统帅的权力就是这么大。一切都结束了。在血腥的战场上,英雄白白牺牲,两万五千名战士尸横遍野。第二天,绝望的人们毫无目的地厮打和残杀,在上帝预定的正义事业面前,这种杀戮毫无意义。那片茂密的森林陷入黑暗,被人肆意破坏和践踏,一直回荡着痛苦的呻吟。翘首的胜利溜走了。"他们将饮马田纳西河。"当说这句豪言的人倒下时,一切也就失去了意义。

107 随着耻辱的重建时期的到来,围绕约翰斯顿牺牲所形成的神话开始生长:一个人的牺牲导致一场战役的失败,进而导致整个南方邦联的沦陷!为脱离联邦辩护的杰斐逊·戴维斯(Jefferson Davis)虽然指挥平庸,却至死不渝地坚称,正是约翰斯顿的不幸牺牲,导致南方邦联沦陷:"阿尔伯特·西德尼·约翰斯顿倒下的那一刻,是我们命运的转折,我们没有人能接手他在西线未竟的事业。"早在1866年,约翰斯顿家乡得克萨斯州的人就普遍支持戴维斯的观点:他们的老乡差点赢得夏洛战役,却身先士卒,倒在了士兵跟前——正是这几秒钟的时间,造成了南方邦联事业的失败。1866年,也就是内战结束一年后,得克萨斯的立法机构通过一项联合决议,对4年前的那场战役评

第二章　夏洛战役的幽灵（1862年4月6日）

论道：

英勇的指挥官身骑战马，不可避免地与命运之神相遇。无情的子弹击中了他，流淌出南方最高贵的鲜血。就在他倒下的瞬间，一切也随之轰然塌陷！飘扬的军旗不再得到胜利女神的垂青。没有人能力挽狂澜，接替他的位置……在厄运到来的那一刻，约翰斯顿英勇无畏，鲜血染红了脚下的土地。从那一刻开始，无尽的灾难接踵而至；然而从那一刻开始，他可以安息了，只留下他光辉英勇的事迹以及伟大而又徒劳的胜利……此后一场场战斗昏天暗地，南方的旗帜在人们痛苦的叹息中永远降落，乌云笼罩着阿波马托克斯河。

格兰特也被这种臆测搅扰得疲惫不堪。他在1855年出版的《回忆录》（*Memoirs*）中讽刺道：

有些评论家宣称：北方之所以能取得夏洛战役的胜利，是由于约翰斯顿的阵亡；如果他没有死，我的部队要么被歼灭，要么被俘虏。实际上，这些"如果"导致了南方军在夏洛战败。的的确确，"如果"我们的子弹和炮弹对敌人毫发无伤，而他们的弹药例无虚发地击中我们，我们早就一败涂地了。

如果在夏洛战役中阵亡的是南方军的其他将领——布

战争的幽灵

拉格、宝格德、哈迪或波尔克,都不会引发如此巨大的争议。但是阿尔伯特·西德尼·约翰斯顿是一个特例。他之所以成为传奇故事的理想素材,不仅因为他是南方军的最高指挥官,而且是各种因素共同作用的结果。

第一,约翰斯顿阵亡的方式充满传奇色彩。在很大程度上,他死亡的时机和表现让人们相信,这位伟大的南方英雄即将赢得战争的胜利。他的死亡充满了魔幻色彩。在夏洛战场上,无数人遍体鳞伤、肢体残缺,苦苦挣扎数小时,在夜晚的哀号中死去。然而,阿尔伯特·西德尼·约翰斯顿的伤口几乎难以察觉,而且瞬间致命:没有痛苦,没有损伤,没有临终的呻吟。几乎没有人会对怀中濒死的战友客气地问道,究竟有没有受伤,更没有人会客气地回答说:"我恐怕伤得很重。"总之,不论在肉体上还是精神上,阿尔伯特·西德尼·约翰斯顿死得很有尊严。最后一刻的场景同他天生的高贵与勇气完美融合,仿佛上帝早已将一切安排妥当。

与博雷加德和格兰特不同,约翰斯顿没有留在后方,而是和他的对手谢尔曼一样,始终战斗在最前线。在战争初期,李和杰克逊还没有真正成为南方的英雄,约翰斯顿比他们更知名。在夏洛战役前几周,他就被奉为南方邦联的救星。他率领南方军长途跋涉,成功躲过北方军的追击,从加利福尼亚州来到得克萨斯州,这一事迹广为传诵。他没有参加后来的重要战役,反而使他的故事更加传奇:没有人能否定,当约翰斯顿阵亡时,他正赢得第一场也是最

第二章 夏洛战役的幽灵（1862年4月6日）

后一场以少胜多的战役。

而且，由于南方人对骑士推崇备至，当听说南方军总指挥带领军队冲锋陷阵战死沙场时，对英雄的崇敬之情便油然而生，从而忽略约翰斯顿阵亡前六个月的艰难处境。2500年前，伯里克利（Pericles）曾对悲痛的雅典人说，英勇就义能洗刷一个军人过去的一切污点。一些关于约翰斯顿生前最后一次冲锋的描绘是最成功的场景：一位消瘦的将军身骑肯塔基血统的战马"吞火"冲锋，黑色军帽上华丽的羽毛随之上下飘动。相反，如果当大批士兵在尸横遍野的战场上狼狈逃跑时，一枚炸弹炸掉了约翰斯顿的脑袋，那么战败和怪诞的组合绝不会产生浪漫的传奇。

南方人这种简单化的观点并非全无逻辑（他活着时，夏洛战役一切顺利；他死之后，战局一塌糊涂）。第一天临近傍晚时，宝格德发电报称，南方军取得了重大胜利。然而，大多数客观的军事专家指出，约翰斯顿进攻"蜂巢"徒劳无益，不仅浪费了宝贵的时间，也耗尽了南方军的兵力，最终导致无法攻打匹兹堡码头。他们认为，如果约翰斯顿还活着，他会在日落前发动进攻，但是他会遭遇惨败，因为格兰特早已经筑好了防线，集结了大量的炮兵和炮艇严阵以待；而且，黄昏时南方军已精疲力竭、乱作一团。对阿尔伯特·西德尼·约翰斯顿来说，在南方军取得优势时阵亡也许是一件幸事，因为下午3点左右，他的部队中有几千人伤亡、失踪或落伍；仍有战斗力的士兵人数太少，且疲惫不堪，既不能歼灭格兰特的部队，也无法抵御北方

战争的幽灵

军的反击。在他阵亡之时,过去八个半小时的进攻并没有击溃北方军;南方军面临的残酷现实是,北方军的士气丝毫没有削弱,而是和他们一样坚定。

第二,阿尔伯特·西德尼·约翰斯顿道德高尚,坚决捍卫荣誉和正义,为美国、得克萨斯共和国和南方邦联奉献了一生,而这是浪漫传说流传的关键因素。在夏洛战役前几周,南方邦联处境艰难,约翰斯顿勇于为一系列灾难担责。由于部下失守亨利堡、多纳尔森堡,并从纳什维尔撤军,他遭到南方媒体的口诛笔伐。得知此事后,他向杰斐逊·戴维斯(时任南方邦联总统)报告说:"在我的信念里,评价功绩的标准只有一个,那就是胜利。这是铁律,我坚信它是对的。"当军衔较低的博雷加德率军抵达科林斯时,约翰斯顿无私地将夏洛战役南方军的指挥权交给他,因为他的人马更多。后来宝格德写道:"因为他的魅力和'大局',我坚辞不受,并告诉他我是来协助他,而不是指挥他的,我将竭力为他提供帮助。这时他才继续担任总指挥。这让我终生难忘。"

与格兰特和谢尔曼一样,约翰斯顿早年事业失意,经济拮据,却始终宽宏大量、乐善好施。他曾辞去军职,以照顾状况极差、患有肺结核的妻子,直到她去世,并一度在密苏里州的农场独自养育两个孩子。他在得克萨斯州从事政治活动十年,希望能在州政府任职却屡次遭拒。他在黑鹰战争(Black Hawk War)和美墨战争(Mexican War)中崭露头角,但因为缺乏职业抱负,直到中年才开始担任

第二章 夏洛战役的幽灵（1862年4月6日）

重要职位。他曾在得克萨斯前线担任联邦出纳这一枯燥乏味的工作，并在押运巨额现金的过程中表现出英勇、正直的品质，但这不足以为他带来声名或升迁的机会。与此同时，他在得克萨斯州无人经营的种植园濒临破产。1857年后期，他接到命令率领远征军对抗摩门教徒，成功地经受住了冬日的严寒，抵御了怀有敌意的印第安人和多疑的摩门教徒的骚扰，用坚定、合理的行军方案挺近盐湖城，从而避免了武力冲突。

内战爆发时，约翰斯顿担任美国西部战区的军事指挥官，驻守加利福尼亚。有传言说，他将担任北方联邦军指挥官。不过，当得克萨斯州宣布脱离联邦时，他便辞去了北方军职，拒绝率领加利福尼亚州的军队攻击南方邦联的支持者。他凭借过人的胆识和坚韧的毅力穿过西南部的沙漠，"逃"到得克萨斯州，途中竭力避免与北方联邦的支持者发生冲突。

总之，59岁的约翰斯顿将军虽然拥有很多挚友和人脉，却几乎没有财产和声名，他没有利用职务之便为个人牟取财富和荣耀。他像李一样受人敬重，并非因为他身份高贵或是出于礼节，而是因为他平易近人，魅力十足。约翰斯顿生于一个新英格兰家庭，在肯塔基州长大，曾在北方求学，长年在密苏里州、路易斯安那州和得克萨斯州生活，尽管他经常辞职，连年亏损，农场破产，还拒绝过大好的政治、军事职位，但是南方各个阶级和地域的人都很敬重他。阿尔伯特·西德尼·约翰斯顿因错失良机而深受人们

111

的敬仰,如同虔诚的"石墙"杰克逊(Stonewall Jackson)以身殉职,如同高贵、坚韧的李将军体面的战败,夏洛战役中其他人——不论阴鸷的内森·贝德福德·福瑞斯特、死板的布拉克斯顿·布拉格,抑或自负的宝格德,都无法与之相媲美。

第三,杰斐逊·戴维斯和约翰斯顿关系密切,在南方军兵败夏洛一事上,为他掩盖了许多拙劣的决策。戴维斯向南方国会宣称约翰斯顿阵亡时说:"客观公正地说,我们的损失无疑是无法挽回的。"两人在年轻时相识;1821年在肯塔基州莱克星顿市(Lexington)特兰西瓦尼亚大学(Transylvania University)医学院学习时是室友;在西点军校关系十分密切;1831年共同参加了黑鹰战争;美墨战争期间,曾在墨西哥的蒙特雷市(Monterrey)并肩战斗。1855年,戴维斯担任作战部长,任命约翰斯顿为上校和第二骑兵团指挥官,驻守得克萨斯州。内战前夕,当约翰斯顿奇迹般从加利福尼亚来到里士满时,戴维斯晋升他为南方军西线总指挥,居于乔·约翰斯顿、博雷加德和罗伯特·E.李之上。当得知约翰斯顿辞去北方联邦职位加入南方邦联之后,戴维斯写道:"我希望并且期待着有人能证明自己的领军才能,但我现在有一位人选,那就是西德尼·约翰斯顿。"

毫无疑问,戴维斯之所以重用约翰斯顿,源于他们长期的友谊以及对他能力的信任。在戴维斯看来,约翰斯顿在夏洛战役的表现证明他知人善任,是对那些批评诽谤人

第二章 夏洛战役的幽灵（1862年4月6日）

士的有力回击,当然也成为他后来为战争糟糕表现辩护的依据。内战结束后,戴维斯成了一位知名辩论家,不但创作精力旺盛,而且寿命也长,夏洛战役"错失良机"的说法也因此而流传更广。即便在他弥留之际,仍挂念着要完成回忆录,为阿尔伯特·西德尼·约翰斯顿增加一些细节,以使偶像的形象更加高大和完美。要是宝格德取代约翰斯顿,在夏洛战役中战死,戴维斯很可能会对他的牺牲保持沉默。也许,他还会为那个气焰嚣张下属的离世而长舒一口气。

约翰斯顿被神化的第四个原因在于,他妙语连珠,具有高超的即兴演讲能力,而这正是浪漫气息浓厚的社会所崇尚的睿智和高雅。他在夏洛几个小时所说的名言警句,被完整地保留了下来。他的许多引文出自古典文学,这表明他早年受过良好的教育——精通拉丁语,也反映了他对格言的偏爱。在战斗开始前,据说他在阵前纵马高呼:"瞄准枪杆子,向下开火!"当第一声枪响传来,他冷静地说道:"先生们,请记住这一刻。"当部队走向战场,他对士兵喊道:"今夜我们饮马田纳西河。"他对马默杜克（Marmaduke）上校大喊:"孩子,今天我们要么成功,要么成仁!"这一幕仿佛让人梦回温泉关,当时国王列奥尼达斯告诫他的斯巴达勇士,在战斗的最后一晚,他们将与死神共进晚餐。几分钟后,他对辛德曼（Hindman）将军说:"你已具有少将的名望,让今天的战斗证明你的能力!"在发动第一波冲锋前,他面对阿肯色州部队喊道:"阿肯色的汉子

战争的幽灵

们,人们说你们是用博伊刀(bowie-knife)的高手。今天你们手中握着的是刺刀,是更光荣的武器,用它去杀敌吧!"

在一些更正式的场合,比如他在战前的最后一次演讲中提到了家庭、荣誉和故乡,颇有拿破仑的风范,也许像是从凯撒《高卢战记》(*Gallic*)和《内战记》(*Civil Wars*)中摘录的一篇:

> 决心、纪律和勇气,让你成为战场上的男子汉。战斗吧,为了那些值得你用生命去呵护、为之献身的美好!你们要勇往直前,战胜那些侵略你们、剥夺你们自由、侵占你们财产、毁掉你们荣誉的农村雇佣军。牢记支撑你们的信念,想想你们母亲、妻子、姊妹、儿女期待的眼神;想想那美好、广袤、富饶的土地以及幸福的家园,你若战败,这一切将不复存在。八百万人民翘首期盼,期待着你们无愧于你们的血统,无愧于南方的女性——她们为这次战争做出了无与伦比的贡献。

在临终前,他对军官们喊道:"那些家伙还在负隅顽抗,我要用刺刀击溃他们。"在清晨的时候,他曾斥责一名忙于抢占北方军战利品的军官:"先生,别那样做,我们来这里不是为了抢劫!"接着,他拿过一个廉价的锡杯,"我也分享今天的战利品吧!"他对士兵们说的最后一句话或许是:"我会引导你们。"与胸无点墨的福瑞斯特或自命不凡

第二章　夏洛战役的幽灵（1862年4月6日）

的宝格德不同，约翰斯顿在演讲中流露出的高贵气质和雄辩才能，在夏洛战役之后的几十年里依然影响着南方人，为他成为殉道英雄的形象奠定了重要基础。

约翰斯顿被人神化的第五个原因在于，他拥有同时代人公认的俊朗外表和粗犷体型。约翰斯顿仪表堂堂，比同时期南北双方的其他将领更有将军气质。他没有布拉格那种看似不祥之兆的浓眉，不像瘦小的博雷加德那样纤细和柔弱，也不像格兰特那样沉闷和不修边幅，更不像谢尔曼那样忧心忡忡。他像李一样优雅，却不似后者那样看起来脆弱；他有着福瑞斯特健壮的身型，却没有后者眼神中的阴鸷。他身高6英尺2英寸（约188厘米），体重200磅（约90公斤），下巴宽大，是一个典型的南方男子汉的形象。

许多当代作品虽然将约翰斯顿理想化，但也会反复描绘他的公众认知形象。经历过夏洛战役的芒福德（Munford）上校写道，约翰斯顿"身材高大，肩膀宽阔，胸膛厚实，肌肉发达。他不胖不瘦，身体强健，没有多余的脂肪，力量十足。他胸肌结实，头颅高昂，仪表庄严"。他又继续细致描写约翰斯顿的胡子、下巴、鼻子、前额、眼睛、皮肤和体态，最后总结道，约翰斯顿犹如天神下凡。在芒福德看来，当约翰斯顿骑上战马的时候，战马仿佛"与他合为一体"，就像古希腊神话中的半人马。

这些溢美之词并非战后的神话演绎。早在内战前，他率领远征军与摩门教徒作战前夕，北方的《哈珀周刊》

战争的幽灵

(*Harper's Weekly*) 就曾报道说:

> 约翰斯顿上校尽显成熟男性的活力。他身高六英尺有余,孔武有力,外表冷峻高贵,威风凛凛。他的容貌清晰地表明,他拥有苏格兰血统,也彰显出他坚毅果敢、镇静自若的性格。他的服色较浅,因日晒而呈深棕色。他秉性节制温和,却并不损害他威武的体格。他思路清晰,意志坚定,彬彬有礼。

后来,同时代的另一位将领也有过类似的表述:

> 约翰斯顿将军会让我们想起华盛顿的形象。他身材魁梧,比例协调,目测有 6 英尺 2 英寸高,肌肉发达,体型完美对称。他面庞宽大,颧骨突出,流露出温和的表情。他英俊的容貌是照着模子打造的。他端正挺拔,彰显出优雅、高尚和尊严。……他的整体形象可以用几个词来概括:力量、果决、平和、深邃、仁慈。这是我们看到他的第一印象,至今未曾改变。如今想起他那高贵的男子气概,为南方邦联事业英勇献身,我们仍然会肃然起敬。他品质纯粹、高贵,是我们所见过的最美好、最威严的人之一。我们从心底里崇敬他;每当我们看到熟悉、庄严的国父雕像时,我们总会想起阿尔伯特·西德尼·约翰斯顿。

第二章 夏洛战役的幽灵（1862年4月6日）

与华盛顿相似，约翰斯顿仿佛天生就是个英雄将领。他的外表为他的牺牲增添了庄严肃穆之感，他漫长的军事生涯以及高雅的谈吐，使"错失良机"的说法广为流传。

在亨利堡和多纳尔森堡失败的阴云消散之后，南方人开始称颂并经常夸大约翰斯顿的事迹，仿佛他能以一己之力改变夏洛战役的走向。他运筹帷幄，统率全军，在夏洛战役前夕，否决了惊慌失措的宝格德撤军的请求。这不禁让人想起勒班陀海战之前，唐·胡安（Don Juan）用简短的誓师消除了将士们不安的情绪。据说，约翰斯顿也以一句话结束深夜的会谈："先生们，明天破晓发动进攻。"

普雷斯顿上校担心南方军进攻时，格兰特与比尔的部队可能已经会师。据说约翰斯顿回复说："就算他们有百万大军，我也要战斗。"在战斗即将打响之际，面对犹豫不决的将军们，约翰斯顿再次以一句话结束会议："战斗已经开始，先生们，想要改变计划为时已晚。"当约翰斯顿得知，宝格德的军队缺乏军事训练却还在运用笨拙的三线列进攻时，他嘲弄道："这简直是儿戏。完全不像打仗！"

约翰斯顿的传奇故事，对南方人认可自身的困境产生了直接和深远的影响。在夏洛战役结束后几周的时间里，南方几乎没有人意识到，一旦失去肯塔基州和田纳西州，面对坚韧、果决的格兰特部队，密西西比州将毫无防御能力。格兰特和谢尔曼与其他北方将领不同，他们在意的是从战略上征服对手，而不仅仅是取得战术上的胜利。南方人似乎完全没有意识到，这两个其貌不扬的人——内战前

战争的幽灵

在生活中还是彻底的失败者——丝毫不在意礼仪、传统或战争中的绅士风度。两人更关注兵马和弹药数量，各自筹划如何在林肯许可的范围内，尽可能消灭和破坏的南方劳动力和资本，极大摧毁他们不断增长的资源。林肯是一个现实主义者，与杰斐逊·戴维斯截然不同。南方邦联几乎从来没有真正看清黯淡的现实，在西线战场上，无论是兵力、供给、政治领导力还是将领的指挥水平，北方占据着压倒性的优势，而这是整个战争胜负的关键。没有一个南方人思考过，为何他们公认的救世主——年近花甲的约翰斯顿，从来没有统帅大军参加过战役？

一个将军的阵亡导致整个军队"错失良机"，这一说法为更诱人也更有危害性的"败局命定观"提供了依据。在南方人的思想观念里，摧毁伟大邦联的并非北方强大的军事力量、优秀的士兵和军官，也不是废奴对蓄奴的道德优势，而是一起悲剧事故。从道义的角度来讲，输掉神圣的自卫战比被工业力量和庞大军队击败更为可取。约翰斯顿的性格、外表和名言在战后越来越受到关注，与人们关于内战更大的错误信条相契合，即骑士精神、勇敢传统与英雄浪漫主义的"绅士"品质，而外表粗野的林肯、面目可憎的格兰特以及心怀叵测的谢尔曼根本无法与之相媲美。格兰特对兵力和供给精打细算，成功地从整体上拖垮了李的军队；谢尔曼则发现了新的战争模式，他不做战场上的英雄，而是无所不用其极地摧毁敌人的经济、食物和交通，从精神和心理上击垮整个国家的意志。与北方军的任何一

· 第二章 夏洛战役的幽灵（1862年4月6日）·

个将领相比，殉难的约翰斯顿更英俊、优雅和成熟，也更有大将风度，这极大地抚慰了南方人的心灵，仿佛这一切会在机械化年代的下一次战争中成为军事优势。

阿尔伯特·西德尼·约翰斯顿在夏洛战役"即将胜利之际"阵亡，这一悲剧事件成了一个危险信号。紧接着，"石墙"杰克逊在钱斯勒斯维尔（Chancellorsville）战役激战正酣时意外中弹，使李在葛底斯堡战役打响前几周失去了依仗的"右臂"，也导致拖沓的朗斯特里特（James Longstreet）在葛底斯堡战役第二天"战败"。这种"第二天"的情节在战场上一再上演，原本胜利的局面由于一次意外而转为失败，再加上"几乎""假如""只要"等预测性说法的流传，使南方人几乎无法接受和理解内战的结果，这也造成了长达一个世纪的分歧。内战结束后，蓄奴被认定为非法，北方逐步复苏；南方邦联则只能用"败局命定"的说法聊以自慰。在他们看来，内战的动因仅仅是因为双方在州的权利和原则问题上存在分歧。重建时期的残酷现实进一步加深了他们受害者的形象：既然联邦维持了统一，所有美国人都是自由人，那么北方究竟要对臣服的南方怎样？

高尚者因为坚守原则而受到迫害，这种说法凸显了军事力量的重要性：在战后关于南方战败的各种分析中，"错失良机"的观点没有充分考虑社会、经济、军事因素，转而强调南方少数重要人物在关键时刻的勇气和天赋。假如南方命运逆转，在军事上战胜北方，他们或许会认为一切

战争的幽灵

名正言顺。然而，如果南方邦联的命运完全取决于一次重大的偶然事件，那么让内森·贝德福德·福瑞斯特独自统帅大军参加战役——只需杰斐逊·戴维斯授权即可——对战局产生的影响要远远大于约翰斯顿在夏洛战死。福瑞斯特没能充分施展才华的假设，无法证实那些浪漫传说，反而表明南方在制度上有缺陷。阿尔伯特·西德尼·约翰斯顿在夏洛阵亡掀起的余波，对内战乃至美国南方文化产生了深远的影响。这与1862年4月6日下午2点30分真实发生的事关系不大，更多地取决于人们的想象。

关于阿尔伯特·西德尼·约翰斯顿和"错失良机"的说法如今仍然存在。在《夏洛战役：血腥四月》（*Shiloh*：*Bloody April*）一书中，威利·索德（Wiley Sword）深入、冷静地考察夏洛战役的历史，并以阿尔伯特·西德尼·约翰斯顿的阵亡作结："如同约翰斯顿流失的鲜血，南方邦联在输掉关键的夏洛战役后，希望也随之破灭。"其实，"错失良机"的说法并不局限在文本叙述中。雕刻家弗雷德里克·C. 哈伯德（Frederick C. Hubbard）在战场遗址设计南方邦联纪念碑时，试图将约翰斯顿的殉难与邦联随之而来的失败结合起来："雕塑所要表现的主题是胜利败给了死亡和黑夜。死亡带走了约翰斯顿，而黑夜吞噬了近在眼前的胜利。中间的女性代表南方邦联，极不情愿地将手中的胜利花环让给了黑夜和死亡。"

在夏洛战役中，阿尔伯特·西德尼·约翰斯顿通过死亡的方式，最终实现了他活着无法完成的目标。这位将军

· 第二章 夏洛战役的幽灵（1862年4月6日）·

不仅为他深爱的南方人带来了一次战场上的胜利，还在他们的内心注入了永恒的信心：他们从来没有被真正击败过。至今仍有许多人这么认为。

傍晚：《宾虚》

下午2点半，南方军在得知阿尔伯特·西德尼·约翰斯顿死讯后大为震惊，但是并没有停止进攻。傍晚时分，他们终于击败了在"蜂巢"负隅顽抗的北方士兵。而此时，北方军在战场上只剩下1万残兵，不及战前的1/3；格兰特的军队则位于几千码处的匹兹堡码头，还没有构筑成半圆形防线。惶惶不安的格兰特则一直疑虑，卢·华莱士将军和他7000人的第三预备师到底在哪里？

那天上午，格兰特乘坐"雌虎号"（Tigress）汽船，沿田纳西河溯游而上前往夏洛，途中特意通知位于克伦普码头的华莱士，随时做好支援的准备。然而，格兰特早上8点发出的口头命令，直到谢尔曼在夏洛遭受首轮攻击两个小时后才得以传达。格兰特来到夏洛目睹了处于崩溃边缘的部队后，对华莱士下达第二条更紧急的命令。当命令传达到克伦普码头时，上午已经过去一半了。华莱士这才率领军队，紧急行军6英里来到夏洛，支援田纳西军团。

紧急集合的命令本应11点半左右传达给华莱士，距离他们听到第一声枪响已过去好几个小时。格兰特预计，如果华莱士立即出发，下午2点能赶来提供关键支援——那时

战争的幽灵

北方军的中路和左路正在遭受阿尔伯特·西德尼·约翰斯顿的猛攻。然而，下午2点华莱士并没有出现在战场上；格兰特再次下达紧急命令，依然毫无效果。最后，他派出最信任的下属——麦克弗森（McPherson）上校和罗林斯（Rawlins）上尉，沿河边道路骑马护送华莱士赶赴战场。

两位传令官带回的消息让人难以置信：华莱士走错了路。由于装备和弹药过于笨重，折返耗费了大量时间，因此至今还没有向夏洛前进一步。然而，此时格兰特即将因孤立无援而战败。这位北方军指挥官瞠目结舌：下午7点，黑夜降至，他的部队即将覆灭，而他几千人的关键后援却在距离战场几英里的地方神秘消失。华莱士到底把部队带到了哪里？

格兰特的确有担心的理由。事实上，他对夏洛战场的情形一无所知。4月6日上午，他在田纳西州萨凡纳的指挥部里，位于北方几英里之外，完全想不到约翰斯顿的南方大军会突袭他毫不设防的师部。如今他的部队一整天都在撤退，伤亡近半，无数士兵命悬一线，许多人在逃跑时中弹。有谣言说，北方士兵会在睡梦中被刺刀杀死。如果没有援军，他很可能会在西线战场的首次重大战役中遭遇失败，在北方军中的前途也将一片黯淡。格兰特曾请求田纳西河对岸的比尔将军带领2万俄亥俄军队立即增援，但是他依然惶惶不安：因为援军需行进5英里，还要渡过河流，而他的部队很可能在此之前就被打败。下午3点前，他与脾气暴躁的比尔将军会面，却并没有增加他拯救自己部队的

第二章 夏洛战役的幽灵（1862年4月6日）

信心。

田纳西军团和俄亥俄军团之间也存在嫌隙。双方将领都认识到，他们在西线战场上几乎各自为战，这有些不切实际，也不能长久。曾经默默无闻的格兰特在赢得亨利堡和多纳尔森堡的胜利后声名鹊起，年长的比尔对他嗤之以鼻。比尔下午1点左右渡过田纳西河，匹兹堡码头混乱不堪的局面印证了他关于格兰特鲁莽冒失的看法。他震惊地看到，格兰特的军队溃不成军，成千上万的人瑟缩在河边悬崖下，显然是从战场上匆忙逃出来的。人们惊慌地喊道："我们被袭击了！我们战败了！我们被打散了！"

如果自鸣得意的比尔率领2万援军再迟到一会儿，格兰特就会输掉夏洛战役，甚至整个人生。如果俄亥俄军团当晚赶到，延缓南方军的胜利，那么拯救夏洛战役第一天败局的功绩将只属于比尔。有人甚至猜测，比尔担心当时渡河会使他的部队遭遇溃逃的士兵，于是没有及时下达命令。无论如何，在比尔率军渡河来到西岸之前，格兰特的处境非常艰难。这意味着他至少在日落前无法得到支援。因此，格兰特孤注一掷地向下属师长卢·华莱士发出命令，让他从克伦普码头行军6英里，驰援深陷绝境中的田纳西军团。

然而，格兰特与卢·华莱士之间也存在嫌隙。格兰特时年35岁，是北方军最年轻的将军；而华莱士是一位政务官，没有什么军事经验，也没有接受过西点军校正规的军事训练，只是由于在牛奔河战役表现英勇而青云直上。作

战争的幽灵

为一名少将,华莱士的军衔并不高,而且性格鲁莽的他总是伐功矜能。他在多纳尔森堡对记者们夸夸其谈,将本属于格兰特的功绩据为己有。他给妻子写信吹嘘道:"我力挽狂澜,拯救了军队。"

西点军校出身的将军看不上自大狂妄的外行华莱士。他自学成才,自私自利地向记者邀功,他恃才傲物——据说能写能画,而又极度敏感。最近他在多纳尔森堡战役的官方报告中,对格兰特两位副官的战功只字不提,让他们十分恼火。

格兰特已经焦头烂额,可是谁知道好大喜功的华莱士去哪里了?黑夜将至,格兰特的第一次命令已发出近7个小时,肯定传到了6英里外的克伦普码头,然而华莱士仍然没有出现。

夏洛战役使威廉·特库姆·谢尔曼将军穷困潦倒的职业生涯重获新生,结束了阿尔伯特·西德尼·约翰斯顿尘世的生命,也毁掉了卢·华莱士将军冉冉升起的军旅生涯。事实上,4月6日注定是卢·华莱士漫长生命中最糟糕的一天。拂晓,他困惑不已;清晨,他有些生气;下午,他怒不可遏。

战斗打响时,他的军队早已枕戈以待,却被孤立和搁置一边,驻扎在田纳西河下游的克伦普码头守卫军需。如今,枪声从几英里外传来。显然,他只是后备力量,完全置身于战斗之外。早上8点,惊愕的格兰特乘船奔赴战场,途中经过克伦普码头。然而,他没有下船给华莱士下达明

第二章 夏洛战役的幽灵（1862年4月6日）

确的指令，只是在船上大喊，要他做好准备，清晨的交火可能会演变成大战："时刻做好准备，收到命令立即行动。"

失望的华莱士回答道："将军，我6点就已命令部队集合。部队需要在斯托尼隆森姆（Stoney Lonesome，内陆通往夏洛的必经点）驻守，我已做好准备。"华莱士后来提到，当时格兰特犹豫了一下，并没有命令部队立即开拔，而是匆忙结束了谈话："很好！让你的部队做好去任何地方的准备。"然后，他坐着"雌虎号"迅速赶往夏洛。

华莱士的第3师破晓时分听到了枪声，在格兰特到来两个多小时前就已做好进军的准备。如今他们以待战状态在此候命，再次等待了3个小时——这段时间极为关键，谢尔曼的士兵正在6英里外遭受攻击。上午11点半，格兰特的军需官巴克斯特（Baxter）上尉终于带来了期盼已久的进军命令。然而奇怪的是，这个命令用铅笔潦草地写在横格纸上：

在克伦普码头留下足够的士兵保护公共物资，其余的士兵即刻行军与右翼部队会合。作战阵型与河岸形成直角，见机行事。

华莱士拿着这张含混、无签名的军令，盘问了巴克斯特一些细节问题，得到的全是错误的信息：北方军正在"驱散敌军"，而当时的事实是，北方军正节节败退。

时近中午，华莱士必须对这一怪异、特别的命令立即

122

战争的幽灵

做出行动。或许,优越感使他认识到,去夏洛的路不只一条,而是两条。的确,走田纳西河沿岸的道路可以最快抵达格兰特的本部匹兹堡码头。然而,它并不在北方军"右翼",而华莱士收到的命令是让他带领部队与右翼会合。这条沿河道路十分泥泞,部分路段甚至需要涉水,马车和辎重难以通行。其实,还有一条内陆道路——顺皮克路(Shunpike)可以直达谢尔曼的右翼,路程至少缩短两英里,路况也更好。在战斗开始前几周,华莱士整修和勘查过那条道路,正是为了在危急时刻方便驰援北方军右翼。

因此,华莱士开始考虑这一在普通格子纸上草就、含混不清的命令:他应该抄近路直达格兰特的营地,还是径直前往格兰特的右翼部队?他是带领数千人马走那条泥泞的路,还是那条新修的、便于通行的路?他要加入的是一支巴克斯特所说的乘胜追击的队伍(错误的情报),还是一支处于崩溃边缘的败军?哪一条路可以抵达北方军战线的基地?

华莱士只给部下留了半个小时的吃饭时间。中午时分,他下令军队走内陆道路奔赴夏洛战场,加入谢尔曼的右翼部队。"为了省两三英里的路,"华莱士在描述这次关键抉择时说,"因为它路况良好,距离右翼战场更近,因此我选择了顺皮克路。"这个决定改变了华莱士将军的一生,也使北方军无法在第一天取得胜利。

尽管如此,华莱士在顺皮克路上的行军速度创造了纪录。对格兰特而言,卢·华莱士迷路了,并且走错了方向,

第二章 夏洛战役的幽灵（1862年4月6日）

但是他的确走的是赶往夏洛最近的路。一个半小时内，第3师行军5英里，先头部队已经抵达枭河，距离谢尔曼最后报告的位置只有几千码。事实上，就行军速度而言，华莱士比比尔将军的军队快多了，如今他们还在田纳西河的对岸。下午2点，华莱士带领5000名士兵即将到达北方军右翼，就在这时传令官来到他队伍的后方："格兰特将军向您问好。他希望您加快速度。"

加快速度？华莱士目瞪口呆。难道他没有遵从格兰特的第一道命令？难道他现在不是即将到达战场？他完全按照命令，带领部队来到北方军右翼战线谢尔曼部队旁边，而且行军中队形保持良好，始终处于战斗状态。华莱士打发那位传令官离开，但是随后格兰特的随身侍从罗利（Rowley）上尉赶到，带来了更坏的消息："你到底要去哪里？"

"去支援谢尔曼。"华莱士回答道。

"谢尔曼！天啊！你难道不知道谢尔曼已经被击退？全体部队已经撤退到距离田纳西河不到半英里的地方，现在的问题是我们会不会被赶下河。"

华莱士没能率军拯救北方军的右翼，反而来到了南方军的后方！华莱士后来回忆令他震惊的时刻："幸好，我没有沮丧太长时间，而是迅速反应过来，我带领的军队位于整个南方军的后方！"

罗利很困惑，华莱士为什么会选择内陆道路，因为格兰特肯定和他说要沿河边道路行军，抵达未被占领的北方

战争的幽灵

军阵地。难以置信的是,战场就在眼前,华莱士却被要求原路返回,从刚刚走过的顺皮克路折返,沿着河边的路前往匹兹堡渡口!这意味着他要绕一个10英里的大圈!如今他已经行军四五英里。罗利对华莱士说:"格兰特心急如焚,迫切地需要你前往匹兹堡码头。"

其实,那条命令并非格兰特所写,而是他人抄写错误,进而引起了致命的后果。战役结束后,北方军总指挥格兰特坚信,他给华莱士下达的命令非常明确,即沿河边道路前往北方军大木营与他会合。这样一来,援军只需行军5英里,下午2点左右便能到达匹兹堡码头,而那时阿尔伯特·西德尼·约翰斯顿尚未发动猛攻。随着时间的推移,北方军在下午被击溃,然而华莱士的增援部队迟迟未到,这让格兰特极其绝望和愤怒。他完全不知道华莱士马上要到达夏洛,而且躲过了所有人的视线,出现在战场的另一端——南方军后方。一支北方生力军从疲惫的南方军后方发动进攻,那可是千载难逢的良机。

格兰特后来抱怨道:"我永远也不能理解,我命令他来匹兹堡码头,还要另行规定行军路线吗?他的军队是作战经验最丰富的三个师之一,他们的缺席使我们损失严重。"格兰特以一句嘲讽结尾:"我猜他想的是,走那条路绕到敌人的侧翼或者后方,极力展现自己的英勇,为他颇受质疑的指挥才能正名,顺便为他的部队谋取利益。"

华莱士惊魂甫定,考虑下一步该怎么做。战场近在咫尺,他也没有接到严令,必须原路返回几英里外的营地,

第二章 夏洛战役的幽灵（1862年4月6日）

然后蹚过泥泞甚至被水淹没的道路。更糟糕的是，为了保持队形，华莱士没有命令军队原地掉头，让后队变成前队；而是让士兵以旅为单位反方向调头。士兵们对复杂的队形调整困惑不已，用了近一个小时才理清头绪。因此，格兰特近乎绝望中派出的两位传令官——麦克弗森上校和罗林斯上尉遇到华莱士时，他刚刚抵达那天上午所在的十字路口，与他3个多小时前出发的地点相距不远。

北方士兵伤亡惨重，危在旦夕，但是几个小时过去了，卢·华莱士的增援部队却还在原地。格兰特的传令官惊慌失措，要求华莱士放弃大炮，急行军至匹兹堡码头。然而，华莱士坚持军队必须全副武装，保持密集队形，随时准备投入战斗。惴惴不安的麦克弗森和罗林斯愤怒地骑马返回，肆意指责华莱士碌碌无能、刚愎自用，带领军队在原地打转。

华莱士带领军队摸索着前进，一路上都是北方军的逃兵、伤员和尸体，他们终于在天黑后冒雨抵达码头。格兰特的部下没有见他，他又用了大半夜的时间，来到北方军的最后防线谢尔曼军队的右翼。后来罗林斯写信给格兰特，提到那天下午遇见华莱士的情形，他的队伍终于向沿河道路进发：

下午3点半，我和麦克弗森上校遇到了他的队伍。他当时距离战场差不多4英里或4英里半的路程，路况良好，部队轻装行军。士兵们斗志昂扬，听到传来的

战争的幽灵

枪声,渴望立即奔赴战场。我们一再催促和请求他抓紧时间,但是他的行军速度不到每小时1.5英里。如果他能按照要求的速度行军,并在我们遇到他们后加快速度,就能在周日战斗结束前来到您的麾下,并投入战斗。

然而,对华莱士来说,事实绝非如此。夏洛战役第一天的战况令人无比沮丧,但是让他支援的命令发出得太晚;而且格兰特的书面命令字迹模糊,没有署名,令人费解。一个又一个的传令官带来的信息相互矛盾,甚至错误百出。本来只有6英里的路,他的部队却徒劳地走了一个超过14英里的大圈。他们在深夜到达时已经浑身湿透,冻得瑟瑟发抖;然而迎接他们的不是欢迎仪式,而是友军的嘲弄。

格兰特显然不知道,在战役开始前几天,他属下的师级军官就已经讨论过,利用顺皮克路实现彼此之间的相互支援。因为格兰特对顺皮克路一无所知,华莱士的军队在极其糟糕的环境下行军超过14公里,历时近7个小时,却没能和南方军交战。虽然格兰特想让他支援匹兹堡码头,他却提前数小时到达战场的另一端,在可以向敌军后方发动进攻的情况下,被命令撤退并原路返回,沿着河岸行军。如果允许华莱士按原计划行进,他可能已经渡过枭河桥,出现在南方军身后;这7000名生力军能在驻守"蜂巢"的北方军被击溃前发动进攻。无论如何,当华莱士按照格兰特混乱的命令到达匹兹堡码头时,他决定忘记这一天的惨

· 第二章　夏洛战役的幽灵（1862年4月6日）·

败，第二天上午重整旗鼓。

早上6点半，华莱士的第3师与北方军其他部队一起展开反击。他的7000人生力军加上比尔将军俄亥俄州军团的20000名士兵，使格兰特的兵力瞬间翻了一倍；而南方军早已疲惫不堪，数量只有他们的一半。尽管华莱士的部队不是对抗南方军的主力，但是他第二天作战英勇，在反攻中只有41名士兵阵亡，251人受伤。

晚上7点，南方军被击退，华莱士像上次在多纳尔森堡战役中一样，再次把自己称作英雄。毕竟，人们认为他和比尔扭转了战局，以极小的代价驱逐了叛军。人们迅速忘记了昨天的混乱；毫无疑问，胜利的北方军需要快速追击宝格德将军败退科林斯的军队，将他们一举消灭，攻占那座城市，为近10万大军打开通往密西西比州的门户。届时，所有参与这场战役的人都将载誉而归。华莱士确信，他对夏洛战役的及时支援意味着他的军队将成为对敌最后决斗的主力。在战役结束两天后，他欣喜不已地给妻子写信："我是指挥战斗的英雄，对敌人寸步不让。"

一开始，如释重负的民众对华莱士十分买账，认为他第二天的英勇表现扭转了战局。他出现在《莱斯利周刊》(*Leslie's Weekly*)和《哈珀周刊》等全国性刊物上，朋友和仰慕者的贺信、礼物蜂拥而至。这是多纳尔森堡战役之后，对英勇年轻将军的又一次褒奖。华莱士毫不掩饰骄傲之情，表示要乘胜追击，迅速击溃南方军，提前结束内战。然而战役结束四天后，一系列奇怪的事件接踵而至，毁掉了华

173

战争的幽灵

莱士的职业生涯。夏洛战役之后的几周里，这位曾经的英雄声名扫地，被撤销了军队的指挥权。

或许，华莱士的不幸始于4月12日，也就是拘泥于形式的哈雷克将军到达之时。由于在夏洛战役中对敌人的突袭疏忽大意，格兰特被哈雷克剥夺了田纳西军团的实际指挥权。最终，纸上谈兵的哈雷克取得战场上的领导权，成为西部战线的指挥官。如今可怕的夏洛战役已经结束，他准备亲自带领北方军取得胜利。

然而，哈雷克给北方军带来了灾难性的后果，也使华莱士声誉扫地。首先，哈雷克一味吹嘘自己对西线战事了然于胸，并将夏洛战役的胜利归功于自己。之后，他指责格兰特指挥不力，导致4月6日伤亡惨重，还让他大费周章，耗费了几周的时间调动大军，赶往30英里外的科林斯。他们到来之时，南方败军早已逃走，整个城市也毁弃殆尽。格兰特在夏洛战役中的胜利，被哈雷克抛诸脑后。

哈雷克疑神疑鬼，让手下的将领每晚建筑城墙和防御工事，每天行军不足1英里。即便一向行军缓慢的阿尔伯特·西德尼·约翰斯顿，4月份从科林斯冒雨赶往夏洛军队，同样长度的路程仅用了3天多的时间。在前工业时代，亚历山大大帝和尤里乌斯·恺撒经常不到10小时就能行军30英里。相形之下，哈雷克的行军就是一个笑话。战败的敌军士气低落，兵力不足；而他率领的大军斗志昂扬，却小心翼翼地匍匐前进。

夏洛战役引发的诸多问题使人们争论数月，互相诋毁，

第二章 夏洛战役的幽灵（1862年4月6日）

在美国战争史上前所未有：北方军追击行动迟缓，南方败军成功逃脱，为人爱戴的格兰特被莫名剥夺了指挥权，哈雷克行事拖沓不断招致批评，北方军在夏洛战役中损失惨重：12217人伤亡，其中超过1700人死亡。美国媒体和位于华盛顿特区的陆军部似乎没有意识到，夏洛战役既是一场战术胜利，也具有巨大的战略价值，反而急于寻找导致重大损失和让南方败军溜走的罪魁祸首。如果是在1864年夏天，夏洛战役的伤亡数字不会让人大惊小怪；但是在1862年春天，一次交战伤亡1万多人足以震惊北方民众，他们纷纷要求出台惩戒措施。假如哈雷克能够消灭羸弱的南方败军，那么4月6日的错误也许会被人遗忘；然而，北方人民逐渐了解到，他们的青年才俊在战场上惨遭屠戮，却并没有换来决定性的胜利，也没有使西线战场发生重要的战略性变化。

雪上加霜的是，哈雷克与格兰特的关系愈发紧张，致使华莱士很难立稳脚跟。最终，哈雷克因蹩脚的指挥能力被调回东线战场，而格兰特在仲夏重任西线总指挥，并且得到了林肯的支持（"我不能浪费他的才能，他真的会打仗"）。尽管哈雷克没有最终毁掉格兰特的职业生涯，但是北方媒体和政治家对格兰特在夏洛战役中的表现口诛笔伐，尤其是那些毫无根据的指责，让格兰特非常气愤：战斗打响时，他并不在战场，他当时可能喝多了；他被打得措手不及；他下令不要修筑战壕，应该为第一天的重大伤亡负责。

格兰特开始反击，把怒火发泄到华莱士身上。他巧妙

战争的幽灵

地编排第一天惨败的脚本:如果华莱士听从他的命令,北方军的损失完全可以避免。他原本计划,7000人的支援部队最晚下午2点到3点之间赶到,这一奇兵将阻止南方军的进攻。如此一来,"蜂巢"就不会陷落,比尔将军也没必要赶来支援。如果有一个将领要为这骇人听闻的伤亡负责,那也应当是青涩、外行、浮夸的卢·华莱士,而不是格兰特。

此外,还有三件事对格兰特非常有利。首先,哈雷克在与格兰特的较量中败北,不愿再卷入多纳尔森堡英雄(华莱士)的纷争,而且很乐意将格兰特对他的怒火引向华莱士。因此,他对华莱士的战斗调查请求充耳不闻。

其次,从夏洛战役中崛起的英雄谢尔曼也不愿意卷入这场纷争;而且,第一天的战役让他深受震撼,无心再去深入追究责任。更重要的是,如今他已成为格兰特的朋友:在谢尔曼重获新生的过程中,格兰特发挥了重要作用;夏洛战役结束后,当格兰特的军事指挥权被哈雷克取代时,谢尔曼曾力劝他不要放弃。哈雷克和谢尔曼都不愿为诡谲多变的华莱士辩护,而去对抗一位国家英雄。华莱士突然发现自己孤立无援:在北方军最有权力的三个人中,有两个对他充满敌意,另一个顶多算是中立。

最后,也是最致命的一点,华莱士急躁易怒,口无遮拦,注定了失败的命运。在战后的官方报告中,他极力为自己辩护,这难免会贬损格兰特;尤其是他强调说,直到上午11点半他才接到前去战场增援的命令。华莱士理性地

第二章 夏洛战役的幽灵（1862年4月6日）

指出,无论选择哪一条道路,都是由于格兰特最初的拖延,导致7000人无法参加最为关键的8个小时的战斗。即便他没有按照格兰特的命令选择行军道路,他的部队即将到达目的地,出人意料地抵达敌军后方——如果准备好发起猛烈的反攻,没准能拯救北方军队。

华莱士含沙射影的说法让格兰特愤恨不已,尤其是一些公众认为,华莱士在这次胜利中发挥了重要作用:虽然他错过了第一天的血战,但是在第二天的战斗中损失轻微。在4月9号的官方报告中,格兰特对麦科勒南将军和华莱士将军大加赞扬,他们"为捍卫自身荣誉,守护北方联邦始终坚守岗位"。然而,格兰特后来一改之前的说法,在记录本次战役的各种材料中,始终将华莱士描绘成一个草包。格兰特声称,他11点就发出让华莱士出发的命令,而非11点半;而且命令不只发出一次,而是三次!尽管他的命令并非亲笔所写,而是由传令官抄写,但他明确要求沿河边道路行军,他的部下可以为此"作证"。再说,只有6英里的路,枪声就在耳畔,任何一位北方将领都不会带军行进7个小时。在20年后出版的回忆录中,格兰特最后一次讲述这场战役,一再表明华莱士的失职。

华莱士的强势反击让局势变得更为紧张。早先在多纳尔森战役中,他就批评格兰特的引路人——战死沙场的查尔斯·F. 史密斯（Charles F. Smith）将军,并一再将战功归于自己。如今在夏洛战役后,他再次公开抱怨,反对在未来战斗中优先考虑和他同级别的麦科勒南将军。雪上加

战争的幽灵

霜的是,他喋喋不休地和哈雷克将军的副官们说,他们的指挥官在追击南方军时行动迟缓,会葬送夏洛战役的胜利果实。这种批评貌似精明却很不明智,很快就传到了生性多疑的哈雷克那里。华莱士对西点军校的长官们指指点点,被冠以"麻烦制造者"和"马后炮"的称号。6月底,夏洛战役刚刚结束三个月,华莱士被免职,回到老家印第安纳州,那时他才知道自己早已声名狼藉。

命运的急转直下让华莱士羞愧难当,他变得愈来愈疯狂,竭力渴望重返战场。他偏执地认为,有人要他为夏洛战役第一天的惨重伤亡担责,于是便急于澄清自己。他首先找到报社,但是他在《纽约论坛报》(*New York Tribune*)和《辛辛那提公报》(*Cincinnati Gazette*)的老友们不愿卷入其中,最多只为他做不疼不痒的辩护。他已不再受到媒体的青睐。

他写信给哈雷克和美国陆军部,并附上大量地图和注释为自己辩护。哈雷克曾是他的同盟,如今却将它们悉数转给了格兰特,格兰特被彻底激怒,要他忠心的部下收集更多的证据,证实华莱士的罪责。华莱士则向作战部长斯坦顿申请召开官方调查法庭。最后他寻求谢尔曼的帮助,认为他至少能在格兰特面前为自己辩护,但是依然没有奏效。不过,谢尔曼给了华莱士最好的忠告:忘记这件事,保持沉默,也许声名鹊起的格兰特会不计前嫌,给他第二次机会。

华莱士虽然放弃了官方调查法庭的请求,却忽略了谢尔曼的其他忠告。他似乎认为,可以将正在发生的战争大

第二章 夏洛战役的幽灵（1862年4月6日）

事暂时搁置，因为用文字去呈现那次过去的战役更为重要。他在大众媒体上招募了许多代理辩护人，在接下来的10年时间里，不停地给记者、编辑、传记作家、历史学家写信，希望还原夏洛战役的真相，撇清自己与北方军重大伤亡的联系——这是他与格兰特矛盾的一个敏感话题。他还发表了一篇名为《华莱士将军的军事记录》(General Wallace's Military Record)的短文，不无夸张地指出，格兰特总是认为华莱士"无可指摘"。然而，华莱士情不自禁地写道："如果那次开赴战场的行军不被叫停，我们不仅能取得第一天的胜利，还会俘虏大量南方军。"

也许这种自我标榜的说法不无合理之处，却从许多方面破坏了华莱士的形象。如今他转守为攻：虽然格兰特部下传达的第一条命令模棱两可，但是真正有问题的是他此后的命令，即明确要求华莱士从顺皮克路返回。这一命令一经执行，相当于这位未来的美国总统丢掉了北方军取得决定性胜利的机会。另外，华莱士的自我标榜反而削弱了他之前的辩解：他此前声称之所以选择顺皮克路，是为了前往最新报告中所提到的谢尔曼的阵地。然而，如今华莱士似乎是在暗示，他选择内陆道路不仅是为了支援北方军前线，更是想出其不意进攻南方叛乱分子的后方。如果他当时拒绝执行军令，将会创造多大的功绩？

还有，很少有军事专家相信，一个不到7000人的师能阻挡冲向匹兹堡码头的南方军。尤其是在第二天的战斗中，比尔将军的2万人、华莱士的第3师再加上格兰特的残军浴

战争的幽灵

血奋战数个小时，也只是打退了南方军，而没有击溃他们的士气或消灭他们的军队。而且，后来南方军声称，他们知道华莱士可能会来增援，早已在剩下的几座桥上做好了阻挡他们去路的准备。尽管华莱士努力澄清自己的名声，却总是适得其反。因为他的对手更加强大，也不想接受任何关于夏洛战役的指控。与此同时，他为自己辩护的方式即便没有前后不一，也有些令人反感。如今格兰特权势不断攀升，美国民众也想忘记最近战争中的巨大损失。

卢·华莱士将军无法从夏洛战役的耻辱中走出来，也没有重新得到格兰特的信任。哈雷克曾请求将华莱士派到前线担任指挥，格兰特回信斥责说："只有让他降职我才会用他。"后来，华莱士在包围辛辛那提的战役中发挥了关键作用；担任过马里兰州的军事指挥官；1864年7月参加了关键的莫诺卡西（Monocacy）战役，成功地抵抗具伯·尔利（Jubal Early）对华盛顿特区的进攻；曾在军事委员会中调查过林肯遇刺、安德森维尔（Andersonville）南方邦联监狱长等诸多案件，但是他永远也无法忘记夏洛战役。4月6日前，他还是一颗冉冉升起的新星，是北方军的救星；然而战役结束后，他却遭受到了不公的指责，要他为无数人的伤亡负责。也许其他人会忘记夏洛战役，但是华莱士不会。

我们也许永远不知道夏洛战役第一天的真相，但是不论是文字记录还是后来的采访，大多数证据都与华莱士的叙述相一致。最有可能的是，格兰特让副官发出了一条不

第二章 夏洛战役的幽灵（1862年4月6日）

太清晰的命令，没有明确规定具体的行军路线。而且，他可能对顺皮克路一无所知，在目睹北方军陷入巨大的混乱之后，认为没有必要——也没有时间——详细解释。华莱士身处后方，考虑问题更为从容，有时反而过于细致，理所当然地认为，应该选择路程更短的内陆道路到达谢尔曼部队的右翼。也许他还自鸣得意地认为，在"秘密"道路突然出现会让南方军措手不及，从而使他名声大噪。无论如何，格兰特都应该早点儿向华莱士发出增援命令，给他方向明确、目标清晰的书面指示。他的副官本应允许华莱士带领一个师的士兵，从顺皮克路冲向战场，直击南方军后方。

综上所述，在夏洛战役刚开始的几个小时，将领们无法在混战中获得准确的信息，双方都有许多重大失误，最终影响了战役的结果，而华莱士第一天傍晚的迟到只是一个插曲。在部队遭到袭击的时候，格兰特还在10英里之外。他没有命令部队修筑工事，也没有建立初步的预警机制，以至于丝毫没有觉察到正在靠近的4万南方军，甚至已经处在他们步枪的射程范围内。更糟糕的是，哈雷克竟然让全体南方败军逃走了。

夏洛战役结束后，卢·华莱士又活了43年。他曾深深地卷入墨西哥的政治活动中，后来当选为新墨西哥州州长，被加菲尔德总统（也参加过夏洛战役）任命为驻奥斯曼帝国君士坦丁堡公使。在作为故事书作者的漫长生涯里，他围绕比利小子（Billy the Kid）、阿帕奇的叛徒维多希奥

133

战争的幽灵

（Victorio）、奥斯曼帝国苏丹阿卜杜勒−哈米德二世（Abdul-Hamid Ⅱ），创作了许多著名的场景，表明他对夏洛战役念念不忘。然而，最让他绝望的是，他的宿敌尤里西斯·S.格兰特逐渐从军队最高统帅成为美国总统。从某种意义上讲，华莱士从1862年到1906年的人生，始终在竭力追逐顺皮克路上的幽灵。

在取得莫诺卡西战役胜利成功保卫华盛顿特区后，华莱士和格兰特的关系有所好转。据称，1864年8月格兰特曾对他说过："如果我当时了解情况，我会明确命令你朝哪个方向进军。"华莱士反复提及格兰特对他迟来的肯定，却始终无法证实。如果不是格兰特要华莱士与波托马克军团一同从前线调回，他几乎会被孤立，成为一个无兵可带的将军，独自待在巴尔的摩直到战争结束。夏洛战役带来的负担实在太沉重了。

1868年，华莱士为格兰特竞选总统做巡回演说。两年后，他信誓旦旦地想进入政界，竞选印第安纳州共和党议员。然而事与愿违，他竞选失败，部分原因在于，他不愿就民主党对他在夏洛战争中行为的指责做出回应。19世纪70年代，格兰特的一些政敌不再批评他在总统任期内的丑闻，转而在媒体上抨击他夏洛战役中的过失。格兰特立场坚定，寸步不让。支持共和党的华盛顿报纸为了给总统开脱，将批评的靶子对准了华莱士。直到格兰特去世，持续恶化的形势才有所好转。格兰特曾私下向华莱士承认，自己也有过错；至少在他看来，华莱士不应承担所有的罪责。

· 第二章 夏洛战役的幽灵（1862年4月6日）·

然而在公开场合，他始终抨击华莱士等人为自己辩护。华莱士与格兰特的关系错综复杂，从夏洛战役结束到1885年格兰特去世的23年时间里，他一直努力为自己正名。在这场与总统的博弈中，他的抗争有些悲壮，也经常很被动，注定会以失败告终。

颇有影响力的《世纪杂志》(Century Magazine) 曾连续刊文报道内战中的著名战役，后来集结成权威作品《美国内战中的战役和将领》(Battles and Leaders of the Civil War)。该杂志邀请格兰特撰写关于夏洛战役的文章。华莱士特意致信格兰特，请求他为自己开脱罪责。华莱士在信中指出，格兰特应该让"一个长期为此饱受诘难的人"得到慰藉。他还提醒格兰特，"您在我的官方战斗报告和各种场合严厉指责我，告诉所有人我完全不够格，这真的为我带来了极大的不幸"。

战役过去20年后，在格兰特患病期间，华莱士近乎绝望地最后一次发出正式免罪的书面请求：

总之，将军，您有没有过扪心自问，那天我有什么动机戏耍您。那绝不是出于个人恶意。由于您的举荐，几周前我刚荣升为少将。我从来不是一个懦夫。您曾见过我在多纳尔森堡与敌人短兵相接；在匹兹堡码头的次日两次带领部队浴血奋战。我从来不是优柔寡断之人。在莫诺卡西战役中，我也证明过自己。事实上，我完全是个受害者。

战争的幽灵

1884年秋,华莱士专门拜访几乎破产、处在弥留之际的格兰特,重申自己的请求;格兰特太太在马克·吐温的陪伴下,对这位闻名遐迩的来宾感叹说:"在这片大陆上,一定有许多女性羡慕我,可以向孩子们讲述,自己曾与两位大作家马克·吐温和华莱士将军如此亲近地坐在一起。"然而,这次访问依然没有任何效果。25年来,虚弱的格兰特早已厌倦了华莱士喋喋不休的请求。不论是《世纪》杂志上的文章,还是去世后出版的回忆录,他的描述如下:

> 华莱士将军没有及时赶到,错过了第一天的战斗。华莱士将军声称,巴克斯特上尉带来的命令只是让他加入军队右翼,并说他的行军路线通往从匹兹堡到珀迪的路,而该路在谢尔曼的右翼穿过枭河。然而,这既不是我命令他去的地方,也不是我想要他去的地方。我完全无法理解,我命令他前往匹兹堡码头,难道还需要指明走哪条路?

华莱士四处寻找盟友,很容易找到那些被贬的军官,如查尔斯·P. 斯通(Charles P. Stone)上校和比尔将军。前者因北方军在李斯堡之役(Ball's Bluff)中惨败而受到指控,被监禁189天;后者在1862年底的佩里维尔(Perryville)战役中致使北方军伤亡巨大,被迫于次年辞职。有了这些盟友,华莱士似乎不必正面攻击哈雷克和格兰特。此外,华莱士转而求助于公众,经常在民间团体和战友聚

第二章 夏洛战役的幽灵（1862年4月6日）

会上发表演讲，热情洋溢地为自己在夏洛战役中的表现辩护，并抨击哈雷克："在我们这些将军中，他从来没见识过打仗，只是一个毫无名气、鲜为人知的长官。"

格兰特去世后，他过去的对手们纷纷开始行动，以华莱士为武器打击这位去世的宿敌。比尔将军为《世纪杂志》撰写关于夏洛战役的文章，极力抨击格兰特对华莱士的描绘，并且总结说："必须多说一句，他［华莱士］在7日夏洛战役中尽职尽责，表现出来的热情和勇气，无论何时都不应该受到质疑。"不过，最奇妙的转折是，W. H. L. 华莱士将军（与卢·华莱士无亲属关系）的遗孀给弥留之际的格兰特寄去的一封信。W. H. L. 华莱士将军在夏洛战役第一天阵亡，该信是从他遗体上找到的。信中说到，他与卢·华莱士在开战前讨论过队伍之间的联络问题。这封信证实，两位华莱士将军已经提前做好了部署：一旦一方遇到麻烦，彼此之间可以利用顺皮克路互相支援。格兰特显然不知道，他的属下很有主见，已经设计出一套有效战术，利用内陆道路迅速集结，以应对南方军对河畔北方军的袭击。

面对这一新发现的证据，格兰特只好要求出版商在他即将出版的回忆录上加一条简短的注释：

这（W. H. L. 华莱士的信）极大地改变了我和一些人对卢·华莱士将军的看法，尤其是他在夏洛战役中的表现。他依然像刚参军时那样不依赖经验，而是天生与众不同，在还没收到命令时，就准备选择一条

战争的幽灵

不同的行军路线。如果我们前线的位置没有改变，那么华莱士选的这条路比沿河道路距离我们的右翼更近。

136 华莱士几乎每年都会去一次夏洛战场。1903 年（他去世前两年），他最后一次前往夏洛参加官方纪念活动并参观战役遗址，要求修改关于他那次行军的官方介绍和解说词。早些时候，他还游说夏洛国家军事公园委员会（Shiloh National Military Park Commission），希望将售给游客的公园导游图册改成他提供的地图和材料。虽然华莱士晚年竭力挽回自己在美国人心中的形象，但是他所担任的外交和政府职务既没有钱也没有实权，几乎毫无助力。

其实，他在美国人心中的形象之所以能够重塑，并不是因为他的政府官职或政治资源，而是得益于他的写作生涯，这远比撰写简讯和小册子、谄媚地给格兰特写信或去家中拜访、不断参观夏洛战场更有效果。他创作的传奇故事感情洋溢，戏剧性十足，偶尔带有一些夸张色彩，再加上他丰富的经历，深受广大读者的欢迎。夏洛战役给他带来的挫败感在写作中得到了宣泄。对他来说，写作不仅是一种创作行为，更是为了让自己的作品问世：他要让千百万读者读到他的文字，认识到他真正的样子。

华莱士是一位多产的作家，发表了大量诗歌、文章、剧本和小说，其中较为成功的两部史诗作品是《公正的上帝》（The Fair God）和《印度王子》（The Prince of India）：前者重述了历史学家威廉·普雷斯克特（William Prescott）

第二章 夏洛战役的幽灵（1862年4月6日）

笔下的西班牙征服墨西哥史，后者描述了土耳其攻陷君士坦丁堡的故事。然而，如今几乎没人将卢·华莱士与这两本小说联系在一起——它们已经少有人问津，更不会想起他在夏洛战役中模糊不清的角色。真正让他闻名于世的是《宾虚》（Ben-Hur）作者的身份：从1880年小说问世至今120年的时间里，《宾虚》的热潮席卷美国，而华莱士便是这一切的创造者。

夏洛战役和《宾虚》是否存在确切的联系？显然，夏洛战役直接影响了小说家华莱士的创作：他第二天的战斗经历对于描绘宾虚精彩的打斗和骑马场景起了重要作用。该作品通过塑造形形色色的小说人物，反映出华莱士对战术的关注，描绘了复杂而又充满猜忌的军事指挥过程以及带领士兵浴血奋战的情形：

> 宾虚的才能无人能及，他训练有素，受人敬仰；他攻守有度，长臂孔武有力，每一次对阵都能取得胜利。他是指挥官，却总是冲锋在前。他挥动着称手的兵器，所到之处一招制敌。他时刻关注着战友，总能在正确的时间出现在最需要他的地方。他在战场上振臂高呼，激励军心，震慑敌人。

华莱士描绘了宾虚母亲和妹妹所在的麻风病隔离区的惨状，或许这与他辞去军职后的糟糕经历有关：他曾极不情愿地临时负责过一个拘留所；后来在位于安德森维尔的

战争的幽灵

南方监狱调查委员会供职，目睹过那里恶劣的环境。他与夏洛战役的老友——不可知论者罗伯特·G. 英格索尔（Robert G. Ingersoll）上校有过辩论，这一经历使他在《宾虚》中加入捍卫基督教教义的内容。曾参加过夏洛战役的加菲尔德总统是《宾虚》的狂热爱好者，特意给华莱士寄去感谢信，该书也因此销量激增："这部优美、伟大的作品能减轻我日常生活的负担，也使我们自夏洛战役相识以来的友情有了新的发展。"该信被巧妙地设计为卷首插图，随1892年版《宾虚》一起问世，俗称"加菲尔德版"，这套两卷本小说是美国19世纪最成功、最赚钱的书。

更重要的是，《宾虚》以某种奇异的方式，再现了华莱士1862年4月6日那次漫长而又灾难的行军。《宾虚》主要描写年轻、机智的犹太人宾虚的英雄事迹：他一生都在为自己和家人遭遇的不公复仇，而罪魁祸首则是他的朋友，后者非常了解宾虚，凭借各种卑鄙的伎俩谋求私利；该书的次要情节则围绕着基督展开。

犹大·宾虚（Judah Ben-Hur）是一位富有的犹太贵族，有一天他在阳台观看大街上凯旋的军队，一块松动的瓦片突然坠落，差点砸死罗马驻犹太地区总督格拉图斯（Gratus）。阴险的罗马官员梅萨拉（Messala）将这次意外炮制成"暗杀"，迫使犹大·宾虚成为划船的奴隶，他的母亲和妹妹则被赶入地牢。处在人生低谷的宾虚认为："羞辱比死亡更可怕。相信我，我真这么想的。"宾虚在皈依基督教之前反复无常，郁郁寡欢，不惜一切代价挽回自己的名誉。

第二章 夏洛战役的幽灵（1862年4月6日）

"不论谴责、消沉还是恐吓，没有任何东西能掩饰他脸上青春的光彩，有的只是长久以来巨大悲伤打上的烙印，如同岁月在画面留下的痕迹。"

那块松动的瓦片带给宾虚的灾难，正如走错路带给华莱士的痛苦；古代的格拉图斯就像当时的格兰特，而年轻无辜的主人公差点被一次意外事件毁掉。命运的打击让他遭受了一系列恐怖和羞辱的经历，后来由于在一场海战中表现英勇，终于重获自由。财富与名望接踵而至，他成为罗马帝国最富有的人之一。最终，他战胜了所有敌人，完成了对梅萨拉的复仇，但是在最痛苦的时刻见证耶稣受难后，他选择了信仰耶稣。在小说结尾，宾虚拒绝了罗马给予的高官厚禄，将生命和财富都献给了基督教。书中的罗马统治者傲慢无比，到处侵略，纵容恶行，推行帝国主义，这与华莱士在夏洛战役后对美国军官的感受如出一辙。这个故事表明，虽然坏人的嫉妒和阴谋可能暂时得逞，比如梅萨拉（或哈雷克），但是真正的才能和美德会在战争和政治的舞台上得到施展，它们所带来的巨大名誉和财富，足以弥补之前的损失。

《宾虚》不只是关于夏洛战役和主人公的寓言故事，实际上，华莱士在战后所经历的不公是推动他创作生涯的更大因素。他一再重申，《宾虚》的成功与洗刷夏洛战役的污点有着直接的联系。虽然他担任驻奥斯曼帝国公使的生涯非常成功，小说《宾虚》的销量也出奇地好，几乎可以让人们忘记他在夏洛的失败，但是他仍然在1885年写道：

战争的幽灵

"我收到了大洋两岸出版商的众多来信。不论余生短暂还是漫长,这部作品是我的写照。生活如此美好,却总是隐隐作痛,那是夏洛战役留下的旧伤。"

《宾虚》的成功让华莱士名满天下,几乎可以洗去夏洛战役的耻辱,但是1885年他在给妻子的信中依然愤愤不平:"夏洛战役让我遭受诽谤!世人能否为我洗去污名?如果我有罪,就不会对那些诽谤如此介意。我最终在《宾虚》中找到了生存的慰藉。"他进一步说,"从另一个领域获得的名望让我苟活于世。"

写作以及畅销书带来的声誉和财富,至少让华莱士能够专注自己的事,让他感到一丝宽慰:"如果我愿意,我可以半夜拉小提琴。我有一个独立的房间,远离喧嚣,远离烦扰。那里适合安享晚年,缅怀往事,回忆年轻时作战的点点滴滴。"即便到了1900年,夏洛战役已经过去38年,华莱士仍然感慨不已:"匹兹堡码头战役可怕的幽灵经常破门而入,却不怎么骚扰那些罪有应得之人。哎,谎言,那四处散播的谎言让我成为替罪羊,为别人承担骂名……想想我忍受的一切。"

尽管华莱士的行为有些过激,但在某种意义上是他真实的反应,而不仅仅是一种敌意。1888年,华莱士本来有可能在哈里森(Benjamin Harrison)政府的内阁任职,然而密尔沃基一家报纸恶意地评论道:"也许华莱士是个优秀的作家,但是政府的作战部长必须是一名战士,带兵到5英里外作战,不能耗费一天的时间。"

第二章 夏洛战役的幽灵（1862年4月6日）

华莱士凭借《宾虚》作者的声誉，不断揭开夏洛战役的旧伤。即便到了20世纪，即华莱士70多岁的时候，依然要求田纳西州陆军学会重新调查40年前充满争议的顺皮克路行军；他曾试图在美西战争期间加入特别军事法庭，因为这或许能给他带来军事声望，消除对他长久以来的指责。他坚持给加菲尔德、格兰特、霍华德（Oliver Otis Howard）、海耶斯（Hayes）和谢尔曼等老将邮寄他好评如潮的小说，期待他们写回忆录时能对他在夏洛战役的那次行军给予正面评价。

对华莱士来说，夏洛战役的幽灵成就了他的写作生涯，构成了《宾虚》的故事情节。然而，这本小说是否对美国文化产生过深远的影响？答案显而易见。《宾虚》是19世纪美国最受欢迎的小说，直到20世纪30年代后期《飘》（Gone With the Wind）的出现才打破它的销量纪录。虽然一些精英批评家和知识分子对《宾虚》嗤之以鼻，认为它像维多利亚时代一样矫揉造作，人物脸谱化，语言生硬单调，与华莱士生平的联系太过明显，但是世纪之交的公众偏爱《宾虚》，让华莱士成为美国最有名的人之一，如同100年后的史蒂芬·金（Stephen King）或约翰·格里森姆（John Grisham）。

1880年，《宾虚》刚问世时并不出名，但是随着人们口口相传，很快就供不应求。美国出版业从未经历过此等盛况。1883年，该书月销量达到750册，1886年增长到4500册。仅仅9年时间，该书共发行46个版本，卖出40

战争的幽灵

万册,超越了现象级小说《汤姆叔叔的小屋》的总销量。到目前为止,《宾虚》仍是美国公共图书馆借阅量最大的图书。

《宾虚》问世仅仅10年,华莱士就已成为美国历史上最成功的小说家。在接下来的50年时间里,该书的销售量一直攀升,到1911年共出版100万册;仅1912年一年,西尔斯百货(Sears, Roebuck and Company)便以39美分一册的价格出售了100万册,创造了美国印刷品的年销售纪录。20世纪40年代,官方统计该书的总销量在200万到300万册之间,不过真实的数据很可能比这还要多出几百万。到1936年,《宾虚》已成为美国历史上收益最大的单行本小说。

华莱士在小说中描绘了圣地的奇异风情,呈现了古罗马和耶路撒冷多元文化的背景,讲述了宾虚扣人心弦的复仇之旅,传达出通过信仰实现神圣救赎的思想,这一切都深深地吸引了美国读者。虽然詹姆斯·罗素·洛厄尔(James Russell Lowell)、奥利弗·温德尔·福尔摩斯(Oliver Wendell Holmes)、托马斯·贝利·奥尔德里奇(Thomas Bailey Aldrich)、威廉·迪恩·豪威尔斯(William Dean Howells)等波士顿文化精英对华莱士不屑一顾,嘲笑他的作品技巧拙劣,但是美国公众却哄抢一空。对许多人来说,《宾虚》可能是他们读过的第一本也是唯一一本小说。不论华莱士是否意识到,信仰虔诚、白手起家的美国人非常认同宾虚复仇与救赎的独特历程,无数读者给华莱士写信说,

第二章 夏洛战役的幽灵（1862年4月6日）

这部小说让他们皈依了基督教。《宾虚》标志着美国文学的一次重大改变：数百万美国人第一次意识到，阅读小说既非亵渎神灵的罪过，也不仅仅是知识分子的专属，还是一种绝佳的世俗娱乐，还可以启迪普罗大众。在19世纪的作家中，卢·华莱士拥有最大的读者群，从这种意义上说，他发明了美国流行小说——而这一切都是夏洛战役的产物。

《宾虚》被改编成戏剧和电影后，再次吸引了亿万观众。20世纪头20年，仅就舞台剧而言（需要承载30吨战马和战车的机械装置），共演出6000场，有2000万人观看，几乎在美国每一个大城市都巡演过。毋庸置疑，这是美国有史以来最成功的舞台剧，至今没有任何剧作家的作品能吸引这么多观众；由此衍生出的书籍、歌曲、玩具和广告更是不计其数。不论比利·桑戴（Billy Sunday）[1]还是威廉·詹宁斯·布莱恩（William Jennings Bryan）[2]，都对它推崇备至。人们对该剧的追捧直到（4个）影视版本问世后才被超越。1925年12月，公众期盼已久的默片电影《宾虚》终于问世。这部电影由拉蒙·纳瓦罗（Ramon Navarro）主

---

[1] 比利·桑戴（1862—1935），曾是美国职业棒球大联盟选手，后来转信福音主义，并成为20世纪头20年美国最著名的福音传道士。——译者注

[2] 威廉·詹宁斯·布莱恩（1860—1925），美国政治家、律师，三次代表民主党竞选总统，均失败。曾担任美国国务卿，后因与威尔逊总统意见不一而辞职。他是一个反对进化论的基督教激进分子，1925年作为原告方辩护律师参与了"猴子审判"，起诉在课堂上讲进化论的教师斯科普斯。——译者注

战争的幽灵

演,巨大的海上战船和战车竞赛场景花费巨大,成为当时投资最大的电影(超过400万美元),不过它也是当时好莱坞最赚钱的电影,前两年的票房高达900万美元。

1959年,由威廉·威勒(William Wyler)导演、查尔顿·赫斯顿(Charlton Heston)主演的《宾虚》(还有365个有台词的人物)取得了更大的成功,成为不朽的名作。该剧共获得12项奥斯卡金像奖提名,并最终摘得11个奖项,包括最佳影片和最佳男主角等。这部全景电影上映仅一年的票房收入就高达4000多万美元;1971年2月,它在电视台黄金档首播(连续4天),成为当时在电视上播放收视率最高的电影。华莱士去世60年后,好莱坞电影的轰动效应再次燃起了人们的购书热情。到1960年,《宾虚》共出版了60多种英文版本,即便在出版后的第三个世纪依然畅销。

《宾虚》从根本上影响了美国的流行文化。自行车、雪茄烟、玩具、饮料等各种事物,甚至是城镇,都以"宾虚"命名。马车竞赛成为美国民间竞技和集市的表演项目。如今许多人认为,《君往何处去》(*Quo Vadis*)、《斯巴达克斯》(*Spartacus*)和《飘》等历史名著能在不谙历史的美国人中广为流传,应该感谢大众文化的普及者卢·华莱士。不论是好是坏,更为重要的一点是,华莱士的小说开始与美国人的生活产生了奇妙的联系,比如文学、电影、广告和流行文化等。小说被改编成戏剧和电影,又衍生出歌曲、短剧、广告、服饰、粉丝俱乐部等附属产业。每一个

第二章 夏洛战役的幽灵（1862年4月6日）

美国人不论是否读过这部作品，几乎都听说过"宾虚"的名字。

从这种意义上说，《宾虚》预示了《十诫》(*The Ten Commandments*)、《角斗士》(*Gladiator*) 等电影版图——后者的剧本与华莱士的戏剧《康茂德》(*Commodus*) 极为相似——建立了一套如今常见的模式，即从畅销小说到轰动大片，再到各行业取之不尽的金矿，并最终成为民俗流行文化的永恒经典。华莱士讲述的冒险故事扣人心弦，这是《宾虚》经久不衰的重要原因，但并非全部。小说不可思议的畅销，在一定程度上也取决于作者不知疲倦地奔走呼号。在20多年的时间里，华莱士极其重视巡回演讲，不断在公众面前露面、做讲座、签名售书、监督戏剧改编、给书迷回信，并且借助加菲尔德、格兰特和谢尔曼等有影响力的美国人做宣传。或许，近乎疯狂地追求名望和财富，是他洗刷夏洛战役污点的最后努力。

美国人历来敬重有天赋的作家，比如朗费罗、马克·吐温，然而华莱士产生的轰动效应与他们迥异。他创造的神话预示了20世纪出现的一个重要转变，即从广受欢迎的作家转变成流行偶像。这些文化名人的声誉并非来自文学杂志上的书评，而是完全取决于阅读量和销售量——这往往被知识分子、专家和其他小说家忽略。华莱士去世时，已经成为举国皆知的民间英雄，备受美国公众的爱戴。他举办了无数次关于《宾虚》的讲座，到处都是狂热的书迷，也备受政客的推崇（他的雕像坐落在华盛顿国会大厦的雕

▌战争的幽灵

像大厅)。

这一切都是对他 1862 年 4 月 6 日走错路线的特殊补偿。虽然今天大多数美国人对卢·华莱士一无所知——这多少有些遗憾,但是相比于他在夏洛战役中的表现,他们更有可能知道他的小说《宾虚》。1899 年,华莱士在第一次检查《宾虚》舞台布置时感叹:"天啊!这一切都是我创造的吗?"这的确是他的创造,但也是夏洛战役的产物。

深夜:"三 K 党徒"

当谢尔曼在冒着枪林弹雨调整防线时,阿尔伯特·西德尼·约翰斯顿在夏洛战役第一天午后血染沙场,卢·华莱士调转路线沿河边道路向匹兹堡码头行军,而内森·贝德福德·福瑞斯特上校则率领骑兵团加入南方军,向在"蜂巢"被包围的北方军发动猛攻。他在加入混战之前,还在为自己只是担任辅助角色而焦躁不安。夏洛战役绝非上校级别的军官可以掌控的战役。他更愿意骑上战马,率领勇敢的骑兵向对方阵营冲锋。然而,上午的战斗沦为停滞、丑陋的步兵肉搏战。在满是泥浆、灌木丛和沟壑的夏洛战场上,决定胜负的不是计策和胆量,而是兵力和火力。

战斗开始后,军衔较低的福瑞斯特上校还寂寂无闻,被安排的任务是保护位于里克河(Lick Creek)的南方军侧翼。这一任务很不起眼,基本上都位于安全的战场外围和大后方。战斗打响后的前 5 个小时,福瑞斯特耐心等待,恪

第二章 夏洛战役的幽灵（1862年4月6日）

尽职守，守护着南方军的右翼，防备北方预备队在汉堡（Hamburg）渡河包抄后方。不过，福瑞斯特最终对这种不作为忍无可忍，对士兵们说道："兄弟们，你们听到步枪和火炮的怒吼了吗？"他们高声回应说："听到了！"他喊道："你们知道这意味着什么？这意味着我们无数的朋友和兄弟正倒在敌人的枪炮下。可是我们却在这里看守一条该死的河。我们参军绝不是为了干这种活儿！指挥官让我们守在这里，可是当战场需要我们的时候，我们不能无所事事。让我们去帮助他们吧！你们觉得呢？"

士兵们纷纷积极响应。于是，福瑞斯特上校投身职业生涯的第一次重要战斗。在决定违抗军令、冲往前线之前，福瑞斯特几乎完全被南方军最高指挥部忽略了。他曾中肯地建议，要么坚守要塞，要么全力进攻。然而，胆怯得多纳尔森堡指挥官拒不采纳，反而让数千名优秀的士兵向格兰特投降。福瑞斯特没有接受过正规教育，更不是军校科班出身，他几乎完全是个文盲。虽然新的南方邦联政府没有招募他，但他还是在田纳西州组织了一支骑兵旅，并为其配备了武器。由于他有过贩卖奴隶的不堪经历，根本进不了南方贵族军官们的法眼。

然而，他奇迹般地在"蜂巢"出现，堪称夏洛战役的三大事件之一，这也让他从孟菲斯的奴隶贩子一举成为内森·贝德福德·福瑞斯特将军。谢尔曼在夏洛战役与死神擦肩而过，他的军旅生涯却重获新生，给南方造成了无尽的痛苦；华莱士虽然走错了行军路线，却创作出轰动一时

战争的幽灵

的名著《宾虚》；同样，夏洛战役的经历也拉开了福瑞斯特精彩军旅生涯的序幕，直到内战结束多年以后，他仍为国家奋斗不息。

如果那天福瑞斯特墨守成规，那么他的未来就不会出现如此重大的转折。他的士兵从宁静的里克河赶往地狱般的"蜂巢"。希瑟姆少将仍沿用南方军之前的战术，零星地进攻深陷绝境的北方军，却因为损伤过大而被击退。孤注一掷的北方炮兵躲在道路凹陷处，向靠近的南方军疯狂开火。当福瑞斯特率军赶到时，许多南方士兵正从又一次的进攻失败中撤退。福瑞斯特此刻收不到长官的进攻指令，性格火暴的他决定依靠自己。他对希瑟姆将军说："我给自己下达了冲锋的指令。"他率领近 500 士兵迅速投入战斗，在距离北方军防线 50 码的泥浆和茂密灌木中跋涉。福瑞斯特的英勇行为让筋疲力尽的南方士兵备受鼓舞。他们意识到，北方军的环形防线正在不断缩小，处在溃败的边缘。于是希瑟姆再次发起冲锋，加上福瑞斯特的增援，终于攻克了北方军的环形防线。

接下来的 3 个小时，南方军在福瑞斯特的帮助下肃清了"蜂巢"的北方军，并追击普伦蒂斯军队逃往田纳西河的几百名士兵。近傍晚时分，普伦蒂斯将军被围困的两千士兵投降，福瑞斯特则与若干分散的军队继续向前推进，抵达匹兹堡码头上方的悬崖。这是南方军在夏洛战役第一天的巅峰。多么壮观的场面！下方无数北方士兵仓皇逃到河边，河中数千名士兵乱作一团，而北方战船提供的帮助微乎其

第二章 夏洛战役的幽灵（1862年4月6日）

微。在格兰特溃退的军队被赶下河之前，约有50多名炮兵匆匆就位，构筑起最后的防线。

这是关键时刻。桀骜不驯的福瑞斯特坚持认为，时间非常紧迫，必须在天黑之前击溃慌乱的北方军，否则对岸的援军一旦赶到，新增的几十门大炮会击退南方军的进攻。但是当福瑞斯特强攻匹兹堡码头的请示提交给列奥尼达斯·波尔克少将时，天色已经渐黑，在悬崖上进攻的南方军也不断遭到北方炮火的袭击。

晚上将部队后撤到较为安全的地带后，福瑞斯特更加坚定地认为，北方援军会在天亮之后抵达，所以必须当晚发动进攻。在战役最开始的时候，阿尔伯特·西德尼·约翰斯顿及其将领们就计划通过突袭北方军右翼，在田纳西军团与俄亥俄军团会合之前将其消灭，进而击溃格兰特的军队，摧毁北方军位于匹兹堡码头的基地。如今南方军将领中只有默默无闻的福瑞斯特还在坚持最初的作战计划，准备在比尔的部队过河之前将敌人赶下河。

不幸的是，波尔克否决了福瑞斯特进攻北方军残部的请求。因为夜幕已经降临，士兵们疲惫不堪，码头上北方军突然新增了火炮和战船，而且他乐观地估计了明天一早消灭敌军的难度。他认为此时冒险进攻极不明智，也毫无必要。福瑞斯特瞠目结舌。他仍然坚信北方增援部队会在夜间赶到，可能会使南方军的胜利成果在第二天不复存在。此时，格兰特正与谢尔曼会谈，并向他保证第二天上午发动全面反击；卢·华莱士也终于带领部队从克伦普赶来增

战争的幽灵

援。一些流言开始扩散,比如在"蜂巢"阵亡的并非"杰克逊"上校,而是南方军最高指挥官阿尔伯特·西德尼·约翰斯顿;脾气火爆的比尔将军正带领两万俄亥俄部队横渡田纳西河。内森·贝德福德·福瑞斯特对此恼怒不已,却也无能为力。

他最担心的事在那天晚上发生了。夜晚撤退的命令非常糟糕:疲惫的南方士兵要么睡觉,要么搜刮北方营地的财物。福瑞斯特则开始侦察北方军防线。他的侦察队身着北方军的蓝色外套,在傍晚带来了令人不安的消息:早上南方军的情报有误,俄亥俄军团并不是在几英里外,而是正在横渡田纳西河——大批增援部队正在前往位于匹兹堡码头的北方军基地!

战败的格兰特军队士气低落,却在不断补充生力军;而疲惫的南方军虽然信心十足,却在睡大觉。在"蜂巢"战败被俘的普伦蒂斯将军颇有先见之明,毫不吹嘘地对俘虏他的士兵说,周一早上北方军会重整旗鼓杀回这里。对南方军来说,不幸的是他们的对手是格兰特军队中罕见的天才[谢尔曼]。面对处在崩溃边缘的败军,他似乎没有震惊,也没有自怜地舔舐伤口,而是渴望在第二天日出之前向敌人发动反击。

然而,福瑞斯特发现的重要情报却几乎无人相信。他的上司詹姆斯·R. 查尔默斯(James R. Chalmers)旅长虽然赞同他的判断,却也爱莫能助,因为他军衔太低,无法指挥整个部队。而且,他根本不知道哈迪、布拉格、博雷

第二章 夏洛战役的幽灵（1862年4月6日）

加德在哪里。福瑞斯特对查尔默斯说："你是我见到的第一个懂得指挥军队的将军。"半文盲的福瑞斯特上校的警告被置若罔闻：

> 我沿着河岸往下游走，紧挨着敌军。我能看见他们汽船上的灯光，清晰地听到他们给登陆部队下达的命令。敌方已经来了几千人的增援队伍，如果我们不立刻行动，在天亮前发动进攻，那么他们的增援部队明天10点就会集结完毕，到时候我们将遭到猛烈的攻击。

查尔默斯后来说，虽然福瑞斯特最终找到了南方军的领导，并将可怕的情报汇报给约翰·布雷肯里奇将军和哈迪将军，然而"他们却让这位不识字的上校返回自己的团部"。无论如何，一切都为时太晚：当时已是凌晨3点，距离北方军反击不到3个小时。渴望再次发动进攻的并非获胜的博雷加德，反而是差点被击溃的格兰特。继此前率队进军"蜂巢"之后，福瑞斯特在夏洛战场上的传奇再次上演。他就像古希腊不为人所信的预言家卡珊德拉（Cassandra）那样，直到清晨仍不顾一切地警告南方军：必须立刻进攻以免北方军发起反击。两次传奇般的事迹展现了他的能力和勇气，让这位寂寂无闻的上校一跃成为军中的英雄，让那些血统高贵、受过教育的南方高级军官相形见绌。

第二天上午，战局向福瑞斯特最担心的方向发展。比

战争的幽灵

尔和华莱士的部队赶来,与格兰特残存的部队会合。如今北方军总兵力超过4万人,大部分还是生力军,如潮水般冲向南方军战线,将他们击退到头一天上午驻守的防线。周一战斗打响仅仅几个小时,南方军在周日占领的土地就已消失殆尽。福瑞斯特非常沮丧,一上午都在集结被打散的士兵,保护步兵团侧翼免受攻击,还偶尔下马参与南方军零星的反击。临近中午,南方军在北方军强大的攻势下岌岌可危,有战斗力的士兵不足1.5万人。

最后,博雷加德及时下达全员撤退的命令。为掩饰这一战略意图,炮兵和骑兵依旧保持猛烈的攻击。福瑞斯特的部队在这一行动中表现得可圈可点。周一下午,南方军真正的意图是安全撤离,退至密西西比州的科林斯。然而,北方军被南方军顽强的抵抗迷惑了,他们以为南方军准备再打一场血腥的对攻战,几个小时后才意识到,南方军真正的意图是撤退。周一晚上,交战双方停火,夏洛战役结束。

或者说,战役几近结束。格兰特意识到敌人已经被击溃,正在全力撤退,于是周二上午他命令悍将谢尔曼追击溃退的南方军。在距离夏洛教堂指挥所4英里的地方,谢尔曼终于追上了南方断后的部队,这里以前是一个名叫"倒树"(Fallen Timbers)的伐木场。福瑞斯特留给世人的形象不仅是一位勇敢的南方军官,而且是化身为神话中的战神,在战场上驰骋纵横,肆意收割凡人的生命。对于他在战场上的表现,我们可以从南北双方目击者(包括谢尔曼)的

第二章 夏洛战役的幽灵(1862年4月6日)

描述中得到一些准确信息。

4月8日周二上午,谢尔曼追上了南方军断后的部队。泥泞的土地上散落着腐烂的木料,地形对谢尔曼的步兵十分有利,而且他的兵力也占有巨大优势。至于福瑞斯特一方,则仅有150名骑兵,以及200名来自各个连队被打散的游骑兵。追击的北方步兵团有400多步兵和200名骑兵,背后还有一个旅的预备队。然而,出人意料的是,福瑞斯特命令他的杂牌军发动正面进攻。

谢尔曼在回忆录中真实地记录了他的队伍突然遭遇的溃败:

> 敌军骑兵在福瑞斯特将军的带领下,勇敢地发起冲锋,突破了我们的散兵防线。整个团的步兵被莫名其妙地击溃,他们扔掉手中的步枪,纷纷逃跑。当时地面非常泥泞,到处都是倒下的木材,对步兵防御骑兵非常有利。

在给哥哥约翰的私人信件中,他的说法更为直接:

> 整个团被击溃了,他们向后方逃跑,在我带领的预备旅两翼集合。后来我们收集战场上丢弃的步枪。我只发现了三具分离主义者(南方军)的尸体,他们是此前被我们的散兵打死的。这个团没有消灭任何一个敌人。

战争的幽灵

尽管地面凹凸不平，但是福瑞斯特的第一次冲锋就击溃了北方军的步兵团和骑兵。不过他并没有停下来，而是冲进了谢尔曼的预备旅。突然，他发现自己落了单，远离后撤的骑兵队，陷入众多北方火枪手的包围之中。"开枪打他！用刀刺他！拉他下马！"他们喊道。几十个人冲向福瑞斯特。他用手枪射击，骑着马打转，然而子弹却如雨点般射来，击穿了他的外套，打在他的战马身上。这时一个士兵冲上来，一枪打在他的臀部，子弹穿过他的腰背部，停留在脊柱附近。他的右腿立刻失去知觉，无法动弹。他马上就要被人从重伤的坐骑上拽下来，无疑会被这帮狂暴的士兵当场杀死。

福瑞斯特脊柱遭受重伤，右腿无法动弹，飕飕的子弹击穿了他的外套，战马已筋疲力尽，潮水般的敌军不断涌来，然而一些目击者说："他俯身抓住一名瘦小的北方士兵，把他举在空中转动，然后放在马鞍后当护盾，直到脱离危险后才丢掉这个俘虏。毫无疑问，这个人救了他的命。"这一切简直不可思议。这个40岁的男人已精疲力竭，脊柱上致命的伤口血流不止，一条腿无法动弹，却能一只手握着缰绳，另一只手抓起一个至少130磅（约59公斤）的人，并把他放到身后。显而易见，这个士兵没做任何反抗，既没有开枪，也没有将这个身受重伤的人击落马下。

也许这个故事有些离谱，但是更不可思议的是，福瑞斯特竟然能从北方军的包围中逃走。一个身高超过6尺（约183厘米）的明显目标，如何冒着枪林弹雨、穿过大批

第二章 夏洛战役的幽灵（1862年4月6日）

敌人的围追堵截成功逃脱？这的确令人费解。也许福瑞斯特获得了某种庇佑，人为的也好，其他的也罢，而这成为他奇迹般逃生的关键。当溃败的散兵重新集结时，谢尔曼停止了追击。直到晚上，精疲力竭、血流不止的福瑞斯特回到科林斯，在那里接受治疗，并获得了60天的假期，而他的战马在他抵达安全地带后死了。

接下来的几周里，南方公众一开始为夏洛战役第一天的伟大"胜利"而欢呼，后来开始甄别各种相互矛盾的战报：阿尔伯特·西德尼·约翰斯顿战死；人员伤亡惨重；在田纳西腹地出现的北方军数量庞大，斗志高昂，而且正在向南挺进。这一切让南方人对他们将领的信心逐渐丧失殆尽。然而，一位职位卑微的上校毅然杀进"蜂巢"——南方军曾在那里取得伟大的胜利；周一上午溃败前几小时，他又曾竭力呼吁部队向匹兹堡码头发动最后的进攻；他以一己之力阻挡了谢尔曼的追击。他的表现无懈可击！随着人们竞相传颂，他很快就成了南方人敬仰的英雄。夏洛战役中，有两位杰出的南方将领赢得了赞誉：一位是阵亡的阿尔伯特·西德尼·约翰斯顿，另一位是即将成为将军的内森·贝德福德·福瑞斯特。

福瑞斯特是夏洛战役最后一个负伤的人，伤愈之后很快就被提拔为准将，在田纳西中部指挥一支更庞大的骑兵。夏洛战役不仅让福瑞斯特在南方公众、军事长官、政治领导面前崭露头角，也改变了这位新任将军对战争的总体看法。因为布拉格、哈迪、博雷加德等将领在夏洛战役中指

战争的幽灵

挥得一塌糊涂,他对他们的敬意也一扫而空。从现在开始,他只相信自己的直觉,尽一切可能独立指挥,极力避开或忽略那些受过正规教育的上级。福瑞斯特毫不妥协坚持独立指挥的原则,让田纳西州的北方大军在未来三年里遭到重创;然而这也使他永远不能像李、布拉格、胡德那样统领整个南方军。对格兰特、谢尔曼和托马斯等北方将领来说,这又何尝不是一种幸运?

福瑞斯特凭借夏洛战役赢得的威名步步高升,在公众心里也享有盛誉。战役结束后的3年时间里,这位一度鲜为人知的上校成为南方军守卫田纳西州最大的希望。他也在抵御北方军入侵的3年时间里,成长为美国历史上最著名的骑兵统帅。7月,福瑞斯特负伤两个月后,在田纳西州莫菲斯堡(Murfreesboro)攻陷了一个比夏洛更大的北方要塞,并做出了骇人之举:将俘虏的北方黑人士兵发回南方当奴隶。还有大量谣言说,他暗中枪杀了一名也可能是两名黑人俘虏。此后3年里,这种谣言越来越多。在1862年12月的大部分时间里,福瑞斯特袭击田纳西州西部,攻击北方军营地和铁路,破坏维克斯堡战役中格兰特的补给线,给北方军制造了极大的混乱。随着南方军的主力向南撤退,福瑞斯特承担了大部分自发抵抗的任务。他要让联邦政府意识到,占领他的故乡田纳西州必须付出巨大的代价;相较之下,北方军撤到肯塔基州会损失小一些。

1863年初,福瑞斯特在田纳西州多佛市(Dover)遭遇过短暂的挫折,之后他在汤普森站(Thompson's Station)、

第二章　夏洛战役的幽灵（1862年4月6日）

布伦特伍德（Brentwood）、富兰克林（Franklin）取得了一系列战役的胜利，最终将北方军亚伯·斯特赖特（Abel Streight）上校率领的骑兵远征军驱逐至阿拉巴马州北部。在这些战役中，福瑞斯特标志性的作战方式为南方人所熟知：几乎完全独立地指挥部队；即便敌众我寡或供给不足，依然坚持进攻；依赖计谋和速度取胜；以作战野蛮著称，有时会不计代价地发起冲锋，无端地大开杀戒；对敌人穷追猛打，斩草除根。他甚至变本加厉，公然发出政治威胁：被俘的黑人、南方联邦主义者以及黑人团队中的白人军官，都将遭受残忍的折磨。另有大量传言说，福瑞斯特总是在战斗中身先士卒。战争结束后，他曾炫耀自己在战场上杀死了29个人，损失了30匹马。还有传言说，他偶尔会殴打甚至击毙不听号令的士兵和逃兵。

1863年秋，南方军取得奇克莫加（Chickamauga）战役的胜利，其中福瑞斯特的突击队扮演了关键角色。这场战役的总伤亡人数甚至超过了夏洛战役。随着声望的不断提升，福瑞斯特开始毫无顾忌地指责惠勒（Wheeler）将军、范多恩将军和布拉格将军，认为他们导致南方军最初的优势荡然无存。最恶劣的一次，他曾当面斥责布拉格，最后甚至使用暴力威胁：

只要我愿意，我能把你卑微地踩在脚下。你这个该死的无赖、懦夫，如果你够爷们儿，我会一拳打碎你的下巴，让你悔恨不已。不要再给我下任何命令，

152

战争的幽灵

我压根儿也不会听。如果你还想让我难堪，我会让你为自己的行为负责。你因为我没有立即执行你的命令，威胁要把我抓起来。我借你个胆子试试！我告诉你，如果你再想干预我的行动或者挡我的路，你就死定了！

在与布拉格发生激烈冲突后，福瑞斯特转移到田纳西州南部和密西西比州北部，继续连战连捷。他在田纳西州西部再次发动突袭，将威廉·苏伊·史密斯（William Sooy Smith）将军的北方军赶出密西西比州，并一直向北方撤退。1864年春，福瑞斯特攻打位于密西西比河的北方军要塞枕头堡（Fort Pillow），做了一件他整个军旅生涯最具争议的事。1864年4月12日，据说他在突袭堡垒之后，命令或默许手下屠杀北方黑人士兵及其白人指挥官。不管这种说法是否真实，无可辩驳的是，这个要塞约605名士兵有一大半死于最后的袭击，其中很多人试图投降或逃跑。在如今的北方人眼中，他永远是"枕头堡的福瑞斯特"。

尽管针对福瑞斯特杀害俘虏的批评甚嚣尘上，但是在两个月后的布里斯十字路口（Brice's Cross Roads）战役中，他的军事成就达到了巅峰。当时北方派出数量庞大的军队，企图将福瑞斯特赶出田纳西，并在一天之内将其歼灭。面对强敌，福瑞斯特运筹帷幄，在激烈的战斗和漫长的追逐中，击溃了塞缪尔·D. 斯特吉斯（Samuel D. Sturgis）将军的远征军，致使北方军消灭福瑞斯特的计划落空，谢尔曼进军亚特兰大的补给线也无法得到保障。谢尔曼对此非常

· 第二章　夏洛战役的幽灵（1862 年 4 月 6 日）·

震惊：

> 我无法想象他如何用八千人打败斯特吉斯将军……福瑞斯特就是个魔鬼，我担心他会让我们的军队感到恐慌……孟菲斯有两位可以随时作战的军官——史密斯和莫厄尔（Mower）……我将命令他们组建部队追杀福瑞斯特，即便牺牲 1 万人，即便将国库掏空，也在所不惜。只要他还活着，田纳西将永无宁日。

福瑞斯特已做好在田纳西再次迎战北方骑兵报复的准备，不过鉴于他在布里斯十字路口立下的赫赫战功，佐治亚民众请求他攻击谢尔曼的后方，切断其物资供给，以阻止其南下。在南方邦联民众心中，只有李和"石墙"杰克逊有如此威望。不过，福瑞斯特并未前往亚特兰大，因为他当时的处境也岌岌可危。1864 年 7 月，他被兵力被远超自己的北方军围困在密西西比州的哈里斯堡（Harrisburg）。由于他在北方声名狼藉，自然招来了大批复仇者。在接下来的战斗中，福瑞斯特被人数众多、供给充足的北方部队追击，在加入约翰·贝尔·胡德溃败的部队之前，他横穿田纳西州、北阿拉巴马州和密西西比州，最后被军事才能卓越的北方将领詹姆斯·哈里森·威尔森（James Harrison Wilson）强大的骑兵队伍包围。

战争结束时，福瑞斯特没有听从每况愈下的南方邦联政府的建议，也丝毫不惧怕谢尔曼、托马斯和其他北方军

战争的幽灵

将领;在阿波马托克斯投降几周之后,他没有继续打游击,或在新组建的美国联邦之外开辟家园,而是选择解散部队返回家乡。1865年5月,他在给部队做演讲时最后说道:"士兵们,你们可以自愿选择,但我要回家了。要是谁还想继续打仗,应该立刻被送进疯人院!"

战争结束后,福瑞斯特可能是美国最声名狼藉、遭人痛恨的南方人。1866年前,安德鲁·约翰逊总统不断推翻激进的南方重建方案,努力恢复各个州政府的职能,并否决了宪法第十四修正案,这一系列行为激起了更人的分歧。北方民众认为,福瑞斯特等南方人在叛乱失败后没有得到应有的惩罚,反而生活蒸蒸日上。1866年11月,福瑞斯特向约翰逊总统承认战争中的罪行,并寻求宽恕:"我意识到,广大北方民众对我恨之入骨,视我为面目可憎的怪物、无情冷血的杀人恶魔,因为我在1864年4月12日攻陷枕头堡时犯下了不可饶恕的罪行。"

事实上,起诉福瑞斯特在枕头堡所犯谋杀罪的声音甚嚣尘上。一些爱出风头的北方军人——比如谢尔曼的骑兵指挥官朱德森·基尔帕特里克(Judson Kilpatrick),扬言只要见到福瑞斯特就会杀了他。不少激进的共和党人拒绝承认福瑞斯特获得过赦免。福瑞斯特曾因叛国罪遭到正式起诉,为1864年袭击孟菲斯的行为交付了1万美元的保释金。1868年,即将卸任的约翰逊总统最终特赦了福瑞斯特,但这无异于火上浇油。"一个披着人皮的恶魔,"一位愤怒的北方军人写道,"他恶贯满盈",应该受到严惩而不是特赦。

第二章 夏洛战役的幽灵（1862年4月6日）

北方的政治家们认为，虽然李那样的许多南方军将领支持奴隶制，却并没有亲手杀死过北方士兵；他们是优雅的贵族，言行谨慎，遵循传统的战争法则，理应获得北方人的原谅，甚至是同情。谢尔曼与福瑞斯特在"倒树"伐木场首次交战后，十分敬佩他的骁勇善战，在南北战争即将结束时给乔治·托马斯将军写信说："我想抓住福瑞斯特并杀了他，但我怀疑我们能不能做到。"

总之，福瑞斯特是一个矛盾的集合体：人们敬佩他，因为他作为突袭者骁勇善战；人们痛恨他，因为据说他杀害过俘虏。他很容易成为北方媒体口诛笔伐的对象。他几乎目不识丁，讲话也很粗俗。内战前，他是一个浮夸自大的奴隶贩子，靠倒卖黑奴发家，言行举止粗鄙。更糟糕的是，有传言说他曾吹嘘自己在战斗中杀死过北方士兵。哪个将领会亲自参加肉搏战，并且统计出杀了多少敌人？在战争前后，他还经常与人决斗、发生争执，枪杀过平民。

李将军在阿波马托克斯投降仪式上放下武器，但福瑞斯特数周后才自行放弃抵抗。他声称自己在战场上从未被北方对手打败，不过他明智地认识到，既然南方军指挥部已经投降，自己孤军奋战也只是徒劳，于是自行放弃了抵抗。他最后的讲话是审时度势后做出的决定，就在几个月前，他还发表了一篇措辞激烈的书面声明，声称绝不和北方佬和平共处，要与他们血战到底。

后来有大量传言说，罗伯特·李被"三K党"推举为头目，但他出于健康原因拒绝了（并没有反对），据说他举

战争的幽灵

荐福瑞斯特作为备选:"在南方,没有人能比他更好地统领这么多的人。请替我向福瑞斯特将军致敬,并转告他我希望他能同意。"这完全有可能。虽然许多尊敬罗伯特·李的人对此表示怀疑,但是他的私人信件和1866年在国会的证词都表明,他提出的很多观点后来被"三K党"采纳了。

19世纪60年代后期,北方人有多痛恨福瑞斯特,卑微的南方人就有多爱戴他。北方媒体对他充满敌意,毫无褒扬之词。这恰恰表明,这位知名的前南方将领没有为个人利益而投靠以前的敌人,而且,在战后10来年的重建时期,人们的愤怒与日俱增,因为联邦胜利后的人道主义许诺几乎无法兑现,尤其在安德鲁·约翰逊总统的统治下。安德鲁·约翰逊是南方人,曾任田纳西州州长,在林肯遇刺后,以副总统身份未经选举而就任总统。如果没有北方军队的强制措施,在以前的南方邦联各州实现黑人与白人完全平等的承诺将问题重重。为了废除奴隶制,北方耗费了大量金钱,牺牲了无数生命,如今厌倦了战争的他们已无力从根本上改变南方白人的理念。

其实,北方人对黑人的歧视与他们的南方对手并无太大差异(否则他们为何不让饱受迫害的黑奴移民到新英格兰地区,在那里取消种族隔离,为他们提供经济保障和政治庇护?)。南方人迅速指出重建主义者的伪善和谎言——他们在自己州里也没表现得那么高尚。激进的东北部共和党人从政坛崛起,主张赋予黑人选举权,却拒绝给前南方邦联的白人选举权;他们呼吁暂停人身保护法,以镇压南

第二章 夏洛战役的幽灵（1862 年 4 月 6 日）

方人的夜袭和恐怖活动，这些行为激怒了中西部地区的人民。另外，南方邦联的基础设施在战争中被摧毁，战后他们的生活陷入贫困，许多梅森-迪克森线①（Mason-Dixon）以北的人认为，前分离主义者已经承受了应有的惩罚。北方军在对阵南方骑兵时的战绩非常糟糕，尤其是福瑞斯特对田纳西州的突袭，使占领区许多老练的官员意识到，北方军驻守在数千个固定的要塞，要他们去消灭擅长夜间行动的骑兵是件很荒谬的事。

对于贫困、沮丧的南方人来说，种植园奴隶主的反抗徒劳无功，政客们的言行反复无常，只有冥顽不化的福瑞斯特是他们的代表：即便失败，他依然桀骜不驯，始终保持着高傲的姿态。这些白手起家的人毁家纾难，义无反顾地支持南方邦联，他们的牺牲精神和抵抗意志成为南方人的典范。尽管福瑞斯特后来有了很大的转变，担任"三K党"首领的时间也很短，甚至最终与这一身份有所冲突，但这似乎无关紧要。内战结束后，他早年作为奴隶贩子的经历让他或多或少地对黑人抱有同情心。他虽然偶尔会大放厥词，但是仍然寻求同北方联邦的投资者和同胞合作，建议他们让解放后的奴隶融入大众生活。在他去世后，他以前的几百名奴隶出席了葬礼。也许是因为担心与北方资本家脆弱的商业关系受到损害，也许是出于对一连串暗杀的担忧，1869 年 1 月福瑞斯特脱离了"三K党"，据说他还

---

① 梅森-迪克森线指的是北方自由州与南方蓄奴州的分界线。——译者注

战争的幽灵

以大巫师（Grand Wizard）① 的身份，正式宣布解散这个全国性的组织。福瑞斯特始终是一个现实主义者，他意识到共和党 1868 年大选获胜后，会在田纳西州进一步实施激进的重建方案，而且政府正在组织民兵消灭"三 K 党"。

福瑞斯特大多数温和的政策都是在此之后提出的。此前，他曾有过一些缓和的迹象，但都湮没在内战后持续数月的混乱中。南方人非常困惑地看到，他们之前的公务员在政府中担任要职，据说投机钻营的无赖和北方人收割了南方的财富，并掌控了政府。安德鲁·约翰逊总统努力让颇受欢迎的南方保守派重新执政，却遭到了激进共和党人的反对，他们宣称要在顽抗的前邦联州实施军事管制，使原本紧张的局势更加剑拔弩张。

在这种困局之下，"三 K 党"诞生了。1866 年秋，它创建于田纳西州的普拉斯基（Pulaski），一年间迅速蔓延到其他各州。在成立之初，"三 K 党"并非多么激进的种族主义组织，只是到了 20 世纪 20 年代，它仇恨的对象才越来越多，包括犹太教徒、天主教徒以及外国人。表面上看，早期的"三 K 党"并不受重视，只是一个由一帮无家可归、愤怒的退伍老兵组建的秘密社团。这些人是被剥夺了公民权的南方名流，遭到反对独立的白人和主张解放黑人的新兴政治势力的排挤。然而，它最初还招募了一些保守的黑人，他们对北方激进主义者缺乏信任。后来，福瑞斯特在

---

① 三 K 党的最高领导人叫"大巫师"，下面还有"巨龙"（Grand Dragon）、"独眼巨人"（Cyclo）等。——译者注

第二章 夏洛战役的幽灵（1862年4月6日）

国会证言中声称，"三 K 党"的诞生"完全是出于保护人民的目的，为了执行法律，使人们免受暴行"。

实际上，"三 K 党"的成立反映了深远的社会问题，即通过破坏黑白联盟、黑人学校和私营商业，重新回到黑人低于白人的社会形态，这也导致后来对黑人政治人物和富有同情心的白人进行恐吓、殴打并私刑处死。起初，"三 K 党"可怕的秘密仪式并不是为了杀人，而是使人感到恐惧。他们身穿白色长袍，在夜间骑行，以此表明：南方邦联死者的灵魂统治了黑夜，做着在白天无法做的事。在成立之初的数月里，它不断发展壮大，日益受到人们的尊重，与民主党的联系也愈来愈直接和密切，因为后者倡导让新解放的黑奴恢复到接近于奴隶的状态。各种神秘浮夸的仪式，以及联合所有失败者的博爱精神，使"三 K 党"超越了州界，形成了某种普遍的凝聚力，即便会针对某些人实施残忍的迫害和恐吓，也依然获得了一定的地位和认可。这也使他们区别于若干相似的秘密组织和南方白人团体，比如邦联救济与历史协会（Confederate Relief and Historical Association）、白面骑士团（Order of Pale Faces）、白茶花骑士团（Order of the White Camellia）等。

"三 K 党"传递的信息往往非常复杂，不仅表达出对贫困白人的关切，而且主张严惩重建主义势力。1868 年 3 月，在福瑞斯特访问佐治亚州期间，《亚特兰大情报》（Atlanta Intelligence）发表了一篇来自"三 K 党神秘秩序总部"的宣言，鼓吹他们"为饱受侮辱和迫害的人伸张正义"，致力

158

战争的幽灵

于"保护孤儿和弱者"。该宣言还声称,他们会对"叛徒"和"恃强凌弱残害无辜的凶手"实施死刑。显然,在"三K党"的秘密会议上,首领们会下达杀死某个知名南方人的命令,"将他们作为祭品,摆上无辜者和迷失者的祭坛"。不久之后,佐治亚州哥伦布市的共和党领袖乔治·W. 阿什本(George W. Ashburn)被35名蒙面人杀害。有传言说,福瑞斯特就是"三K党"的大巫师;也有证据表明,死刑判决令源自该组织"总部"。既然该组织在福瑞斯特访问佐治亚州时发表宣言,这很可能意味着,暗杀命令就是他下达的,或者他早已知悉这一行动。

由于"三K党"各地方支部行事极其隐秘,福瑞斯特究竟在其中担任什么职务是一个谜。他担心公开参与"三K党"的活动会破坏他与北方商人的经济合作,而且他刚获得赦免,不想因此而陷入困境。在成立初期,"三K党"只是一个田纳西州的地方古怪组织,由白人至上主义者和被误导的前南方邦联狂热者组成。他们认为,黑人在1867年大选中首次获得选举权,将会对他们造成极大的威胁;为使党派进一步发展,他们渴望招募一位具有全国影响力的人,在他的鼎力支持下增加信徒的数量。

1867年春,在福瑞斯特以前下属的帮助下,新成立的"三K党"名义领袖约翰·W. 莫顿(John W. Morton)上尉开始接近福瑞斯特。尽管存在一些争议,但福瑞斯特很快成为该组织的首任大巫师。后来在国会听证会上,他极力否认曾担任过这一职务。内战结束后,前南方分离主义者

第二章 夏洛战役的幽灵（1862年4月6日）

与北方反分离主义者在田纳西州再次上演激烈的战争。在过去4年中，福瑞斯特由于不遗余力地将北方军赶出田纳西州而名声大噪，毫无争议地被当地人推举为组织的首领。

"三K党"的诞生也引起了前南方退伍军人的注意。在内战英雄福瑞斯特的带领下，"三K党"从未抛弃军事传统。"三K党"徒身穿白色长袍在夜晚骑行，最初是为了恐吓黑人，让他们以为，南方那些死去已久的可怕骑兵又全副武装地回来了。"三K党"与福瑞斯特等南方将领都相信败局命定的寓言，即击败南方的是时运、命运和北方人的邪恶，而不是北方的军队和战术。从这种意义上说，"三K党"深入挖掘了南方神秘主义的根源。在《一个国家的诞生》(Birth of a Nation)、《乱世佳人》等电影中，"三K党"并不是一个恐怖组织，而是如福瑞斯特希望的那样，被塑造成兄弟般博爱的堡垒，从危险的黑人和背叛的白人手中解救无辜的南方女性和赤贫的老兵。

为了恢复昔日的产业，福瑞斯特在铁路和企业保险方面与北方投资人合作。他经常利用商务之便，前往田纳西州以外的各个州联络势力，扩大"三K党"的影响。然而，在"三K党"党魁的问题上，他总是三缄其口。他在46岁时已是知名人物，结交甚广，渴望再次拥有战前的财富，重温在田纳西战斗的荣光。他始终坚信，让黑人获得选举权将使南方陷入万劫不复的境地。一个"三K党"党徒吹嘘道："福瑞斯特领导着一支看不见的军队，其数量远多于内战时他麾下的南方士兵。"1871年，他不只对一位国会委

159

战争的幽灵

员说过,他每天能收到 50—100 封南方人的信件,期待着他对北方追求黑人与白人平等的行为做出回应。这间接地表明,他逐渐被绝望的民众视为求助的对象。由于他否认自己的"三K党"身份,而且缺乏书面材料,因此很难准确地评估他在该党招募信徒过程中扮演的角色。不过,1867 年至 1870 年他在各州之间奔波,无疑对"三K党"的发展壮大起了推动作用。每当他以"保险业务"为名前往某个南方城市时,那里"三K党"的声势和活跃度便会高涨。

许多消息表明,"三K党"正变得愈来愈残忍。联邦政府承诺,将会采取一系列强硬的反制措施。在这一背景下,不少"三K党"的支持者开始害怕;而福瑞斯特则竭力"改良""三K党",并最终与那种愈演愈烈的恶行划清界限。虽然他后来退出"三K党",并宣称解散各个分支机构,然而无法掩盖的事实是,他的威望和支持使"三K党"在成立初期迅速传播,"三K党"的活动始终打着他的烙印。1868 年 9 月 1 日,《辛辛那提商报》刊发了一篇对他颇具争议的采访。他在采访中吹嘘说,"三K党"在田纳西州有 4 万名成员,在原南方邦联各州共有约 55 万人。接下来,他描述了"三K党"组织的一些隐秘细节,并向记者保证说,如果出现麻烦,他能在"五天内"召集起 4 万名"三K党"成员:

> 我会烧杀黑人,绝不手软。我要消灭激进分子。我已经和他们说过不止一次。这个城市(孟菲斯)所有的激进领袖都已经被我们盯上;一旦出了乱子,他

第二章 夏洛战役的幽灵(1862年4月6日)

们一个也活不了。他们想在这里制造混乱,然后溜走,让黑人承担恶果。我告诉过他们,他们绝不会得逞。我们已经派人监视他们的住处,一旦打起仗来,没人能活着离开这里。我们不会让他们离开我们的国家。

后来,他致信《辛辛那提商报》并在国会证词中声明,有人错误地引用了他的话;他其实并不是"三K党"成员。然而,他的很多公开演讲证实了采访中的说法,并且反映出他强烈的主张,即"三K党"在南方重建过程中扮演着重要角色。此前,他在田纳西州的布朗斯维尔(Brownsville)对集会的群众发表演讲时,使用了同样的警示性语气:

同胞们,我向你们保证,我绝不想要任何战争。我目睹了内战的整个过程。请相信我,我不愿再看见任何流血事件,不愿再看见黑人武装起来杀死白人。如果他们硬要挑起战争,我只告诉你们一件事:只要看见白人激进分子,我一定会开枪打死他,可我不会射杀黑人,因为这场战争的罪魁祸首是那些激进分子。

福瑞斯特继续说:

如果他们让黑人去猎杀那些南方士兵——被他们称之为"三K党徒",那么我要对你们说:"干掉那些激进分子。"如果他们想发起内战,那么越早越好,我

战争的幽灵

们知道该怎么做。

即便在正式宣布解散"三K党"之后,福瑞斯特依旧声称,如果有人试图激进地重建南方,那么他赞同对这些人实施恐怖袭击的总方针。1970年初,在福瑞斯特据称脱离"三K党"一年后,共和党遗嘱检验法官威廉·T.布莱克福德(William T. Blackford)在位于阿拉巴马州格林斯博罗(Greensboro)的家中遇袭:60多名"三K党"徒包围了他的住所。绝望无助的他立即向福瑞斯特请求宽恕和庇护。这件事再度表明,人们普遍认为福瑞斯特仍然掌控着夜袭的骑兵。在救了他一命之后,福瑞斯特建议他立刻离开南方,并解释原因说:"他给黑人错误的建议,让他们困惑不已,以致离开了种植园。"在官方正式"取缔""三K党"之后,国会于1870—1871年通过了一系列反对"三K党"的法案,将他们定性为叛国者,并允许总统越过《人身保护法》的限制追捕疑似"三K党"成员。因为在福瑞斯特宣称解散"三K党"之后,恐怖活动并未停止,甚至愈演愈烈,国会只好做出明确的回应。

究竟是什么使"三K党"成为美国历史上最有韧性和活力的仇恨组织?显然,答案并非它自身的意识形态,因为其他种族主义组织也都有。"三K党"迅速传播的深层次原因是:它的草根气质吸引了中下阶层的人。在他们心目中,"三K党"并非只宣扬仇恨、排外思想,而是一个亲民的组织,能真正反映他们的诉求。他们对目标人物的刺杀、

第二章 夏洛战役的幽灵（1862年4月6日）

私刑和折磨，营造了一种人人自危的恐怖氛围，在"隐形"帝国中没有人绝对安全。"三K党"人以贫苦工人守护者的身份自居，因为这些人害怕黑人地位提高会威胁他们的工作岗位，使他们的优越感荡然无存。1871年，福瑞斯特对国会议员们说，"三K党"的出现就是为了实现这一崇高目标。"在我看来，这个组织以年轻人为主，他们曾在南方军中效过力，在危险的时刻值得信赖（比如遭到黑人袭击时）。我们完全可以相信他们能保护好国家的妇女和孩子。"

福瑞斯特处心积虑地把"三K党"塑造成一个不可或缺的堡垒，为了保卫没有自卫能力的人而团结在一起：

> 南方人极度缺乏安全感。大量北方人来到这里，在全国各地建立各种联盟。黑人夜间集会，四处游荡，变得越来越粗野，南方人都对此非常警惕。许多组织没有名目，各个党派自发组织起来，目的无非是随时做好应对袭击的准备。一些黑人强奸妇女，被判刑入狱后，几天就被释放了。整个国家人心惶惶。我相信这个组织的建立是为了保护弱者，根本没有任何政治目的。

在福瑞斯特心中，侵略者是黑人，而不是白人，而这将成为"三K党"秉持的意识形态。他的组织没有攻击性，只是为了防卫，保护贫困、下层的白人免受怀有敌意的黑人和北方盟友的袭击。福瑞斯特出身贫贱之家，与贫困白

战争的幽灵

人有着天然的感情。英国陆军元帅沃尔斯利子爵（Viscount Wolseley）认为，福瑞斯特困顿的成长环境为他后来的军事成功起了关键作用，正如"拿破仑所说，贫穷是最好的军校"。福瑞斯特是一位反贵族、怀才不遇的将军，深知南方文化中存在着根深蒂固的阶级仇恨，而这在内战结束前变得愈来愈尖锐：大批的穷人没有奴隶，却为了富有的种植园主及蓄奴制度战死沙场。

战争结束后的几年里，福瑞斯特在开始一系列创业之前，充分利用南方人对北方"激进分子"高涨的仇恨心理，因为这些北方人试图剥夺南方底层白人最后的骄傲（比黑人高贵）。福瑞斯特在国会听证会上声称："内战期间，我们的奴隶表现得很好，一直和我们在一起。但是战争结束后，他们开始和共和党人混在一起，脱离了南方人的管束，变得闷闷不乐，粗俗无礼。""三K党"能成为一个大众组织，在很大程度上得益于首任党魁福瑞斯特：他叛逆的过往和非科班的军事生涯，使他能与各个阶层的人和睦相处。"三K党"在短期内不会危及北方资本的注入，也不会影响南方军官团恢复公民权。

福瑞斯特绝不仅仅是个目不识丁的奴隶贩子。他战功卓越，政治上也十分精明。在内战结束后的10年里，他不论是在演讲还是口述信件中，始终以受迫害的白人形象示人。他贯彻美国宪法的初衷，反对新英格兰共和党激进分子改变联邦政府性质的改革。在他看来，他并没有违反美国的法律，反而是北方人控制的国会一直在通过违背国父

第二章 夏洛战役的幽灵（1862年4月6日）

精神的法案。他为"三K党"赋予了标志性的特征，即被遗忘者执迷般的怨恨，其中蕴含着一知半解的民粹主义思想，对北方银行、保险公司、投机商及其雇佣的无赖者的不满，以及必要时的杀戮和战争威胁。

在福瑞斯特的领导下，"三K党"制定了一套行为模式：夜晚袭击黑人，白天对暴行矢口否认。在《辛辛那提商报》那篇极具争议的采访中，他非常精明地强调"三K党"仁慈的形象："我绝不是黑人的敌人。我们希望和他们在一起，他们是我们唯一的劳动阶层。不仅如此，比起白人无赖和投机者，我更信任他们。"讽刺的是，福瑞斯特组织力量反对南方激进的重建方案，也损害了北方人投资他的农场和铁路项目。当他意识到争取北方资助与自己在"三K党"的秘密活动相冲突时，他试图加以掩盖，甚至辞去党内的职务。他掀起了一场群众运动，损害了艰苦奋斗的南方形象，或许辞去职务就是他迟到的悔过。

如果内森·贝德福德·福瑞斯特将军还是那个寂寂无闻的上校，待在"该死的"里克河执行放哨的任务；如果在"倒树"伐木场，北方军打入他脊柱的子弹再深几英寸；如果1867年享有盛名的福瑞斯特没有接受"三K党"首任党魁的职务，那么"三K党"或类似的党派就不会在南方的废墟里成长起来。如果"三K党"首任党魁并非威望极高的福瑞斯特，那么早期的"三K党"必然大不相同：它不会一步步走到政治舞台的中心，也不会如此高效地运转；它很可能像"白茶花骑士团"那样昙花一现，既无法为自

164

战争的幽灵

身存在的政治地位提出一套说辞,也不可能拥有广大的群众基础。"三K党"虽然可以吹嘘,他们拥有泽伦·万斯(Zebulon Vance)、韦德·汉普顿(Wade Hampton)和乔治·戈登(George Lord Gordon Byron)等前南方军将领——这大多是无稽之谈;即便这是真的,鉴于他们在南方中产阶层缺乏支持者,与穷人也没有建立亲密的关系,对"三K党"的发展壮大也不会起到实质性的帮助。

福瑞斯特让一切变得大不相同。他的演说慷慨激昂,扣人心弦,极富煽动性,为他赢得了广大的群众基础。李敏锐地认识到,福瑞斯特是领导这群庞大、虔诚的信徒的最佳人选。他在内战时如下山猛虎,所向披靡,如今把这一光环带到了秘密的夜间骑行和恐怖活动中,而这也是"三K党"初期的显著特征。福瑞斯特担心"三K党"可能会沦为一个谋杀和暴力的组织。如果他还活着,肯定会为后来"三K党"蜕变成纯粹的种族主义组织而震惊。1921年,他的孙子成为"三K党"亚特兰大第一支部的"独眼巨人",多半是由于他的威望。作为美国数一数二的仇恨组织,"三K党"的诸多历史遗留问题在很大程度上是福瑞斯特造成的。他性格极端,一心想恢复内战之前南方的种族主义文化,力主枪杀北方激进分子,甚至为此不惜重新发动内战。

与谢尔曼相似,福瑞斯特的职业生涯同样发迹于夏洛战役。他如神兵天降一般向"蜂巢"发起冲锋,深夜里侦察北方军增援部队,在"倒树"伐木场的混战中英勇无比。然而,就在几周前的多纳尔森堡战役中,还没人在意他的

第二章 夏洛战役的幽灵（1862年4月6日）

良策妙计。在北方军眼中，他不过是个不按常理出牌的讨厌鬼，绝非善于指挥骑兵的军事天才。他此前接到的命令大多无足轻重，比如"在里克河放哨"。直到夏洛战役他才在无畏地冲锋中崭露头角，并最终展现出了自己的军事才能。

与谢尔曼相似，福瑞斯特第一个投入战斗，坚持奋战到最后。在为期两天的战役中，他几乎没有合过眼，直到被子弹击中才撤出战场。两人都无所畏惧奋勇向前，数次与死神擦肩而过，一个完全洗刷了过去的耻辱，一个为自己博得了赫赫功名。福瑞斯特的奋战取得了成功；然而博雷加德举棋不定，布拉格因循守旧，让他的努力全都付诸东流。夏洛战役使他认识到，南方军统帅碌碌无能，而他的战争智慧则以进攻为主。这场战役让他声名鹊起，但他更出名的是特立独行的方式，与其他南方将领格格不入。

福瑞斯特在夏洛战役中独立指挥并取得成功，从此信心大增，始终坚持自己的作战方式，成为叛军中的叛逆者。反叛政府倒台使南方陷入水深火热之中，于是政府之外最忠诚、最能干的人便合理地拥有了权力。据说，李因为这个原因拒绝领导饱受争议的"三K党"，转而推荐福瑞斯特。虽然这种说法没有历史依据，却反映了南方民众的普遍观点：心力交瘁的李不愿加入这个饱受争议的恐怖组织；而福瑞斯特恰恰是这个极端组织最合适的人选：他性格暴躁，无所畏惧，亲手杀死过几十个北方士兵，也愿意带领"三K党"发展壮大。

战争的幽灵

福瑞斯特是个奴隶贩子、决斗的老手、行刑头子,据说在战场上亲手杀死了29名士兵。他对南方邦联做出了不可磨灭的贡献,得到南方军上层的交口称赞。然而,由于饱受争议的出身,低下的文化水平,暴躁的脾气,以及鲁莽的言辞,他并没有获得与其军事才能相称的职务。"三K党"的处境也与之类似:它为顽固不化的南方人服务,使用鞭打、殴打、酷刑、私刑、谋杀等手段,为光明正大的组织所不齿。

福瑞斯特在夏洛战役的英勇事迹掀起了不小的波澜:他取得的一系列短暂胜利延长了田纳西战争的时间,极大地发展了闪电战战术(第一时间集中最优势兵力)。谢尔曼的忠实拥护者乔治·S. 巴顿(George S. Patton)认为,福瑞斯特的才能远远超过其他美军将领,他深入地研究过福瑞斯特在田纳西州的军事行动,从中获得了许多灵感。不论是对是错,一个多世纪后,福瑞斯特留下的遗产仍然影响着美国,而其中最大的影响是导致"三K党"崛起。那些夜间骑行的恐怖分子同样狂热,对暴行毫无歉意,与他们的首任大巫师抵抗北方入侵者时如出一辙。

最后,我想以1999年2月我访问孟菲斯时的一件小事结尾。在一个寒冷的午后,我参观温暖舒适的民权博物馆时(现已与马丁·路德·金遇刺的旅馆合并),只遇到了四、五名游客。然而,在城市中心公园的福瑞斯特雕像处却有十多位访客,他们不顾寒风冷雨,在雕塑的基座摆上了鲜花。或许,夏洛战役在民众的心中激起了余波,而这

·第二章 夏洛战役的幽灵（1862年4月6日）·

往往为军事历史学家所忽视。

事后分析

新奥尔良的记录者乔治·华盛顿·凯布尔（George Washington Cable）曾写道："夏洛战役后，南方人的脸上从未绽放过笑容。"不过在战役刚结束之时，人们还是发出释然的叹息。哈雷克将军由于迅速改变了格兰特的进攻战术，错失了歼灭博雷加德败军的机会。当时南方军正拖着缓慢而沉重的步伐向密西西比州的科林斯撤退，不过很快那里也沦陷了。在夏洛战役中，如果南方军西线部队没有被迅速击溃，那么势如破竹的北方军也不会在密西西比州所向披靡。不久之后，重新受到重用的格兰特立刻集结士兵，向维克斯堡发动进攻。北方军在夏洛战役中获胜具有重要的战略意义，但是这场战役经久不衰的荣光却在其他地方，在那些亲历过的士兵口中广为流传。

为期两天的战役毁掉了两位将军：卢·华莱士和阿尔伯特·西德尼·约翰斯顿；也成就了两位将军：谢尔曼和福瑞斯特——此后数年间，无数敌人在他们面前纷纷倒下。南北双方有许多杰出的将领参与了这场战役，比如格兰特、布拉格、博雷加德、哈雷克和比尔。经历过战役的格兰特和加菲尔德后来分别当选为美国总统，而约翰·布雷肯里奇此前担任过美国副总统。约翰·威斯利·鲍威尔（John Wesley Powell）在夏洛战役中失去了一条胳膊，后来成为科

战争的幽灵

罗拉多河上的领航员；南方士兵亨利·莫顿·史丹利（Henry Morton Stanley）曾是夏洛战役中的俘虏，后来与利文斯顿（David Livingston）共同享誉盛名①。鲍威尔和史丹利都认为，他们后来的成功与夏洛战役的见闻和经历有很大关系。尽管葛底斯堡战役规模更大，也更具有战略意义，安提坦战役和冷港战役更为残忍和血腥，但是夏洛战役是否有其自身的独特性？

也许有。夏洛战役虽然不是内战伤亡最大的战役，但它是第一场真正的屠杀，在为期两天的战役中，南北双方共损失近2.4万人。1862年4月8日周二上午，在战役结束时南北双方共有11万人参与其中，近1/4的士兵失踪、被俘、受伤或阵亡。事实上，夏洛战役两天的伤亡人数超过了此前美国所有战争的总和，包括美国独立战争、美国和印第安人的战争、1812年战争、美墨战争以及1861年到1862年初的战争。

由于战场相对狭小，在暴雨之后又酷热难当，双方经过两天的厮杀后，都无力照料死伤的士兵。于是，战场变成了一座人间地狱，到处弥漫着血污、断肢和泥泞，让所有参战的士兵留下噩梦般难以磨灭的记忆。战争结束后，

---

① 亨利·莫顿·史丹利原名约翰·罗兰兹（John Rowlands），英裔美国记者、探险家，曾远征中非，寻找英国传教士、探险家戴维·利文斯通（David Livingstone）。返国后，他写了一本名为《我如何找到利文斯顿》（*How I Found Livingstone*）的书，在欧美引起轰动效应，他和利文斯顿也成为家喻户晓的人物。——译者注

第二章 夏洛战役的幽灵（1862年4月6日）

数百名记者和游客溯流而上，考察这一充满杀戮的战场。夏洛临近田纳西河，位于南北交界地带，双方居民很容易抵达。而且，在战役的第一天，南方军的进攻摧枯拉朽，但是北方军迅速转败为胜，这不禁令人好奇：南方军究竟如何失去第一天赢得的先机？为何格兰特的部队在刚开战的几个小时险些被击败却最终赢得了胜利？

夏洛战役伤亡惨重，让国内外一片哗然。夏洛战役虽然只持续了两天，但是在之后的几个月时间里，媒体和政客们急于寻找替罪羊，先是不断塑造英雄，几天之后又用截然相反的报道将其摧毁。在无数人牺牲之后，南北双方都宣告获得了胜利，没有一方真正被击败。究竟谁应当为这场毫无必要的屠杀负责？格兰特、谢尔曼，抑或华莱士、博雷加德？毫无疑问，他们都难辞其咎。

西线战场规模巨大，局势变幻莫测，赋予了它第一场决定性战役极为特殊的意义。相比于华盛顿特区和里士满之间的平静战事，西线战场幅员广阔，部队需要行军数百英里才能占领纳什维尔、孟菲斯和新奥尔良等重要城市，南北双方在肯塔基、密苏里等边境州交战不断，争夺数百英里密西西比河的控制权。一场战役可能夺取或丢掉几千平方英里的疆域，使整个州落入南方军或北方军的掌控之中。西线战事大开大合，与北弗吉尼亚地区的拉锯战形成了鲜明的对比。

更重要的是，夏洛战役是第一场全面战争，步枪和霰弹构成的强大火力网不断击溃英勇冲锋的士兵，让指挥官

战争的幽灵

和士兵们受到了极大的震撼。他们形成了一个共识：向敌人正面冲锋是无异于自杀的疯狂行为。夏洛战役第一次消解了战场上的荣光。48小时的战斗彻底打消了人们毕其功于一役的想法。双方都认识到，一天的厮杀便能使军队陷入瘫痪，即使一方获胜，也难以在辽阔的西线战场获得压倒性的优势。因此，即便之后还有更惨烈的战事，但夏洛战役给双方士兵带来的噩梦非但不会削弱，反而会愈演愈烈。

在内战爆发前几年，美国的战略重心从东部向西部迁移。因此，总统、小说家和伟大的将领齐聚田纳西河畔并非偶然。19世纪中期，不论是俄亥俄州、密歇根州、伊利诺伊州、印第安纳州、爱荷华州，还是位于南方邦联西部的得克萨斯州、田纳西州和密西西比河沿岸各州，日常生活发生了巨大的变化：这些州兴建铁路，在大湖区、边境和密西西比河沿岸发展新兴工业，吸引了大批英勇无畏、富有才华的人聚集于此。在来到匹兹堡的大量人群中，出现几十个能彻底改变美国历史进程的人不足为奇。当然，这一切都源于夏洛战役改变他们的命运之后。

· 第二章　夏洛战役的幽灵（1862年4月6日）·

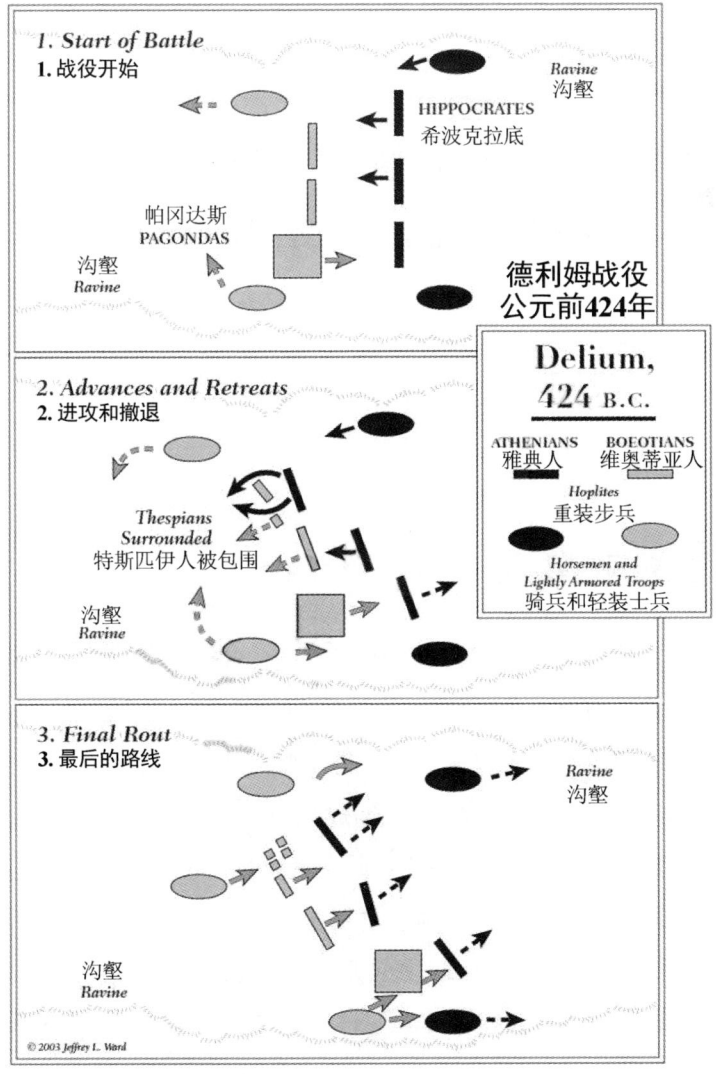

第三章　德利姆战役的衍生文化
（公元前424年11月）

德利姆战役

想象一下：在绵延起伏的平原上，遍布着农作物干燥的残茬，两道沟堑切割出一片不足1英里宽的区域，5万人聚集于此。一些人衣不蔽体，另一些人则配备了60多磅的盔甲和武器。首先，将他们编成两支大军，令其挥舞着锋利的铁质兵器冲向对方——他们短兵相接，殊死拼杀，欲置对方于死地。在约1小时之后，结束这一肮脏的勾当：1英里的地方横陈着2000多具尸体，鲜血和内脏撒了一地。最后，将午后的这次屠杀事件完全抹去，假设它从未发生过。

德利姆战役恰恰如此——血腥而又乏味，充其量，它

第三章　德利姆战役的衍生文化（公元前 424 年 11 月）

只是古代重装步兵制造的众多杀戮之一：无数希腊步兵列队杀敌，迫使对方阵营节节败退，他们宣告大捷并返回家园。这类事件大多时空久远，鲜为人知。有时是一些愚蠢的战争，在历史的长河中无足轻重，即便放在古希腊的史话里也不显眼，与今天的美国人更是毫不相干。毕竟，3 亿美国人里只有几千人知道德利姆及其地理位置。

在哥伦布抵达美洲大陆之前，印加帝国或阿兹切克帝国都发生过无数次恐怖的战争。与残酷的历史法则相比，那些将军、士兵和死者显得毫无意义，在几十年之后就消失得无影无踪，因为缺乏希罗多德、贝尔纳·迪亚斯·德尔·卡斯蒂略（Bernal Díaz del Castillo）这样的历史学家记下自己的所见所闻。表面上看，古希腊的步兵战并不比这些战争更值得被人所铭记。古希腊有很多大型的战役，比如曼提尼亚（Mantinea）战役（公元前 418 年）、尼米亚（Nemea）战役（公元前 394 年）或德利姆战役，它们虽然极大地改变了古典城邦的力量均衡，却往往不具有里程碑式的意义，无法与以下历史事件相提并论：萨拉米斯海战（公元前 480 年）将希腊从波斯军队的围攻中拯救出来，并促使埃斯库罗斯（Aeschylus）创作了一部戏剧；西西里（Sicily）战役（公元前 415 年至公元前 413 年）使雅典人惨败、雅典帝国遭到重创，也成为修昔底德论述人类愚蠢的素材；喀罗尼亚（Chaeronea）战役让腓力二世（Philip Ⅱ）大获全胜（公元前 338 年），结束了希腊城邦自由和自治的状态，也宣告了德摩斯梯尼（Demosthenes）政治生涯的

战争的幽灵

终结。

当溃败的雅典人步履蹒跚地返回家园时,邻邦维奥蒂亚(Boeotia)一如从前实行寡头政治,也不受雅典帝国的管制。公元前5世纪后期的其他战役,大多可以用斯巴达黩武精神与雅典自由主义之间的冲突来解释,而这场战役是个例外。伯罗奔尼撒战争没有因为希腊人的溃败而缩短,反而可能由于忒拜人的胜利而延长。深陷南北敌人夹击的雅典人处境每况愈下,但是在德利姆获胜的忒拜人没有大举进攻阿提卡(Attica),进而兵临雅典城。或许,只有雅典人获胜才会产生一些意义。正如希波克拉底(Hippocrates)将军战前对军队的承诺,用战斗击溃维奥蒂亚人,会降低斯巴达获胜的可能性。

古代一些伟大的将军,比如地米斯托克利(Themistocles)、伯里克利、伊巴密浓达(Epaminondas)、亚历山大,都不曾在德利姆战斗过。希波克拉底和帕冈达斯(Pagondas)也鲜为人知,只有修昔底德简要记载过他们某一天指挥战斗的情形。他们在历史上匆匆地消失,正如他们匆匆地出现。即便在死亡人数上,德利姆战役与其他战役相比也不太显眼,比如10年后的西西里战役(公元前415年至公元前413年),希腊人伤亡近4万人。

德利姆既不与大城市毗邻,也不在交通要道上,与许多关键战役的发生地不同,它的地理位置一点儿也不重要,没有任何战略意义。它并非温泉关那样的要塞,不会引发从希波战争到第二次世界大战长达2500多年的激烈争夺。

第三章 德利姆战役的衍生文化（公元前 424 年 11 月）

它也不似阿德里安堡（Adrianople）那般是各种伟大文化的天然集散地：后者位于主要河流的交汇处，自罗马时代以来发生过 15 次重大战役，扼守着通往黑海、南欧和地中海的通道，经常被视为欧洲和亚洲、基督教和伊斯兰教的分界线。德利姆的地貌与北边几英里外的重要战场喀罗尼亚不同：喀罗尼亚是通往维奥蒂亚平原的重要关隘，见证过古典时期、罗马时期和中世纪一些最重大的冲突：几个世纪以来，这片土地上孕育了腓力二世、亚历山大、德摩斯梯尼、苏拉（Sulla）、密特拉达提（Mithradates）等伟人。

这里不存在任何与战争有关的石头纪念物：没有城墙和堡垒，甚至连一个临时瞭望塔都没有；没有大理石狮子用来标记不幸的特斯匹伊人遇难之地；没有石灰岩柱基用来纪念恐慌的雅典人黄昏时的逃亡。这个战场已难以寻觅。大自然可以极大地左右军事力量，却没有在这次战役中扮演重要角色：我们不用畏惧残忍的萨拉米斯海域——它曾吞噬过几千名失事的波斯船员（公元前 480 年）；也不必忌惮斯大林格勒的严寒——它曾使整支军队（1942—1943）陷入瘫痪；更不用担心冲绳（1945）和夏洛（Shiloh, 1862）战场的泥泞。德利姆气候温和，地势平坦。战役的悬念没有因为自然因素而增大，比如人们在温泉关（公元前 480 年）坠海，或在阿尔卑斯山防止汉尼拔的大象跌落山谷（公元前 218 年）。

在那片平淡无奇的平原上，战争虽然只持续了 1 个小时左右，却足以改变古希腊的生活和欧洲文明的特征。它为

战争的幽灵

欧里庇得斯的悲剧创作提供了灵感；使苏格拉底的哲学得以留存并发生了转变；开启了艺术的复兴；几乎导致一个群体灭绝；在雅典催生了一头巨兽；推动了西方步兵战术的革新。即便在近 2500 年后，德利姆战役依然以不为我们所知的方式悄然影响着我们。

公元前 424 年，雅典对邻邦维奥蒂亚（地处古城忒拜周围）孤注一掷地发动进攻。战役在德利姆圣殿附近爆发，对阵双方是雅典军队与忒拜联盟。战场上植被稀少，地面开阔，距阿提卡与维奥蒂亚的模糊边界线不过几千码。古战场可能位于今天风光秀丽的现代小城德利西（Dilesi）：这里靠近埃维亚海（Euboean Sea），起伏的群山上曾经长满了粮食；如今成排的海边度假屋越来越多，成为劳碌的雅典人周末休憩的场所。

维奥蒂亚与雅典在蜿蜒的山地边界问题上一直存在着争议。再加上，由于忒拜过去在希波战争中扮演的角色，双方由来已久的敌对关系愈演愈烈。近 60 年前，忒拜人带领维奥蒂亚联盟会同米堤亚人（Medes）共同对抗他们的希腊同胞。在普拉蒂亚（Plataea）战役（公元前 479 年）中，希腊人在距德利姆几英里处的普拉蒂亚战胜波斯人；而联军方阵左翼的雅典人曾痛击忒拜叛徒，将其与外邦君主一并击退。由于忒拜在希波战争期间失利（公元前 490 年至公元前 479 年），公元前 5 世纪之后的时间里，它不断遭到两个邻邦的袭击和掠夺，许多边界的塔楼和堡垒经常被占领、拆毁和重建。维奥蒂亚和雅典的关系错综复杂，就像

第三章　德利姆战役的衍生文化（公元前424年11月）

19 世纪后半期和 20 世纪初的法国和德国。

在希波战争期间的 30 年里（公元前 479 至公元前 447 年），维奥蒂亚的控制权至少由三次激烈的战役决定，它们分别发生在这片平原的塔纳格拉（Tanagra）（公元前 457 年）、奥诺斐塔（Oenophyta）（公元前 457 年）和克罗尼亚（Coronea）（公元前 447 年）。雅典先是失利，而后取得胜利，最后在短短几个小时里，彻底失去了对邻邦土地未来 10 多年的统治权。不过，雅典帝国主义者不断越过边界，向周边的村落传播激进的民主思想，维奥蒂亚人对此早已习以为常。

据说，公元前 424 年的那场战争绝不仅是为了争夺几亩土地，或征服维奥蒂亚。那是雅典与斯巴达长达 27 年战争的第 7 年，雅典希望尽快解决与忒拜冲突的"北方"战线，从而专心对付南方的外敌伯罗奔尼撒联盟（Peloponnesian）。只有与中立、普遍民主的维奥蒂亚建立联盟，才能阻止斯巴达侵略者进军阿提卡、征服维奥蒂亚。如果雅典人在维奥蒂亚境内打赢一场重大战役，不仅会使越境的掠夺停止，而且可能重新平定的北方邻邦获得宝贵的联盟军队。

一些其他因素令维奥蒂亚与雅典之间的仇恨火上浇油。在德利姆战役爆发 7 年前（公元前 431 年），忒拜人夜间无端袭击了附近受雅典保护的村庄普拉提亚，虽然无功而返，却由此拉开了伯罗奔尼撒战争的序幕。再加上，忒拜及其维奥蒂亚联盟实行共同的温和寡头统治，让雅典的民主人士甚为鄙夷。总的来说，在雅典的戏剧舞台上，维奥蒂亚

176

战争的幽灵

人总是受到嘲笑,在喜剧中是落后的乡巴佬,在悲剧中是精神错乱近亲繁殖的刽子手。的确,维奥蒂亚人在泛希腊地区有"猪"的外号,被看作强壮、愚蠢的乡巴佬。对于雅典人来说,打败这些强壮农民的关键在于,避免在德利姆那种地方发生正面对抗。关于雅典人在德利姆战败的主要原因,历史学家狄奥多罗斯(Diodorus)曾简单地归结为"忒拜人优越的身体力量"。

公元前424年末,雅典人在德利姆附近一个不起眼的山谷,与强大的忒拜人打一场愚蠢的重装步兵战。这究竟是出于什么原因?在伯罗奔尼撒战争中,雅典人的作战思想变化无常。他们为了入侵维奥蒂亚,制定了一个雄心勃勃的作战计划,将海军和步兵联合起来,部署在敌人的前方和后方。这一计划非常不切实际,完全没有考虑古代军队糟糕的后勤、通信和保密工作,注定会以失败告终。其实,他们在安菲波利斯(Amphipolis)战役(公元前422年)和西西里战役(公元前415年至公元前413年)遭受过类似的惨败。雅典将领德摩斯梯尼在战前3个月率军出航,打算通过一次出人意料的两栖登陆,在维奥蒂亚南部乡村掀起一场民主起义。按理说,他们会得到当地支持者的帮助,能够在希波克拉底率领雅典重装步兵北上维奥蒂亚边境的当天,向东移动到德利姆。雅典人的钳形攻势以及周边乡村的公开反抗,会让庞大的维奥蒂亚军队全盘崩溃。至少雅典人这么认为。

只有当强大的维奥蒂亚步兵同时面对两支雅典军队的

·第三章 德利姆战役的衍生文化（公元前424年11月）·

进攻时，雅典才有获胜的机会。然而事与愿违，德摩斯梯尼从海上向西进攻维奥蒂亚城镇西法（Siphae）的时间太早。他的作战计划一旦被维奥蒂亚人所知，雅典陆军从南方牵制维奥蒂亚的行动就毫无价值。狄奥多罗斯说，德摩斯梯尼"没有完成任何任务"就返航了。事实上，正是他的失败导致杂乱的雅典后备军与最精良的希腊步兵决战。

起初，没有任何爆发战争的迹象。当德摩斯梯尼失败的消息传开之时，另一支主要由年长的雅典人和外邦人组成的军队长途跋涉到边境，占领了德利姆的阿波罗神庙。这支"杂牌军"砍掉周围的葡萄园，拆毁附近的大片农舍，致使陆上和水里全是废弃物。雅典人占领和拆毁了德利姆神庙，玷污了神圣的水域和领土，这些行为显然违反了不成文的"希腊法"——即便在战争时期，它们也应起到保护泛希腊神圣场所的效力。然而，随着伯罗奔尼撒战争变得越来越野蛮，许多希腊公约遭到背弃，宗教宽容也不断受到侵蚀。战争结束时，杀害俘虏、屠杀平民、玷污圣地等罪行，双方早已司空见惯。

雅典将领希波克拉底本欲大举入侵维奥蒂亚，却未能如愿，只得大大缩减作战计划。最终，他率军从雅典出发，两天后抵达德利姆，在那里只留了一小部分驻军。希波克拉底率军行进35英里抵达德利姆，军中弥漫着一种狂欢的气氛，这不禁让人想到北方军在第一次牛奔河战役时的场面。雅典的全民武装是一个奇怪、无组织、杂乱的队伍，前线步兵由外邦人、穷人和老年人组成。尽管修昔底德记

战争的幽灵

载,雅典在德利姆只有 7000 名重装步兵,但后来的文献表明,实际人数可能远远超过 20000 人。过去的观点认为,希腊城邦的重装步兵方阵反映了全体公民中独特的农业人口构成,但是这并不适用于雅典。雅典的海军、权力构成、对外贸易和激进的民主制,导致阿提卡当地农民在公民中不占多数,他们更不会被委任保卫城邦的专职。再加上 7 年战争,敌军 5 次入侵阿提卡,以及公元前 431 年至公元前 426 年的大瘟疫(修昔底德说,没有什么比它更能削弱雅典的力量),希波克拉底能够部署第二支部队可谓壮举。

由于无法与正在归航的雅典海军取得联络,希波克拉底不切实际的计划即刻成为泡影,他的部队竟然沦落到在维奥蒂亚乡间进行小范围内的掠夺。他留了一支先遣队在德利姆驻防,却愚蠢地带领大部队返回几千码外的阿提卡。当忒拜主力部队追上他时,一些雅典士兵已安全返回故乡阿提卡并准备解散。根据希腊战事的惯例,危机显然已经结束:战役本不应该在神庙附近的晦暗山谷中打响。

维奥蒂亚联盟当选的 11 位领袖——又称波奥塔克(boeotarch),大多认为没有理由再与雅典交战。这些领袖墨守成规,渴望立刻遣散军队,返回附近的家乡。然而,一位波奥塔克——来自忒拜的帕冈达斯坚决反对。帕冈达斯是伊奥利达(Aeolidas)之子,当时已年逾六旬,极具指挥天赋,曾参加过 23 年前(公元前 447 年)忒拜获胜的克罗尼亚战役。他用强大的个人魅力和雄辩的演讲,力劝其他领袖重新讨论军队行动并追击雅典人。最终,他成功地说服

第三章 德利姆战役的衍生文化（公元前 424 年 11 月）

所有人同意立刻拔营起寨，追击雅典人。

这个独自引发德利姆战役的奇人究竟是谁？我们几乎对他一无所知，只有维奥蒂亚抒情诗人品达（Pinda）（生于公元前 518 年）在一首颂歌中赞美过他的家庭，并称他是个很有教养的年轻人。也许，高贵的出身和 25 年前保卫维奥蒂亚的经历赋予了他强大的影响力，足以唤醒那些本不情愿发动战争的同僚。后面我们会看到，他在德利姆战役中指挥忒拜军队的战术是个里程碑式的突破，然而这个早熟的军事天才却被历史所湮没。无论如何，帕冈达斯的激情和军事智慧有力地证明：历史不仅仅是一些毫无个性的故事，仿佛只有更宏大的经济和社会主流能左右人类的命运。实际上，天赋异禀的个人举足轻重，他们无畏的叛逆行为表明，我们绝非被未知力量摆布的棋子。从某种意义上说，德利姆战役源于一个老人的怒火，又因他的战术头脑而取得胜利。

然而，这种主动进攻的战术异乎寻常，让以防御意识为主的希腊军队不知所措。当面临敌人入侵时，重装步兵可以很好地保护自己的土地；但若是主动发起进攻，他们就会非常逊色。帕冈达斯敏感地意识到，他的军队不再是保卫维奥蒂亚，而是进攻即将到达边界另一边的雅典军队。因此，他在那个即将逝去的秋日下午，极力安定军心。鉴于他们不再处于防守态势，帕冈达斯在演说中切中肯綮地谈到士气问题：

战争的幽灵

维奥蒂亚的将士们！有种观点认为，若我们没有在维奥蒂亚的土地上遭遇雅典人，就不应该与其开战。你们都应该摒弃这种观点。雅典人越过边界，在维奥蒂亚的土地上建造堡垒，这是在践踏我们的领土。他们是我们的敌人。……一般而言，邻国之间的自由至少意味着，能够坚持自己的意愿。然而，这些冒犯我们边界的雅典人妄图奴役所有人，我们怎能不战斗到底？

或许，这是有记录的首次先发制人战术，即不再只攻击直接构成威胁的敌人，而且攻击长期构成威胁的敌人。帕冈达斯奠定了进攻式防御的基本原则，它们已成为西方军事思想传统的一部分：从韦格蒂乌斯（Vegetius）的军事理论到肯尼迪总统敦促封锁古巴的演讲，再到2003年初布什政府打击伊拉克的主张。帕冈达斯进一步指出："那些对自己实力充满自信的城邦习惯于攻击邻邦，就像雅典现在所做的那样，肆无忌惮地向一个沉默克制、只会在领土上防御的对手进攻；但当对手敢于在边界之外作战，甚至看准时机主动出击时，他们便非常被动。"

修昔底德可能从维奥蒂亚参战的士兵那里听过帕冈达斯的部分演说。他敏锐地意识到，让进攻的军队相信自己其实是在防御，这会成为一个优势。他也记录了雅典将领希波克拉底的战前演讲，演讲主旨与帕冈达斯惊人的相似。希波克拉底试图说服雅典人，他们在边界上作战并不是为

第三章 德利姆战役的衍生文化（公元前424年11月）

了吞并维奥蒂亚，而是意在保卫雅典免受对方骑兵常年的入侵。在战斗开始前，双方都声称自己为了保卫家园，不得不拿起武器在边境投入战斗。

帕冈达斯命令联军隐藏在一座小山丘后面，以联盟村落为单位布置兵阵。他率领的忒拜军队光荣地占据着维奥蒂亚联军战线的右翼。经过第二次战前动员，维奥蒂亚人突然蜂拥一般从山坡上出来，打得雅典人措手不及。他们大多毫无警惕，正在聆听希波克拉底的演说。德利姆战场遍布蜿蜒的丘陵，一些山谷和洼地可以很好地隐藏军队。可能正是这个原因，雅典人对敌军的逼近毫无觉察，更无法占据有利的地形。平原两侧是巨大的沟壑，以致双方各自的骑兵和大量侧翼辅助部队都无法会面。

180

雅典人茫然无措，没有多少选择的余地：要么涌上山坡与忒拜人混战，要么撤退，要么原地不动迎接痛击。不过，由于刚刚听过希波克拉底激情的演讲，他们决定发起冲锋。希波克拉底可能认为，封闭的战场会限制敌人出动实力强大的骑兵；而且他可能没有意识到，忒拜军队强大的右翼很快会击溃他脆弱的左翼。修昔底德对实际战争的描述十分简短，只用了不到300字，此外还有约100字引自古罗马历史学家狄奥多罗斯，这是我们现存唯一的外部资料。尽管雅典右翼部队是上坡迎战，但还是很快击败对面的维奥蒂亚联军。面对雅典人向上的攻势，维奥蒂亚军队的左翼力有不及，只得后退。

不幸的特斯匹伊人位于维奥蒂亚联军的左翼，几乎被

战争的幽灵

希波克拉底领导的雅典军队歼灭。这一侧的联军特遣队面对冲锋的雅典人选择撤退,这虽是明智之举,却也稍显怯懦。特斯匹伊人此刻已无力回天,他们将被切断与主力部队的联系,陷入包围并被屠杀殆尽。

然而,混乱拯救了整个维奥蒂亚军队:胜利的雅典人竟然错误地攻击自己人。他们如同"变节"的巨型导弹,转变飞行方向反而会消灭发射人员。前线的雅典人肆意屠戮特斯匹伊人,一时兴起竟然错转方向,与涌来的后方部队互相残杀。在将这些盛怒的长矛手分开之前,肯定已有几十人被自己的兄弟、父亲和朋友刺杀。修昔底德客观地记录了这次不幸的事件,"一些雅典人由于突围而变得混乱,甚至出现误判并互相残杀"。

在现代机械化战争中,由于爆炸物、内燃机和自动武器的使用,这种悲剧事件变得非常普遍。只要一个想法和意图,甚至无须亲自到现场,也不用肉体相搏,就可以在千里之外实施杀戮。扳机轻轻一扣,可以消灭远方几千名未曾照面的敌人。然而在以前,这种"战争的工作"(借用荷马的说法)是件繁重的苦役,几个小时的肉搏战才能消灭几百个敌人。1944 年 7 月,盟军在诺曼底登陆后不久发动"眼镜蛇"行动,美方 B-17 轰炸机误炸己方,瞬间造成 135 名人死亡,500 多人受伤。1863 年,南方军在钱斯勒斯维尔取得胜利后,误将己方人员当作北方兵,开枪造成"石墙"杰克逊重伤。在夏洛战役中(1862),南方军发生过几十起密丛中误伤己方部队的事件。自 15 世纪火药传播

第三章 德利姆战役的衍生文化（公元前 424 年 11 月）

以来，类似的事件屡见不鲜，几个世纪里不知重复上演过多少次，离我们最近的一次是在 2003 年春伊拉克战争期间。但是在前工业文明的古代，人们并非用扳机和按钮来引爆战斗，而是士兵白天手持武器面对面厮杀，为何会发生误伤事件？难道在将长矛捅向对方之前，几步之遥也无法轻易识别出对方是不是敌人？

这还真不好说。雅典人血腥屠戮的原因在于，他们在混战中几乎完全丧失了理智，嗜血的重装步兵不加区别地刺向前面的一切。当战斗在维奥蒂亚边境打响时，已经接近黄昏时分。雅典重装步兵像所有希腊步兵一样，戴着笨重的头盔；有些人还戴着老式的科林斯式青铜头盔，耳朵被完全遮住，只露着一双眼睛。在初秋的德利姆平原上，双方数千名全副武装的士兵展开混战，无异于一群野兽在漫天尘土中四处狂奔。不论是雅典人还是维奥蒂亚人，在首轮冲锋后的几分钟里，几乎什么都看不清。修昔底德指出，大多数雅典重装步兵除了身边的战斗，对其他一无所知。德利姆战役结束几个月后，悲剧家欧里庇得斯借忒修斯（Theseus）之口，对希腊的步兵战感叹道："一个人与敌人面对面地站在，却几乎看不到任何有用的信息。"在德利姆战役中，没有人能看清局面。

战士们也分辨不出声音。战场上各种声音嘈杂地交织在一起：无数木盾与铁矛相撞的声音，金属武器击打青铜甲胄的声音，木矛杆与木盾摩擦的声音，混杂着杀人者的怒吼以及受害者的哀号。在这种情形下，戴着头盔、全副

战争的幽灵

武装的步兵只会更加迷茫。欧里庇得斯写到，战场上"飞沙走石，遮天蔽日"：双方使用重武器交战，大规模的队列碰撞制造了巨大的冲击力，杀戮让人变得疯狂。这一系列因素可以解释，为何围攻维奥蒂亚的雅典军右翼会在即将胜利之时，完全调转方向与后面自己前进的部队厮杀。

特斯匹伊人正深陷绝境，当时维奥蒂亚盟军的左翼和中路就在附近，然而他们却只想从雅典人的围攻中撤退，不过这显然并不容易。他们在雅典人冲锋上坡之前就已混乱不堪：有人想逃跑，有人还想继续战斗。我们基本可以认为，在这场战斗中牺牲的500名维奥蒂亚步兵，几乎全是被围困的特斯匹伊人，或因迷失方向而遭到践踏和蹂躏的邻国士兵。狄奥多罗斯说，雅典军右翼在此"歼灭了大量"敌人。

那么位于千码之外的帕冈达斯及其忒拜军右翼境况如何？修昔底德说，他们"一开始逐渐地"将雅典人的左翼击退到山下，通过有利地形和优势兵力扫清了战场。他们的成功源于忒拜重装步兵强大的武力。当屠杀特斯匹伊人的雅典重装步兵从左翼逼向后方时，帕冈达斯才向这边派遣骑兵后备队，翻山越岭来到胜利的雅典人的后方。

对于即将获胜的明智之人来说，两队骑兵的出现丝毫不会引起他们的警惕，毕竟投入预备队和骑兵是激进之举。历来身着铠甲、手持长矛的战士，总是能够抵挡身骑小马而又无马镫的富裕贵族的进攻。然而，当时即将获胜的雅典人早已疲惫不堪，突然看到有支新军出现在山上，并且

第三章 德利姆战役的衍生文化(公元前424年11月)

随时准备投入战斗,这使骑兵在阵地战中发挥了决定性的作用。雅典人本来在用长矛刺杀忒斯匹伊人,兴奋地认为打赢了战争,但是此时一支敌军仿佛从天而降。他们虽然暂时取胜,却没有任何喘息的机会,很快便溃不成军。

在这个节骨眼上,帕冈达斯率领忒拜右翼看准时机,一举摧毁了面前的雅典防线。整个雅典军队很快就"陷入恐慌":它曾经无往不胜、凶暴蛮横的右翼不复存在,左翼被帕冈达斯部队用无数盾牌冲击得支离破碎,疲惫不堪。雅典士兵开始集体逃窜:纷纷跑向附近的帕尼斯山(Mount Parnes)后方、德利姆坚固的圣殿、雅典安然无恙的船只、阿提卡边界的奥罗普斯(Oropus)树林。一些投机的洛克里安(Locrian)骑兵赶来抢夺战利品,与维奥蒂亚掠夺者一道,展开了一场无休止的杀戮。

约有四五万名战士参加了德利姆战役,成为所谓的阿耳喀达摩斯战争(Archidamian War)(公元前431年至公元前421年)中规模最大的战役,标志着雅典与斯巴达长达27年的伯罗奔尼撒战争前十年战争的开始。德利姆战役是古希腊历史上规模较大的重装步兵战之一,也是有充分史料记载的希腊城邦之间的第一次大型冲突。除了两支军队中的7000名重装步兵之外,雅典方面还有数千名轻装士兵、特别是散兵,可能数量远高于维奥蒂亚方面(一万多人?)。无论如何,我们从古代资料中获悉,约有500名忒拜重装步兵、1000名雅典重步兵以及数量不详但"大量"的雅典轻装部队丧生。

战争的幽灵

维奥蒂亚盟军一直追击战败的雅典人，直到漆黑的夜色和崎岖的地形才结束这场屠杀。按照古希腊的习俗，在重装步兵战斗结束后，胜利者会立即在战场上树起一座战利品丰碑：由战败者遗弃的武器装备，以及从死者身上取下的武器和盔甲堆积而成。然后，在一方承认失败的情况下，双方交换阵亡战士的尸体妥善安葬。最终，胜利者占领战场，战败者撤离，争端才算解决。

位于德利姆的维奥蒂亚人很快意识到，一些惊慌失措的雅典残兵退到了他们在德利姆的驻所。希腊败军不仅占据了维奥蒂亚的地盘，甚至在阿波罗神庙的外围驻扎。面对传统重装步兵战役中的反常现象——战败者不愿承认失败、颓然回国，维奥蒂亚人决定以雅典尸首为"人质"，要挟雅典撤走德利姆神庙的全部驻军。

在暴晒17天后，雅典人的尸体大多已腐烂不堪。有感于德利姆战役，欧里庇得斯创作了悲剧《请愿的妇女》(The Suppliants)，称从忒拜回来的尸体"惨不忍睹"。修昔底德对双方这种亵渎行为深为震撼，以此为例阐述更宏大的历史主题，即战争摧毁传统的习俗，并迅速在希腊城邦形成一种新的野蛮。他动情地描绘了雅典人对维奥蒂亚要求其离开圣殿所作的正式答复：

> 维奥蒂亚以雅典人的尸体为要挟，想要换取他们的圣所。实际上，这比那些不愿用圣所交换尸体的雅典人更为不敬，因为要回尸体是他们的正当权力。他

· 第三章　德利姆战役的衍生文化（公元前 424 年 11 月）·

们［雅典人］向维奥蒂亚人明确表示，维奥蒂亚必须归还将士们的尸体，并且无权要求"他们离开维奥蒂亚的土地"（因为这是他们通过武力获得的地盘，已不再属于维奥蒂亚），而是应"按照祖先的协议停火"。

僵局持续了 17 天，直到维奥蒂亚的大批盟军赶来支援，将困在德利姆的雅典残兵团团包围。盟军制作了一个大型的火焰喷射器，在中空的木制管道里（内部是铁管）塞满硫磺、煤炭和松脂，通过压力将燃烧的混合物喷射到雅典人的防护墙上。雅典守军很快陷入火海，惊慌失措地纷纷上船逃离圣所，但仍有 200 多名雅典士兵葬身火海。

这场意外的战役所引发的恶劣的后续终于结束。

欧里庇得斯与沙场尸骨

德利姆战役过后，维奥蒂亚人没有立即交还数百名雅典人的尸体，这在历史上并不算多大的恶行。因为战场上亵渎敌方尸体的传统由来已久：从温泉关战役（公元前 480 年）薛西斯对斯巴达人毁尸，到冲绳战役日本人和少数美国人对敌军开膛破肚，各种罪行不胜枚举。埃尔南·科尔特斯（Hernán Cortés）率领征服者将无数阿兹特克人（Aztecs）的尸体抛到特斯科科湖（Lake Texcoco）任其腐烂；阿兹特克人也经常以骇人的活祭仪式屠杀卡斯蒂利亚人（Castilians），吃掉部分尸体，再将这些西班牙人的残骸剥

❙ 战争的幽灵

皮。在勒班陀海战前几个月，奥斯曼人围困塞浦路斯（Cyprus），将一些俘虏的威尼斯人剥皮并塞入填充物。几十年来，人们从凡尔登（Verdun）的废墟中挖掘出无数支离破碎的四肢和躯干：第一次世界大战中那些无名的榴弹对死者的亵渎远胜历史上最凶残的刽子手。

按照希腊步兵交战的惯例，维奥蒂亚人在战斗结束后没有立即交还雅典人尸体的行为是一种罪行。雅典人认为，维奥蒂亚人违反了希腊的"礼法"（nomima）：这一不成文"法"确保阵亡者的遗体能在战后回到故里，并得到体面的安葬。对于希腊人归还战士遗体并实行安葬的礼法，欧里庇得斯曾评论："适当的仪式将人类团结在一起。"

此外，还有一些因素激化了雅典人对维奥蒂亚人罪行的愤怒。雅典将士的牺牲之地并非茫茫的海洋或遥远的大陆，而是位于阿提卡边界，距离卫城不足一天的路程。亲人们的尸体在这里受到亵渎，进一步激怒了雅典的民众。更何况，死者不仅遭到凌辱和遗弃，更是被作为人质，要挟雅典撤出德利姆的驻军。

在战役结束一年后的春天（公元前423年或公元前422年），雅典人举办了纪念酒神狄俄尼索斯的庆典。诗人欧里庇得斯借助戏剧的形式，再次呈现了德利姆战役带来的痛苦和屈辱。尽管希腊悲剧与当时政治事件的关联程度一直饱受争议，也存在许多不确定性，但是大多数评论家认为，欧里庇得斯《请愿的妇女》有助于抚慰德利姆战役带给雅典人的创伤。据说欧里庇得斯共创作了90多部戏剧，而

· 第三章 德利姆战役的衍生文化（公元前 424 年 11 月）·

《请愿的妇女》是现存的 19 部之一。要解释该剧的诞生，必须结合数月前德利姆战役的屈辱以及公然"违反全希腊公认之法"的大背景。

公元前 5 世纪初，优秀的古希腊悲剧已成为雅典公共生活的重要组成部分。每年春天为了纪念酒神狄俄尼索斯，该城最杰出的剧作家都会创作戏剧表演，作为酒神节庆祝活动的一部分。戏剧演出逐渐形成了一些规则：每位决赛入围者表演 3 部戏剧和 1 部滑稽"山羊剧"，费用由公共支出承担。决赛评委由 10 名陪审员组成，他们从 3 位剧作家中评选出优胜者并颁奖。戏剧时长 1 个多小时，剧本通常从 1000 行到 1700 行不等，以不同的节奏韵律吟唱，类似于现代歌剧。对白中夹杂着配乐的合唱颂歌不少于 4 种，舞台上同时出现的演员不超过 3 人，且均为男性。在雅典卫城下面的露天剧场里，无台词的演员队列和大型合唱队在精心布置的舞台上表演，经常对观众造成巨大的视觉冲击。

雅典悲剧的主题和范围千篇一律：剧作家通常以观众所熟知的英雄神话为素材，比如特洛伊战争、俄狄浦斯家族、忒修斯、伊阿宋、珀尔修斯或赫拉克勒斯等伟大英雄的悲壮故事。剧本几乎完全忠实于各种广为人知的传说。戏剧家不会大幅改变那些家喻户晓的神话故事情节：伊阿宋和美狄亚永远无法和解，安提戈涅不会被赦免，俄狄浦斯不能幸免于难。剧作家借助剧中的对话、人物和情节，对公元前 5 世纪与雅典观众密切相关的问题和争议发表评论。当然，这些评论都披着神话的外衣。

战争的幽灵

公元前 5 世纪中叶,雅典社会对坚忍的女性人物有了新的认识,这可能促使索福克勒斯(Sophocles)重新改写安提戈涅神话,并塑造一位道德凌驾于周围男性之上的坚强女性。然而,他笔下的男性形象有着逝去的老一代雅典反民主英雄人物的影子,比如毫不妥协的阿贾克斯(Ajax)或菲洛克忒忒斯(Philoctetes)。欧里庇得斯通过再现特洛伊战败后无辜母亲和姐妹的痛苦,哀叹伯罗奔尼撒战争对平民的持续影响。他的《特洛伊妇女》(*Trojan Women*)于公元前 415 年上演,然而就在几个月前,雅典人却对中立的米洛斯人(Melians)进行了屠杀和奴役。

无论如何,公元前 422 年,欧里庇得斯以七位英雄攻击忒拜的神话故事为题材,对一系列事件进行评论,比如最近德利姆战役的灾难、雅典社会的性质以及伯罗奔尼撒战争中雅典人和敌人的显著差异。《请愿的妇女》这个名字源于阿耳戈斯饱受丧子之痛的母亲们的合唱,她们渴望索回儿子们的尸体。欧里庇得斯严厉指责雅典的两个对手:忒拜人是可恶的家伙,他们"生性暴戾,剥夺死者应有的安葬权",而"斯巴达人十分野蛮,表里不一"。

欧里庇得斯的观众对传统神话"七将攻忒拜"的情节了如指掌。声名狼藉的俄狄浦斯自毁双眼后,他的儿子波吕尼克斯(Polyneices)遭到流放。为了从弟弟厄忒俄克勒斯(Eteocles)手中夺回忒拜王国,波吕尼克斯从阿耳戈斯召集了六位将领。他们七人各自带领军队向北行进,在攻击忒拜城时被轻易击败。波吕尼克斯和厄忒俄克勒斯兄弟

· 第三章 德利姆战役的衍生文化（公元前 424 年 11 月）·

阋墙，在战斗中互相残杀而亡；新摄政王克瑞翁（Creon）下令，波吕尼克斯和他从阿耳戈斯招募的士兵由于将战乱引入忒拜，虽然他们已经死亡，但依然应该受到惩罚——尸体不得安葬。

埃斯库罗斯和索福克勒斯出于启迪民众的目的，以各自的方式重写了这个广为人知的神话。索福克勒斯在《安提戈涅》（Antigone）中，转而将安提戈涅作为中心人物，描写她在两个哥哥死后，勇敢安葬兄长波吕尼克斯的行为，以此呈现雅典城邦公民在道德（埋葬死者的古老习俗）和法律（克瑞翁对入侵者进行死后惩罚的法令）之间艰难抉择的困境。埃斯库罗斯的《七将攻忒拜》（Seven against Thebes）要更早一些，强调狂妄、愚蠢和罪行导致的一系列无法避免的事件：进攻忒拜失利是对七个入侵者悲剧性缺陷应有的惩罚，然而胜利者让死者曝尸荒野，这一罪行又会导致死者子女新一轮的复仇。

欧里庇得斯赋予这个古老神话全新的双重主题，即忒拜的反民主性和安葬死者的习俗；尤其是，他借此对近期（公元前 424 年）与维奥蒂亚的灾难性战役适时地做出评论，并使观众相信他们长期以来在道德上优于忒拜人：尽管维奥蒂亚人最近赢得了战争，但他们的道德修养始终比不上雅典人。

在他的剧作中，七将宣称是为了正义而攻击忒拜，这与公元前 424 年雅典的民主人士如出一辙。阿耳戈斯失去孩子的母亲们（构成剧中同名合唱团的"请愿者"）与国王阿

战争的幽灵

德拉斯托斯（Adrastus）一起前往阿提卡，恳求雅典国王忒修斯帮助他们向忒拜人施压，归还他们战士的尸体。忒修斯的母亲埃特拉（Aethra）提醒儿子："那些母亲希望让她们死于战场的儿子入土为安。"经过一番争执后，忒修斯最终在母亲的施压下，同意了阿耳戈斯人的请求。阿耳戈斯的国王阿德拉斯托斯请求忒修斯："可怜我的不幸，可怜这些失去孩子的母亲们，将那些尸体带回家吧。"

在戏剧的前半部分，欧里庇得斯不厌其烦地强调，忒修斯统治下的雅典不同于忒拜，是一个民主社会（"一个以平等表决权为基础的城邦"）。因此，忒修斯在召集军队之前，必须寻求公民大会的批准。忒修斯在与一位忒拜信使的交流中提醒观众，法治和平等是雅典人与生俱来的品质，雅典的正义感应该传播到阿提卡边界地区。因此，为了保证被压迫者也能得到正义，他的城邦必然要干预其他希腊城邦的事务。在这一过程中，雅典将会遭受重重苦难，但也会赢得天大的"福气"。欧里庇得斯向观众宣扬这样一个观点：无论是神话中的过去，还是可怕的现在，雅典人从来都不是贪婪的帝国主义者，他们进入维奥蒂亚是出于仁慈的目的，为了给那些落后、未开化的维奥蒂亚人带来文明的光环，让他们能够更好地治理自己。

忒修斯继续向维奥蒂亚的信使夸耀雅典："这个城邦是自由的，绝非一人专制，而是由所有公民共同治理，长官每年轮流担任职务。最高荣誉绝非富人专属，穷人也有相同的机会。"在观众之中，无疑有许多老兵经历过惨烈的德

第三章 德利姆战役的衍生文化（公元前424年11月）

利姆战役。对他们来说，这是一种不太隐晦的提醒：一年前他们与父亲、兄弟、儿子一起，在德利姆反对维奥蒂亚的寡头政治，努力将民主观念传播给维奥蒂亚的农民。

根据信使最后的长篇说辞（古希腊戏剧中的这些大多数动作在台下进行，由传令兵和信使报告），我们得知忒修斯和他的雅典重装步兵打败了克瑞翁和忒拜人，并夺回了阿耳戈斯阵亡士兵的尸体，全面展示了民主雅典的士气和力量。雅典信使也在战报中讲述了忒修斯如何击溃克瑞翁的军队，仿佛神话中雅典人的胜利发生在德利姆战败之后。欧里庇得斯提醒最近溃败的雅典人，他们神话中的祖先像他们一样，也是为了类似崇高的事业而战斗。

信使进一步说，在这场想象的战斗中，忒修斯及其将士位于光荣的右翼；在德利姆战争中，希波克拉底将军及其兵团同样位于雅典军队的右翼。雅典军队的左翼（德利姆战役也是如此），则完全被国王克瑞翁和忒拜的右翼压制。欧里庇得斯说，这场神话中的战役是"一场势均力敌的战斗"，因为双方的右翼都取得了胜利。正如观众所知，最近在德利姆的战斗也一度如此。

至少在这一点上，戏剧对这场战役的描写需要扭转雅典近期的局面：要让观众记住祖先的胜利，而不是最近耻辱的战败。因此，欧里庇得斯效仿德利姆战役的情形，让位于右翼的忒修斯及其雅典士兵——而非忒拜人，向他们被围困的左翼派出援军，"向他们深陷困境的一翼进发"。于是，国王忒修斯击溃了忒拜军右翼，致使忒拜全军覆灭，

战争的幽灵

最终雅典人将战败者直接赶进忒拜城。与之类似的是，帕冈达斯在德利姆派出援军，令本已获胜的雅典军右翼阵脚大乱，击溃了整个雅典军的士气，迫使他们一路溃败撤退到阿提卡。

在《请愿的妇女》的神话世界中，欧里庇得斯几乎复制了忒拜的战术，只是将忒拜人和雅典人互换了位置。通过这种方式，他为战败的雅典人重塑了一场伟大的胜利！对我们现代人而言，这种歪曲近代史的行为即便没有荒诞不经，也有些异乎寻常。不过我们应该记住，这并非古人独有的做法。苏联播放条顿骑士团战败的影片，提醒人民他们近期战胜纳粹德国的功绩；希特勒曾许诺德国最终会赢得胜利，正如腓特烈大帝（Frederick the Great）面对数量占优的敌人时奇迹般地卷土重来。《请愿的妇女》描绘的是神话悲剧，剧中的雅典人有一个美满的结局，然而现实中德利姆战役的悲剧却并非如此。

《请愿的妇女》以女神雅典娜的预言作为结尾，即七将的后裔（Epigonoi）将回到忒拜为他们战死的父亲们报仇，洗劫这座城市，从而获得不朽的声名。欧里庇得斯的预言非常明确：虽然阿耳戈斯人起初没攻下忒拜，但是他们的儿子成功为他们复仇；同样，由于长辈的尸体遭到忒拜人的虐待，雅典人也会培育下一代人重创忒拜。

《请愿的妇女》既是雅典人的情感宣泄，也是他们重整士气的方式。当时他们正陷于伯罗奔尼撒战争的第 8 个年头（共持续了 27 年），最近更是人心惶惶，因为军队在距离剧

第三章 德利姆战役的衍生文化（公元前424年11月）

场几英里的地方被击溃。不幸的是，与他们神话中的祖先不同，没有雅典军队为被亵渎的死者复仇。

在欧里庇得斯看来，无论是过去还是伯罗奔尼撒战争期间，忒拜人违反希腊礼法和亵渎战士尸体的倾向早有征兆。修昔底德说，长途跋涉到边境的雅典人大多是年长的公民，类似于家庭卫队，没曾料到会遇到精良的忒拜步兵。也许欧里庇得斯让忒拜信使对民主军队做出评论时，脑海中出现过某种悲剧思想："每当战争成为公投的议题时，没有人会把自己的死计算在内，只会把不幸推给别人。如果他们投票时死神就在眼前，那么希腊绝不会因为爱动干戈而自取灭亡。"

与《希波吕托斯》（*Hippolytus*）、《酒神的伴侣》（*Bacchae*）、《美狄亚》（*Medea*）或《特洛伊妇女》相比，《请愿的妇女》并不算欧里庇得斯的悲剧代表作，但是它保存了一些最动人的雅典颂歌，其中不乏对雅典和民主理念的溢美之词。从这个意义上说，《请愿的妇女》仍然是表达西方文化核心价值观的一个源泉。此外，很少有希腊作家如此有力地阐明，中层阶层（主要是出征忒拜的雅典步兵）是一切共识型社会的黏合剂。忒修斯宣称："公民分为三个阶层：富人毫无用处，总是贪图更多的利益；穷人缺乏维生之计，非常危险，容易受到邪恶领袖的蛊惑，嫉妒心太强，妄图欺诈富人。只有中间阶层可以拯救国家，因为他们维护城邦现有的秩序。"神话人物忒修斯（在民主制度建立前几个世纪的戏剧中）大肆夸耀雅典的当代民主制度：

战争的幽灵

"自由是如此简单：如果谁有好的提议并和全民分享，那么他将获得声望，否则就默默无闻。还有什么比这更适合城邦的？"

这种对民主和中间阶层平等文化罕见的赞扬，在很大程度上是因为那场如今被遗忘的战役：11月某天的下午，无数雅典公民在阿提卡边界惨遭杀戮。简单来讲，我们认为欧里庇得斯创作《请愿的妇女》是为了纪念德利姆战役的死者，同时也出于对侵犯文明协议行为的义愤填膺。历史学家艾利安（Aelian）告诉我们，雅典人自诩为伟大希腊文明的监护人，严格遵守一项礼法，即遇到未入土的尸体时要将其安葬；他们似乎对无人料理阵亡者的指控特别敏感。

德利姆战役结束约18年后，雅典人在阿吉纽西（Arginusae）（公元前406年）取得伯罗奔尼撒战争最后也是最大一次海战的胜利。然而，民主制的雅典处决了几位打胜仗的指挥官，因为他们在安置雅典战士遗体方面有失职行为。在阿吉纽西战役打响前夕，一位即将被处决的将军做了一个梦，梦到他和战友在雅典的剧院里观看参赛者表演欧里庇得斯的《请愿的妇女》。这是个明确的警告，预示着第二天早上要发生的事：胜利的指挥官因为没有埋葬死者而受到惩罚。忒修斯对体面安葬死者的道德观和礼法总结说："让死者的躯体为大地所覆盖，让万物回到最初进入光明的地方。人的灵魂会升空，而躯壳则会回到大地。我们并非躯壳的拥有者；我们只是寄居者，滋养我们的大地终将把

· 第三章　德利姆战役的衍生文化（公元前 424 年 11 月）·

它们收回。"

我无意评判《请愿的妇女》在欧里庇得斯创作生涯和欧洲戏剧史上的深远影响，这是文学批评家的领域，不过，德利姆战役的余波绝不只催生了这一部希腊悲剧。德利姆战役是伯罗奔尼撒战争中第一场血腥的重装步兵战役，而且发生在雅典周边地区，导致欧里庇得斯对战争产生了厌恶之情，越来越倾向于用戏剧来批判当时的文化——即便当时雅典处在最黑暗的时刻。在这个意义上，日渐腐烂的尸体并没有被遗忘，而是成为剧作家界定西方某种独特文化传统的催化剂，即作家、艺术家和知识分子可以对生活中的暴行自由发表言论。

特斯匹伊人的悲剧

全民哀悼的并非只有雅典人。在战场另一边，数百名来自特斯匹伊的维奥蒂亚人几乎在这一天被屠杀殆尽。对他们而言，德利姆战役同样恐怖。修昔底德认为，共有 500 名维奥蒂亚重装步兵战死沙场，其中大部分是来自特斯匹伊的自耕农。命运使然，他们被分配到薄弱的维奥蒂亚左翼，去正面对抗训练有素的雅典军队。我们后面将会看到，他们战前被忒拜人部署在那里并非偶然，他们的覆灭也在意料之中。

古希腊重装步兵军团参加的战役往往是重大冲突，双方军队规模大致相当。历史学家希罗多德曾将这场战斗描

193

战争的幽灵

述为"在最美丽、最平坦的平原"上进行的"最荒谬"的战斗。在亚历山大强大的马其顿雇佣军、其继任者以及罗马军团之前的时代,几乎每一场重大战役的交战方都是临时组成的联军。他们由来自众多小城邦的民兵组成,位于战线的不同位置。战线长度通常不超过一两英里,交战双方能够互相看到彼此,有时相距甚至只有几百码。几十个小社群提供的大部分壮丁可能只构成方阵的一角,还要有盟军其他分队加入。即便同质化非常明显的军队中,不同的部落和阶级之间也充满了竞争。为有效地对抗敌人,古代每一支步兵部队都会从军队的最大利益出发,尽力部署各种特定的分队;而且古希腊人有从敌对村庄召集民兵的传统,因此战斗序列具有更大的政治和文化意义。

理论上讲,古希腊军队的右翼是荣耀的位置,在那里驻扎的通常是最精锐的部队,或(军队处于防守时)对战场更熟悉的当地民兵。将更强的部队部署在右翼有多种原因,但首先是出于战术上的考虑,即预防重装步兵往右侧偏移。因为他们左手持盾右手持枪,右侧毫不设防,需借助战友的圆盾加以保护,因此右移不可避免。方阵最右侧的一列由于没有盾牌保护他们薄弱的右侧,会向右侧的骑兵或崎岖的地形寻求保护,从而加剧右移的趋势。士兵们为掩护右侧,如同螃蟹一般向右方偏移,一些军队可能通过精心操练,比如斯巴达人,将重装步兵的这种自然移动演变成从右侧包抄的战术。

因此,不太强大的部队通常被安置在左翼,而最弱的

第三章 德利姆战役的衍生文化（公元前424年11月）

部队则位于战线的中央。这样一来，重装步兵战役就完全演变为一次竞赛，即军队右翼需竭力在劣势的左翼和中线崩溃前取得胜利，比如德利姆战役。当然，最优秀的战士希望被安排在右翼，因为那里可以发起冲锋。但是他们也意识到，他们将会屠杀敌人最薄弱的部队。德利姆战役就是一个典型的例子：维奥蒂亚联盟的精英部队（忒拜人也在右翼）力求在自己的弱侧——特斯匹伊人——溃败前，击败雅典军薄弱的一翼，以阻止敌人穿越战场进入他们后方。

联军的整体利益未必是古代将领首先考虑的因素。毕竟，相比于脆弱的左翼，双方强大的右翼往往更有机会存活下来。联盟内部一直存在着紧张关系——既有种族因素也有政治因素，因为各个城邦会被分配执行不同的任务，而不同的任务则可能意味着生存或者毁灭。古代军队通常在夏季的白天作战，战斗开始前彼此的距离非常近，步兵总是能清楚地看到敌队的排兵布阵。德利姆战役刚开始时，双方的交战虽然有些混乱，但是雅典人能够意识到维奥蒂亚人的弱侧在左翼，因为他们同样把自己薄弱的部队放在左翼。

希腊重装步兵战一旦爆发，就不仅仅是两支军队之间简单、同步的碰撞，而是一系列冲突焦点的组合：由于双方人数的差异、崎岖的地形以及混乱的局面，战场上的冲突经常充满偶然，有时甚至根本不会发生。因此，盟军内部各方的伤亡通常不能按人数的构成比例来计算。毫不夸

▎战争的幽灵

张地说,维奥蒂亚地区特斯匹伊人一个世纪的命运,完全取决于他们成年男性公民在德利姆几个小时的战斗。

维奥蒂亚地区特斯匹伊的遗迹如今已经所剩无几。然而,如果现代游客做一番考察就能理解,为何特斯匹伊会成长为维奥蒂亚第二大也是最重要的城邦,为何更庞大、更强势的邻邦忒拜会对它如芒在背。因为特斯匹伊的乡村土地富饶,周边有无数的小山谷,这里靠近科林斯湾,翻越帕泰拉斯山(Pateras)和西塞隆山(Cithaeron)就能进入阿提卡和伯罗奔尼撒。两个维奥蒂亚城邦之间的对抗,也是近两个世纪以来特斯匹伊人在重装步兵战争中悲惨遭遇的部分原因。难怪公元前424年11月,特斯匹伊人被安排承担艰巨的任务,去对抗希波克拉底指挥的雅典精锐的右翼。

在德利姆战役半个多世纪前的希波战争期间,特斯匹伊军队同样命运多舛。当时一支由700名特斯匹伊人组成的重装步兵与斯巴达国王列奥尼达斯一起向北进发,以阻止波斯人进攻温泉关。当温泉关被攻下时,特斯匹伊人和一些忒拜人坚持与国王列奥尼达斯及其300名斯巴达勇士共进退。我们推测他们可能全部阵亡。在留下来与列奥尼达斯并肩作战的1400名希腊人中,特斯匹伊人的死亡人数占盟军总伤亡人数的50%。鉴于他们只占希腊7000名重装步兵的10%,这个伤亡比例可谓触目惊心。后人只记住了斯巴达300名勇士,但是很少有人记得,同一天阵亡的特斯匹伊战士超过前者的两倍。对我们现代人来说,将孤注一掷的

· 第三章 德利姆战役的衍生文化（公元前424年11月）·

温泉关战役与"700名勇士"联系起来才更为公平。

特斯匹伊人的贡献更大，所占的资源更少，为希腊所做的牺牲比斯巴达更为突出。我们都记得诗人西蒙尼德斯（Simonides）为列奥尼达斯阵亡的斯巴达勇士所写的著名颂歌（"去告诉斯巴达同胞们，我们长眠此处，听从他们的命令"），却很少有人知道诗人菲利亚德斯（Philiades）为特斯匹伊阵亡战士所做的碑文诗（"那些人曾经生活在赫利孔山的峭壁之下，如今广阔的特斯匹伊土地以他们的勇气为荣"）。

斯巴达战败后安然无恙，并没有遭到波斯人的进攻。然而，特斯匹伊却位于侵略者进军必经之路。在温泉关战役中，斯巴达损失了不到4%拥有土地的公民阶层，而特斯匹伊则可能损失了大多数。波斯人攻破温泉关后，乘胜向南进军，在忒拜叛徒的指引下摧毁了特斯匹伊。幸存的特斯匹伊人难以为继，向南逃到伯罗奔尼撒。当特斯匹伊的重装步兵在温泉关北部几个小时内被歼灭后，这个持续数代的重要社群就不复存在了。

温泉关战役过后一年，在普拉提亚发生的重大步兵战（公元前479年）再次呈现了特斯匹伊人一年前迅速站队的苦果，即整个民族在一个下午走向灭亡。希罗多德提到，雅典英雄地米斯托克利让自己孩子的教师西辛努斯（Sicinnus）成为特斯匹伊公民。特斯匹伊人在温泉关损失700名勇士后，如今流散到伯罗奔尼撒。表面上，地米斯托克利希望帮助特斯匹伊人重建家园。然而，流亡的特斯匹伊人派出了剩余的男性——1800名战士，与希腊人在普拉提亚

战争的幽灵

战役并肩作战。

有趣的是,希罗多德评论说,参战的特斯匹伊人并没有身着重装步兵盔甲,这表明他们的重装步兵战士、武器和盔甲早在一年前的温泉关战役中被摧毁。根据粗略统计,在2000—3000名特斯匹伊成年男子中,大约1/3(即700人)有资格成为重装步兵战士,而他们在温泉关战役中全部阵亡。他们在温泉关战役第三天做出决定,自愿与斯巴达人并肩作战,然而这一决定最终导致他们城邦毁灭,大多数拥有财产的成年男子死亡,而幸存的人则被迫暂时流亡到伯罗奔尼撒。

公元前470年至公元前450年20年的时间里,特斯匹伊重建了城墙,公民的数量不断增加,公民地位逐步恢复到温泉关战役之前的水平。然而,直到公元前424年的德利姆战役,我们才再次听闻特斯匹伊军队的消息。修昔底德提到,特斯匹伊人所在的左翼被雅典军队包围,"那些牺牲的特斯匹伊士兵都是死于肉搏战"。

在德利姆战役中,特斯匹伊重装步兵团的侧翼尤其脆弱,因为庞大的忒拜右翼纵深多达25列。越来越多的士兵撤出原来的队列,转而在后方集结,于是整条战线大大缩短,而侧翼也变得薄弱。忒拜将士是否达成这样一个共识:如果德利姆战役中必须出现伤亡,那么这最好由特斯匹伊人来承担?维奥蒂亚军队的左翼由特斯匹伊人以及来自塔纳格拉和奥尔霍迈诺斯(Orchomenos)城镇的士兵组成,他们并非自然意义上的地理集群,在战场上的亲近关系也

第三章 德利姆战役的衍生文化（公元前424年11月）

与此无关。这三座城邦时常公开流露出对忒拜的敌意，有时甚至会对雅典表现出同情，或许这可以解释他们为何会被派遣去对抗敌人的优势部队：他们要么杀死雅典人，要么被杀。不论如何，忒拜都能从中获利。

修昔底德没有为我们提供盟军死亡人数的具体名目——只知道有500名维奥蒂亚士兵阵亡，其中绝大多数必定是特斯匹伊人，也许还有一些人来自塔纳格拉。现代学者通过考察刻在石碑和战场墓碑上关于伤亡情况的碑文和考古史料，推测出在德利姆战役中至少有300名特斯匹伊人阵亡，他们可能源自那天出现的一支六七百人的民兵组织，约占重装步兵军队人数（大约1000个拥有土地的特斯匹伊人）的2/3。

在这场持续一小时的战役中，大约有50%的特斯匹伊人丧生，占特斯匹伊自耕农总数的1/3！维奥蒂亚参战士兵共有7000人左右，而60%的死者或许来自仅占军队人数10%的队伍。在温泉关战役之后大约三代的时间，特斯匹伊的重装备步兵再次遭遇浩劫。德利姆战役仅仅持续了一小时，却对特斯匹伊造成了直接的破坏，让这个城邦遭受政治创伤和精神创伤。

有关特斯匹伊的考古遗迹留存不多，最重要的有两处：一是刻在石碑上很可能来自德利姆战役公众死亡名单的残片；二是为战亡士兵精心设计的公墓遗迹。从城邦中心供奉着的那座骄傲的石狮雕像来看，他们显然十分受人尊敬。我们虽然已经获悉德利姆战役中几十个阵亡者的名字，却

战争的幽灵

找不到任何关于他们的生平信息。萨米宙斯（Samichos）是谁？普雷提米达斯（Polytimidas）务农吗？菲尔特罗斯（Philteros）的死是否让整个家庭陷入贫困？苏特莱斯（Suateles）是诗人吗？达米菲洛斯（Damophilos）是音乐家吗？阿里斯托克拉底（Aristokrates）是建筑师吗？安提根尼达斯（Antigenidas）在被左翼包围并杀害之前——或许被苏格拉底刺死，抑或被亚西比德践踏？安特诺伊达斯（Antanoidas）、安菲克拉特斯（Anphicrates）和尤科里达斯（Euchoridas）是朋友？亲戚？邻居？抑或父子？如果都不是，那后人在整理死亡名单时，为何会将他们列在一起？

修昔底德写到，在战后几个月，也就是公元前423年夏，"忒拜人指控特斯匹伊人认同雅典人，摧毁了他们的城墙。其实他们早就想这么做，但是直到特斯匹伊的精兵在与雅典对战被歼灭后，他们才发现这个绝佳的机会"。在德利姆战役中，特斯匹伊牺牲了自己的男子，比如皮西厄斯（Pythias）、迪阿克里托斯（Diakritos）、查巴斯（Chabas）等被遗忘的勇士，捍卫维奥蒂亚免受雅典侵犯——后来它反而被忒拜的维奥蒂亚人摧毁。9年后，忒拜人帮助镇压了一场特斯匹伊民主派发动的起义。其实，镇压这次起义并不困难，因为德利姆战役产生的灾难后果，使城邦的防御工事拆除殆尽。

据说在德利姆战役30年后，也就是温泉关战役过去90年后，新一代特斯匹伊人第三次重建了步兵团，规模与正常军队无异，即700—1000名重装步兵。特斯匹伊人是否重

· 第三章　德利姆战役的衍生文化（公元前 424 年 11 月）·

建过公元前 423 年被毁的城墙，我们不得而知，但是鉴于他们在德利姆战役中遭受的毁灭性打击，这几乎不可能实现。公元前 394 年，在希腊联军对战斯巴达的尼米亚战役中，悲剧再次发生在特斯匹伊人身上。

尼米亚战役中，全体维奥蒂亚盟军被部署在占据优势的右翼；雅典盟军则位于危险的左翼，要去对战斯巴达的精锐部队。历史学家色诺芬很少提及这场战役的细节，只是说除特斯匹伊人外，维奥蒂亚盟军成功地对抗他们在伯罗奔尼撒战争中的敌人。不幸的是，伯罗奔尼撒勇猛的阿开亚人（Achaians）驻扎在小镇佩里尼（Pellene），位于特斯匹伊人的对面。色诺芬说，当余下的伯罗奔尼撒亚人受到维奥蒂亚士兵追击忙着逃跑时，来自佩里尼和特斯匹伊的重装步兵"继续战斗，在那里纷纷倒下"——这一描写异常生动，叙述简洁明了，表明战争双方在此处战线上展开了全面厮杀。

尼米亚战役后，特斯匹伊重装步兵损失惨重，造成了什么影响？自此至公元前 371 年留克特拉（Leuctra）战役的 23 年时间里，特斯匹伊实力衰微，一直与整个维奥蒂亚尤其是忒拜不和；在某些特定的时间里，特斯匹伊会根据雅典或斯巴达对忒拜的敌意程度，为二者提供军事援助。德利姆战役过后，特斯匹伊长期处于不设防状态，她显然无力自行重建城墙，直到公元前 378 年，才在斯巴达的援助下得以重建。

重装步兵战役的悲剧性后果并非只是大规模的人员伤

战争的幽灵

亡。公元前371年,在留克特拉战役中,特斯匹伊人的重装步兵本该与斯巴达人正面对战,然而伊巴密浓达将其从维奥蒂亚军队中剥离出来。特斯匹伊人认识到,他们的军队在联盟战线的位置和战略部署,一直夹杂着政治意图。特斯匹伊人不被允许参战,也没有防御城墙,只能寄希望于忒拜战败。但是当伊巴密浓达将军出其不意制胜时,忒拜也迅速行动,结束了此前对特斯匹伊的进攻。自留克特拉战役后,特斯匹伊残存的建筑物至少被捣毁过三次,其民众也被驱逐出维奥蒂亚城邦。特斯匹伊经历了数次重装步兵战役,一个多世纪的时间里持续遭到破坏,难怪如今找不到相关遗迹存在。

要理解希腊城邦的历史,离不开激烈的战争史。实际上,整个城邦的命运取决于拥有土地的重装步兵参战时被安排的地点、方式和对手。从某种意义上说,特斯匹伊人的全部历史不过是三四个小时惨烈战斗的故事。温泉关战役几乎摧毁了这个城邦,德利姆战役的失利又给她带来了半个世纪的灾难。特斯匹伊人的牺牲产生了什么后续影响?如今我们只能从破碎的石碑上读到这些死者的名字。根据我们有限的知识,他们过早的毁灭导致他们所珍视的一切随之终结,而命途多舛的特斯匹伊城也最终因此而覆灭。

德利姆战役之貌

如同夏洛战役一般,德利姆战役改变的不仅是整个城

第三章 德利姆战役的衍生文化（公元前 424 年 11 月）

邦的命运或成千上万人的文化生活,也从根本上改变了人们的历史。如今我们很难获得关于古代某个步兵团的足够信息。通常情况下,古典历史学家希罗多德、修昔底德和色诺芬给出的只是若干将军的名字,或者偶尔会称赞一些作战英勇的士兵。希罗多德声称,他记得在马拉松战役中阵亡的 192 名雅典士兵的名字,然而他在史书上并未给出这份名单。维奥蒂亚的公共档案中大幅记载了德利姆战役中的死者,不过这些刻在石头上的伤亡记录除了名字之外,几乎无法提供任何其他信息。

在伯罗奔尼撒战争期间,德利姆战役是唯一一场发生在雅典附近的激战。在众多参战人士中,我们至少知道 5 个雅典名人和一些维奥蒂亚人的信息。如果认真了解一下这些雅典老兵,我们就会发现,他们有些已经四五十岁,甚至 60 岁,都是古希腊的精英人士,社会人际关系纷繁复杂,对战争中某些特定事件负有很大责任。就在那可怕的一天,他们自身的经历改变了成千上万人的命运。

对于 25 万雅典城邦的居民来说,德利姆战役的一大不幸是,在一支雅典骑兵小分队中有一位 26 岁的年轻贵族。更糟糕的是,在他参加的第一场也是最激烈的步兵战役中,他表现得十分出色,远超其他同龄人。战斗结束后,这个名叫亚西比德的人不仅在惨烈的撤退中存活下来,更是作为一名英勇的雅典骑兵闻名于世;当哲学家苏格拉底和一些步兵被敌人追击走投无路时,他勇敢地伸出了援手。德利姆战役使他名声大噪,赢得了许多支持者。这位年轻的

战争的幽灵

煽动者据称是当时雅典最英俊之人,虽然巧舌如簧,衣着奢靡华丽,却跻身未来雅典政治的前沿,给还未降世的无数雅典人带来了不幸。

亚西比德出身于雅典贵族之家,3岁时便成了孤儿。他的父亲克利尼阿斯(Cleinias)在克罗尼亚战役(公元前447年)中阵亡。这场战役与德利姆战役间隔时间不长,大约早了23年,雅典企图借此吞并维奥蒂亚,但以失败告终。亚西比德和弟弟克里尼亚斯(Cleinias)在雅典著名政治家伯里克利及其兄长阿里佛龙(Ariphon)的监护下长大,之后接受中年人苏格拉底的指导。古代流传着许多他年轻时行为不端的故事:他离家出走是为了投靠年长的同性恋人;他与母亲和妹妹有不正当关系(这是不可能的事,并非因为亚西比德做不出这样的恶行,而是因为他应该没有妹妹);他有私生子;他总是无端生事。尽管亚西比德后来承认,他年轻时没有接受导师的道德训诫,但是人们还是将他声名狼藉的生涯归咎于苏格拉底——这后来成为人们审判苏格拉底的一个罪行。

在伯罗奔尼撒战争前夕,亚西比德可能首次服兵役,几年后德利姆战役爆发。当时他18岁,参加雅典军队远征希腊北部城邦波提狄亚(Potidaea)。雅典人野蛮地围攻该港口长达两年之久,引发了大范围的饥荒,受困居民甚至出现人吃人的现象。亚西比德在这次战役中身受重伤,孤立无援,能活下来完全是因为苏格拉底的陪伴。当时苏格拉底一直守在他身边,保护着他和盔甲。柏拉图在《会饮

第三章 德利姆战役的衍生文化（公元前 424 年 11 月）

篇》(*Symposium*) 中提到，亚西比德喝酒之后喧嚣失控，脱口说道，尽管自己在波提狄亚战役中因表现英勇而受到嘉奖，但真正应该得到嘉奖的是苏格拉底。

波提狄亚战役过去 8 年后，亚西比德参加了德利姆战役。当时他是一个骑兵，试图与维奥蒂亚和洛克里安巡逻兵决一死战。年轻的亚西比德英勇的事迹迅速得到宣扬，成为他政治生涯的敲门砖。在此后几个月的战争期间，这位纨绔的贵族子弟坚决主战，激烈地反对传统的保守派领导人尼西阿斯（Nicias）及其同事拉凯斯（Laches）（参加过德利姆战役的老兵），因为二人主张以和平方式化解战争。尽管亚西比德强烈反对，但这两位年长的当权人物很快便与斯巴达停战，并于公元前 421 年签订《尼西阿斯和约》(*Peace of Nicias*)。至此，两败俱伤的伯罗奔尼撒战争似乎终于宣告结束。

然而，公元前 420 年，德利姆战役刚过去 4 年，伯罗奔尼撒战争也才消停一年，亚西比德便开始谋划与民主制城邦阿耳戈斯签订合约。阿耳戈斯是斯巴达在伯罗奔尼撒半岛的首要敌人。亚西比德说服雅典人破坏与斯巴达签订的和平协定：由于刚被任命为将军，颇受雅典民众追捧，他成功阻止了斯巴达参加公元前 420 年的奥林匹克运动会，在整个伯罗奔尼撒掀起了反抗思想。最终，雅典在曼提尼亚战役（前 418 年）激战期间，与伯罗奔尼撒多个城邦结成反斯巴达同盟。然而，这场残酷的战役最终以斯巴达战胜雅典组建的新同盟而告终。

202

战争的幽灵

为了确保伯罗奔尼撒战争能够继续,亚西比德可谓不遗余力。在这一方面,雅典无人能与之相比。他破坏了《尼西阿斯和约》,使斯巴达变得愈来愈强大。更令人震惊的是,他能够鼓动民众反对雅典的保守派。鉴于他的贵族出身、优渥的成长环境以及在服饰、马匹和娱乐方面的高雅品位,亚西比德在某种程度上并非典型的煽动者。

一旦和平永久结束,雅典便重拾在爱琴海全面侵略的传统政策。最臭名昭著的是,公元前416年雅典围攻持中立态度的米洛斯岛。米洛斯陷落后,雅典便奴役其妇女儿童,并将成年男性全部处决。修昔底德《伯罗奔尼撒战争史》第五卷以著名的"米洛斯谈判"结尾,讲述了一个可怕的故事,即傲慢的雅典使节对米洛斯中立的要求置之不理。雅典侵略者以实际行动表明,城邦关系的绝对仲裁者永远是权力,而不是正义;城邦行为的引导者是且只能是自身利益,而绝非道德。请求宽恕或幻想赦免是一种误导,既不符合逻辑,也不了解现实中的人类行为。既然米洛斯处于弱势,而雅典是帝国霸主,那么米洛斯要么投降,要么毁灭。我们不清楚亚西比德在米洛斯人投降后的审判中扮演了什么角色,但是传记作家普鲁塔克(Plutarch)指出,亚西比德在对岛上被俘者的判决中发挥了重要作用。一个流传较广的说法是,他与岛上一名被奴役的女性育有一子。

在米洛斯大屠杀几个月后,雅典派军远征西西里岛。毋庸置疑,亚西比德对这一灾难性行动负有重大责任。修昔底德详细讲述了雅典公民大会的那场大辩论:亚西比德

第三章 德利姆战役的衍生文化（公元前 424 年 11 月）

口才出众，成功说服雅典公民派遣大军远征 800 英里外的西西里，尽管那时未被击败的斯巴达和维奥蒂亚还威胁着雅典腹地。更糟糕的是，在大军出征前夜，全城的赫尔墨斯像遭到了毁坏（雅典神庙和私人住宅门前，安放着象征男性生殖崇拜的赫尔墨斯像）。一时间谣言四起：出征前神像的面部遭到毁坏，绝不是个好兆头；更偏激的说法是，这种激进的行为意在阴谋颠覆民主政府。此外，这种亵渎行为引发了一些流言：神圣的厄琉息斯（Eleusinian）神秘仪式被私人住宅中的戏仿仪式玷污——这无异于美国知名政客嘲讽《最后的晚餐》，或身着异性服饰滑稽地表演耶稣被钉十字架的场景。不论这起亵渎案件出于何种目的，亚西比德都是头号嫌疑犯。尽管正式审查时，亚西比德已随船队远征西西里多日，但是他的政敌很快便计划将其召回，企图以亵渎神像罪审判他，并将其处死。

　　喜剧诗人阿里斯托芬（Aristophane）在评价亚西比德时说："在城邦里豢养一头狮子可不是个明智的做法。一旦有人这样做，最好要时刻留意狮子的情绪。"然而，雅典选民在这两个方面都是惨败。雅典人正式任命亚西比德、尼西阿斯和拉马库斯（Lamachus）为统帅，希望他独特的才智能完成远征西西里的伟大行动；然而如今却又下令将其召回，当时他们正在进攻支持斯巴达的西西里的首府锡拉库扎（Syracuse）那样。雅典人将狮子释放留给敌人，却在它接近猎物时，突然改变主意想把它关回笼子。当政府官员抵达西西里准备以亵渎神明罪逮捕亚西比德时，他逃到了

战争的幽灵

意大利,不久便前往伯罗奔尼撒。他向斯巴达指挥官提供了雅典的全部作战情报,并就如何打败雅典城邦积极献言建策。在之后的两年里,最初远征西西里的雅典大军和后来同等规模的增援军队全都被歼灭,近 4 万雅典军队和盟军永远无法回到家园。经此一战,雅典的水军和船只所剩无几。

公元前 413 年,雅典的西西里远征军全军覆没。亚西比德颇有先见性地向斯巴达提议,立即援助西西里岛,而这正是导致雅典军灾难性后果的主要原因。修昔底德以极具戏剧性的文字,描绘了雅典军围攻失败的情形:斯巴达舰队在统帅吉利普斯(Gylippus)的领导下,及时赶到锡拉库扎的大港口,将西西里的首都从围攻者的手中解救出来。亚西比德对自己城邦的复仇远不止于此。他在斯巴达逗留的两年时间里(公元前 415 年至公元前 413 年),不仅建议斯巴达反攻西西里,更是帮助他们设计了位于德西里亚(Decelea)的永久性驻所和碉堡。这个前哨建在阿提卡地区,距离雅典城墙不到 15 英里!

雅典军队在西西里流血牺牲,大部分舰队和最后的预备军惨遭灭顶之灾;然而此时,斯巴达的驻军却对雅典乡村地区发动系统性攻击,而且几乎没有遭遇任何抵抗:他们肆无忌惮地驱赶牲畜和奴隶,攻击农场,将许多雅典人围困在城内。亚西比德仍不满足,一直渴望在动荡的斯巴达政治高层巩固自己的地位。后来,他前往小亚细亚西部,凭借斯巴达的政治支持和波斯的资金援助,煽动雅典海上

第三章 德利姆战役的衍生文化（公元前424年11月）

帝国控制的爱琴海东部城邦起义。

亚西比德就像变色龙一般，最初将自己塑造成一个冷酷沉闷的斯巴达人：丢掉了华丽的服饰，解开了盘着的头发，也不再夸夸其谈；如今他在主管小亚细亚事务的波斯总督提萨费尼斯（Tissaphernes）府上，毫不费力地扮演成一个养尊处优、没落的东方贵族。正如此前斯巴达人欢迎这个雅典人在拉科尼亚（Laconia）开启残酷的军旅生活，如今提萨费尼斯也对这位新晋的波斯贵族不吝赞美之词。普鲁塔克对亚西比德多变的形象评论道：

> 在斯巴达，他接受体能训练，生活简单，性格沉闷；在爱奥尼亚（Ionia），他生活奢靡，纵情享乐；在色雷斯（Thrace），他成了个大酒鬼；在塞萨利（Thessaly），他沉迷于马；在波斯总督提萨费尼斯的府上，他讲究排场，挥霍无度，甚至超过了波斯人。

然而，亚西比德从雅典的死刑审判中脱身不过3年，差点又惨遭处死。他的新恩主指控他引诱并致使斯巴达国王的妻子怀孕，这让他的生命岌岌可危。即使面对雅典和斯巴达的双重死刑审判，亚西比德仍能在之后的两年时间里（公元前413年至公元前411）继续图谋与波斯总督提萨费尼斯共创宏伟大业。亚西比德向波斯王朝提议，挑拨斯巴达与雅典之间的关系，为双方提供资金援助，从而维持二者的僵持状态，以确保伯罗奔尼撒战争继续进行。实际

战争的幽灵

上,长达30年的战争只会助长波斯妄图摧毁希腊的更大野心。

最终,波斯人也厌倦了亚西比德的阴谋诡计。此时亚西比德唯一的出路便是重回雅典。公元前411年,雅典政局动荡,这让亚西比德看到了希望。雅典右翼分子发动政变,在几个月的时间里建立起寡头政体,以此结束政治内讧,避免战争局势进一步恶化,或许还能与斯巴达建立友好关系。尽管这些右翼分子素来与他政见不合,但是亚西比德为了回归雅典,还是想出了一个一箭三雕的好计策。

首先,对于波斯人,他宣扬支持雅典的明智之处:只有通过这种方式,才能遏制斯巴达日益强大的军事力量。友好的雅典海军将从小亚细亚西海岸撤离;雅典和斯巴达会相互制衡、彼此消耗,而波斯还做不到这一点。其次,对于立足未稳的雅典寡头,亚西比德提醒他们,如果有合适的中间人进行游说,波斯很可能会支持他们举步维艰的政府;此外他还暗中支持寡头政府镇压暴徒的行动;毕竟雅典公民大会反复无常,4年前还宣判过他的死刑。最后,对于反民主势力,他愿意奉献自己卓越的军事领导才能,再次组建并率领舰队对抗斯巴达。他一直与雅典保持着距离,时刻留意波斯、斯巴达、雅典寡头以及民主派之间权力的涨落起伏;当他与附近驻萨摩斯岛(Samos)的雅典水军密谋时,极力避免流露出对任何一方的支持。

尽管亚西比德的策略完全基于狭隘的个人利益,却十分奏效。寡头政治在几个月内分崩离析,亚西比德被召回,

第三章 德利姆战役的衍生文化（公元前424年11月）

但是他仍不敢回到雅典。他再次成为坚定的民主人士，率领雅典舰队在达达尼尔海峡持续鏖战并大获全胜。这场海战意义重大，使雅典暂时恢复了海上霸主的地位，而斯巴达舰队则几乎全军覆没。公元前407年，在民众的普遍赞誉声中，亚西比德最终回到比雷埃夫斯（Piraeus），此前被没收的财产也得以归还。脱胎换骨后的亚西比德是城邦内部反对派的敌人，也是斯巴达人深恶痛绝的仇敌，更是对抗波斯、捍卫希腊自由的卫士，他踌躇满志地集结民主力量再次发动战争。当时他只有43岁，却已经处在雅典政治的顶峰，而这一切都要归功于17年前他在德利姆战役中锋芒初露。

但是鉴于雅典公民大会一向反复无常，亚西比德也是极其善变，加之多年来在雅典树敌颇多，他的再度崛起不过是暴风雨来临前的平静。自公元前406年雅典海军在诺丁姆（Notium）战役战败后，亚西比德逐渐失去对海军的控制，指挥权也最终被收回。亚西比德觉得，他肯定会像过去一样被起诉，之后就会面临着死刑判决，于是便逃到他在色雷斯的一个庄园，那是个安全的藏身之处。他在穷困潦倒之际，依然谋划怎么再次回到雅典，并与当地的波斯总督法那巴佐斯（Pharnabazus）达成密谋。然而，公元前404年雅典战败后，亚西比德已经打完了他最后的底牌。

公元前404年4月，雅典的右翼团体推翻了民主政体，再次执政的他们变得更加暴力。很快其领导人便公开表示，他们绝不允许常年煽动雅典民众的亚西比德回归，并鼓动

战争的幽灵

判处他死刑。国外也有人与他们反应一致。海军统帅莱山德（Lysander）——斯巴达胜利的缔造者、雅典革命派的庇护人，如今终于有机会发泄斯巴达对叛徒亚西比德的不满与愤恨。与此同时，阿契美尼德（Achaemenid）王朝王位的更迭威胁着波斯帝国，总督法那巴佐斯和提萨费尼斯密切关注着阿尔塔薛西斯（Artaxerxes）及其兄弟小居鲁士（Cyrus）之间愈演愈烈的王位之争。如今亚西比德置身于波斯领土，对于这位外来者和老牌阴谋家来说，政治处境愈来愈危险。面对这些敌人的迫害，亚西比德最终在佛里儿亚（Phrygia）被逮捕并处死，年仅45岁。他的政治野心连同他既想扩张又想摧毁的雅典帝国一起破灭了。

尽管亚西比德军事才能出众，政治手腕过硬，对待敌人背信弃义，但是他的从政经历对雅典来说却是一场巨大的灾难。他无情地嘲弄雅典公民大会，自私自利地在盟友和敌人之间反复变节，极其漠视雅典的宗教象征和传统价值观。不过，亚西比德留给世人的远不止这些。对于雅典帝国的衰落，乃至整个希腊的根本性破坏，他都负有不可推卸的责任。他在伯罗奔尼撒的阴谋虽然失败，却在很大程度上破坏了《尼西阿斯和约》，导致已然消退的杀伐之潮和短暂的和平演变成更加血性的希腊战争，持续时间超过了15年。在这场愈发野蛮的冲突中，一向崇尚民主的雅典人滥杀无辜，这在寡头统治时期都不曾发生过，而亚西比德似乎就是这种铁腕政策的支持者，并且参与了对米洛斯岛人的屠杀。他是西西里远征行动的谋划者，这个征服希腊

第三章 德利姆战役的衍生文化（公元前 424 年 11 月）

最大民主城邦——锡拉库扎的计划虽然草率，但是如果策动者没有叛变，没有怂恿斯巴达入侵，还是有可能成功的。对亚西比德一再容忍的代价便是，雅典海军的全军覆没、帝国盟友的反叛以及一代雅典人的覆灭。

斯巴达建立舰队能获得波斯资金的大力支援，部分原因在于公元前 415 年至公元前 411 年亚西比德的共谋。公元前 5 世纪末，古希腊背弃了自己的承诺，这并非只是亚西比德的影响，但从未有希腊人像他这般竭力杀戮其他希腊人，为了战争而发动战争，丝毫不顾道德信仰、思想观念和民族概念。不论是在雅典还是斯巴达，一些著名的战争支持者要么是激进民主理念的信奉者，要么是狭隘寡头政治的拥护者，或者至少是民族主义者，比如伯里克利、克里昂（Cleon）、布拉西达斯（Brasidas）、莱山德。然而，亚西比德除了自己，什么都不相信。

如果亚西比德在德利姆战役中阵亡，那么《尼西阿斯和约》可能会一直持续下去，或者至少雅典不会采取激怒斯巴达的灾难性政策，而是会向国外派遣足够数量的军队来支持他们的外交冒险政策。如此一来，伯罗奔尼撒战争最后 20 年所造成的破坏或许就可以避免。即便有其他煽动者破坏休战协定，战争再次爆发，雅典或许不会远征西西里。根据修昔底德的说法，在远征西西里问题的辩论中，亚西比德凭借出色的口才，几乎以一己之力，让反复无常的公民大会拒绝了尼西阿斯留守家园的谨慎建议。因此，如果亚西比德死于 25 岁而非 45 岁，那么成千上万的西西里

战争的幽灵

人、米洛斯人以及雅典人可能会活着。

德利姆战役是雅典历史上的一次灾难,然而不幸的是,亚西比德不仅幸存了下来,而且正是那一天的特殊境遇让他迅速崛起。他之所以能够取得成功,并非只是由于在撤退时表现英勇,更是战役本身的特殊性决定的。在当时的社会,传统和家庭意味着一切。一个父母双亡年仅26岁的骑兵与有杀父之仇的敌军厮杀,而且就在父亲被害的维奥蒂亚土地上,此情此景怎能不激发同胞的共鸣?更重要的是,亚西比德并非孤身奋战,而是和整个雅典社会的精英一起。与亚西比德不同的是,他们中的许多人要么战死,要么做了逃兵。在苏格拉底及其友人看来,亚西比德在德利姆战役中表现英勇,可是后来的事实证明,这对雅典来说是一颗定时炸弹。

雅典军队由右翼另一位贵族青年希波克拉底领导。希波克拉底是阿里佛龙的儿子,刚刚30岁出头,在两年前达到了选任军事领导班子的年龄规定。修昔底德曾记载过他在战前的演说,不过紧接着他就被帕冈达斯及其忒拜军队打了个措手不及。

如果成功了,那么伯罗奔尼撒人便再也不会借维奥蒂亚骑兵之势入侵你们的国土。经此一役,你们不仅能占领这片土地,也将捍卫你们的自由。向敌人发起进攻吧,让你们的城邦以你们为荣——那里是你们每个人热爱的故乡,是希腊最伟大的地方;向敌人发

· 第三章　德利姆战役的衍生文化（公元前424年11月）·

起进攻吧，不要辜负你们父辈的期望——他们曾在米隆尼德斯（Myronides）的领导下，在奥诺斐塔战役中击败过这些人，从而一跃成为维奥蒂亚的领主。

如果这个演说的确是希波克拉底所为，而非历史学家的杜撰，那么这足以表明他具有出众的才华以及率领雅典杂牌军对抗希腊精锐步兵团的决心。根据我们对希波克拉底极为有限的了解，他是雅典侵略战争的狂热支持者，是入侵维奥蒂亚方案的策划人之一，也是伟大的雅典帝国缔造者伯里克利的侄子。伯里克利曾率领雅典参与伯罗奔尼撒战争，但在战争第二年就死于瘟疫。

在大多数希腊战役中，将领们往往位于军队右翼，处在战场的前线，领导士兵们冲锋陷阵，最后战败而亡。通常来说，他们在战争中的死亡会加速所在军队的溃散。比如在德利姆战役中，雅典军右翼的溃败对战争进程产生了不可逆转的影响。希波克拉底究竟是死于精锐的右翼溃败之前还是之后，我们不得而知。不过，帕萨尼亚斯（Pausanias）在《希腊志略》（Description of Greece）中记载，希波克拉底很早便在战斗中牺牲。如果他没死，或许能联合已经取得胜利的重兵部队，那么雅典人很可能会大获全胜，之后迫使维奥蒂亚退出战争，甚至吞并维奥蒂亚的部分领土，并且很可能会导致斯巴达在公元前424年底与之谈判。

从各个方面来看，尽管希波克拉底年纪尚轻，但对于身处前线、决心作战的雅典人来说，绝对是个能力出众且

209

战争的幽灵

精力充沛的领导者。在战争早些时候,他曾提议给予维奥蒂亚小城普拉蒂亚的幸存者公民身份,那里曾长期遭受忒拜寡头及其斯巴达支持者的统治。德利姆战役爆发前几周,希波克拉底企图在迈加拉(Megara)附近制造叛乱,从而吞并这个科林斯地峡附近的重要城市。此外,德利姆战役是更具有战略意义的战区战役的一部分,而该战役失败的主要原因在于同僚将领德摩斯梯尼指挥不力。希波克拉底担任将领期间,坚决支持他叔叔伯里克利激进的帝国式民主传统,提倡持续侵略斯巴达的政策,对于征服或压制邻邦维奥蒂亚抱有浓厚的兴趣。

更有趣的是,希波克拉底是阿里佛龙的儿子,也就是伯里克利的侄子,也是被收养的亚西比德的继兄(后者比他小6岁)。希波克拉底曾收留过3个孤儿,后来在德利姆战役中牺牲,此外我们对他的个人生活知之甚少。他在短暂的职业生涯中,大胆地做出了入侵维奥蒂亚的决定,他的继弟亚西比德在其中发挥了重要作用,而且他无疑进入了雅典的精英群体,守卫着军队的右翼。希波克拉底的死亡,加之他的继弟亚西比德表现英勇,极大地提高了亚西比德的地位,但也使激进民主领导层中少了一位才干出众的对手。对希波克拉底和亚西比德来说,德利姆战役彻底改变了二者的政治生涯:一人英年早逝,另一人却在失败中发迹。如果两人命运互换,那么雅典的前景将会一片光明。

其他参加德利姆战役的雅典要人,也通过各自的朋友

第三章 德利姆战役的衍生文化（公元前424年11月）

与亚西比德联系在一起。在战争结束近半个世纪后，苏格拉底最著名的学生柏拉图创作《拉凯斯篇》(Laches)，主要讨论的主题是勇敢。该篇围绕着雅典人苏格拉底、拉凯斯和尼西阿斯之间的对话展开。据称，他们的对话发生在公元前420年左右，也就是雅典战败四年之后，3人以各种有趣的方式讨论战争这一话题。拉凯斯是一位卓越的民主政治家和将领，在伯罗奔尼撒战争的前10年，常常被视为大多数雅典战役和政治倡议的领袖。在《拉凯斯篇》中，对话之人刚刚目睹了穿着盔甲的年轻将士们的训练。那么问题来了，年轻的雅典步兵需要接受的最好教育是什么？他们应该学习专业的军事动作和技能，还是仅仅凭借传统的勇气杀敌制胜？

保守派将领尼西阿斯曾在与亚西比德的辩论中落败，最终未能阻止雅典远征西西里的行动。他主张进行专业化的训练，而这似乎勾起了他关于德利姆战役的回忆：

> ［训练士兵操持武器］最大的优势体现在，方阵队伍被攻破需要各自为战之时：要么是追击负隅顽抗的敌人，要么是在后撤中抵御进攻者。掌握此项技能的人，既不会受困于单兵作战，也不会受困于大量敌军围攻；他在任何场合都能占上风。

德利姆战役过去40多年后，柏拉图在此显然将苏格拉底摆脱维奥蒂亚人追捕时的技巧作为依据，表明与他同龄

战争的幽灵

的年轻人必须通过专业训练学会使用武器。只有这样,公元前4世纪的雅典步兵才能避免重蹈上一代人的覆辙。哲学家以德利姆战役为例,阐述应该重视教育和训练的思想:教育和训练与人的先天禀赋并不冲突,如果练习得当,反而能进一步改善和提升人的本性。在以拉凯斯命名的对话篇中,拉凯斯反而成了苏格拉底的陪衬。他坦承说,这位中年哲学家"曾与我一道从德利姆撤退。我敢向你保证,如果其他雅典人愿意像他一样行动,那么我们的城邦便会保持荣耀,不至于遭此劫难"。拉凯斯在随后的对话中反复强调,战败后他一直和苏格拉底在一起,面对接踵而至的灾难,苏格拉底始终保持坚定的信念。

德利姆战役发生时,柏拉图只有5岁。不过在他成长的过程中,他肯定听过许多广为流传的故事,知道雅典人蒙受的耻辱和苏格拉底非凡的勇气。于是,这场战役再次借助古希腊文献而流传后世。在此我们需要对拉凯斯的政治生涯做一些说明:尽管他促成了公元前421年与斯巴达签订和平协议,但是也在公元前418年率领雅典军团参加了曼提尼亚战役。这场战役之所以爆发,是因为亚西比德组建了反斯巴达联盟。亚西比德虽然点燃了战争的导火索,却并未在实际战斗中露面。不过,拉凯斯参加了这场战役。德利姆战役过去6年后,拉凯斯的表现似乎依然不够勇敢。在曼提尼亚战役中,拉凯斯是雅典军队的统帅之一,却在遭到斯巴达士兵追击时,加入了惊慌逃亡的队伍。然而这一次与德利姆战役不同,他的身边没有苏格拉底,他连同约

第三章　德利姆战役的衍生文化（公元前424年11月）

200名雅典重装步兵死于战场。数十年后，柏拉图在撰写《拉凯斯篇》时必然会想起这两场战役：在德利姆战役中，惊慌失措的拉凯斯因勇敢的苏格拉底在身边而得救；在曼提尼亚战役中，再次惊慌失措的他丢掉了性命。

德利姆战役爆发时，柏拉图还只是个孩子，为何会对这场战役表现出如此浓厚的兴趣？除了伟岸的人物苏格拉底外，我们还了解到，柏拉图的继父皮里兰佩（Pyrilampes）也应征入伍保卫家园，在逃跑过程中受伤被俘，后来从维奥蒂亚人那里被赎回。德利姆战役之时，皮里兰佩大约56岁。他的年龄再次提醒我们，希波克拉底率领的家园保卫队都来自雅典的后备军，那些重装士兵都已壮年不再。皮里兰佩是雅典声名狼藉的官员，因在出使波斯时挥霍无度而名誉扫地，后又因归国时购买了珍贵的孔雀而遭人耻笑，尽管之后几年里他经常公开炫耀这一行为。柏拉图第一次见到苏格拉底是在德利姆战役过去15年后（约在公元前410年，那时他20岁左右），不过他此前早已从继父那里听过这场战役：皮里兰佩仓皇逃窜、被俘虏继而被赎回的经历，与苏格拉底的成功撤退形成了鲜明的对比。实际上，继父与导师在德利姆战役中的表现天壤之别，而这困扰了柏拉图一生。

例如，在《理想国》构建的乌托邦中，人到中年的柏拉图在兵役问题上提出了一系列看法，并就如何提高士兵的士气为城邦建言献策。父亲（他是否想到继父皮里兰佩？）需要带着儿子到战场上观看战斗，并确保"年长的向

▍战争的幽灵

导"可以在"必要时"引导他们安全撤退。但是那些被俘虏的士兵(像他继父那样?)不应被赎回,而是任由敌人处置:"任何人如果擅离职守,丢掉了武器,或犯下任何类似罪行,都应被降级为农民或是工匠。"

接着柏拉图清楚地交代了俘虏的命运:"难道我们不应该将被敌人俘虏的士兵交出去,让捕获者自由处置他们捕获的'猎物'?"苏格拉底这样的战士英勇无畏,应当得到军事嘉奖,被所有人视为英雄,甚至在公开场合被广大祝福者亲吻。如果柏拉图设想的方案付诸实践,那么他的继父可能会在维奥蒂亚的监狱中受尽折磨,或者在战后被立即处决。

德利姆战役以最显著的方式影响了一小部分人:亚西比德勇气倍增,希波克拉底战死沙场,拉凯斯和皮里兰佩处境尴尬。不可思议的是,这4个人竟然通过苏格拉底和伯里克利互相联系在一起。或许,我们从中可以窥见朋友和同僚之间的亲密关系。他们大多十分年轻或正值中年,在雅典军队右翼并肩行军或骑行,几乎从未想过会在没有任何支援的情况下,与希腊最精锐的步兵团开战。尽管后来这些雅典精英的职业生涯影响了希腊的历史进程,但是有一个人在德利姆战役的经历,将他们所有人联系在一起,并且改变了人类的历史。

213 苏格拉底之死?

古希腊思想家认为,行动和思想并不冲突,甚至连服

第三章 德利姆战役的衍生文化（公元前 424 年 11 月）

兵役和哲学如此两极化的事物之间也没有冲突。柏拉图感叹道，战争"总是天然地存在于希腊的每一个城邦之间"。古典时期的哲学家很少会提倡反战思想，或出于良心反对服兵役。如果不考虑战争中杀戮行为所引发的道德问题，那么衡量"正义战争"的标准只有两个：战争需要遵循希腊处置俘虏、信使和平民的礼法；战争应该符合城邦的真正利益。

在知识分子阶层中，谴责战争本身的观点并不普遍，也没有多少说服力。他们反而更可能会手持长矛和盾牌参战，而非置身书斋谴责人类的愚蠢行径。许多希腊作家、思想家和政治家都有过入伍参战的经历。在爱琴海萨索斯岛（Thasos）发生的战役中，抒情诗人阿尔基洛科斯（Archilochus）被杀身亡；曾加入过方阵纵队或在三列桨战船上战斗过的包括：诗人提尔泰奥斯（Tyrtaeus）、阿尔凯奥斯（Alcaeus）、卡利努斯（Callinus），剧作家埃斯库罗斯和索福克勒斯，民主领袖伯里克利，历史学家修昔底德，以及演说家德摩斯梯尼。

在科林斯战争（Corinthian War）中，柏拉图可能是一名重装步兵。当伯里克利率领舰队围攻萨摩斯时（公元前440 年），巴门尼德（Parmenide）的学生——萨摩斯哲学家麦里梭（Melissus）指挥舰船与之交战。索福克勒斯作为雅典推选出来的最高指挥官之一，也参与了征服萨摩斯岛的海战。在罗马军队猛攻锡拉库扎的战役中，哲学家和数学家阿基米德（Archimedes）被杀，即便在生命的最后时刻，

战争的幽灵

他还在研究对抗入侵者的新型武器。

同样,西方道德哲学之父苏格拉底经历过波提狄亚战役的洗礼,后来积极投身于德利姆战役。然而,无论是修昔底德还是狄奥多罗斯,在叙述这场战役时都没有提到过他。也许他们并不知道苏格拉底参战,也许他们认为他的战斗经历太过平凡,根本不值一提,毕竟当时只有战争双方推选出来的将领才会被明确提及。实际上,我们对苏格拉底磨难经历的了解主要来自柏拉图以及柏拉图传统的继承者,比如后来涌现出来的传记家、散文家普鲁塔克等。从这些记载中我们得知,苏格拉底作战骁勇,在惨烈的混战中与敌人展开肉搏,甚至险些丧命。不过,真正让他获得声名的是他在撤退时顽强抵抗,没有像雅典军队大部分人那样惊慌失措。

随着忒拜增援骑兵的出现,恐慌在雅典军右翼迅速蔓延,加之帕冈达斯率领的纵队不断重创雅典军左翼,致使大部分雅典士兵仓皇四散。他们主要逃向四个方向:附近的帕尼斯山,德利姆坚固的宗教圣所,海滩和雅典三列桨战船上的庇护所,以及位于阿提卡边境的奥罗普斯树林。

在战场上,身着轻装甲的维奥蒂亚人超过10000人,此外还有1000名骑兵和500名轻装散兵。后来洛克里安部队前来增援,再加上刚打完胜仗的重装步兵,追击敌军的队伍多达20000人,而且其中大多是骑兵或行动迅捷的轻装雇佣军。于是,傍晚的追击战变成了一场大屠杀。溃败的雅典军没有足够的骑兵或雇佣散兵的支援,与敌人兵力相差

第三章 德利姆战役的衍生文化（公元前 424 年 11 月）

悬殊。他们纷纷丢掉沉重的盔甲，行动极为缓慢，局面一片混乱，而且很多人在渐浓的暮色中迷失了方向。这场噩梦在雅典的人心中始终挥之不去。

苏格拉底没有逃往德利姆和帕尼斯高地，而是明智地选择了一条安全的路线，即穿过奥罗普斯森林密布的边境。后来，他曾感谢"神"指引他摆脱危险。雅典"家园保卫战"的灾难很快再次被赋予神话色彩，在雅典民众之中口口相传：雅典统帅、伯里克利的侄子、亚西比德的继兄希波克拉底被杀；亚西比德撤退时的英勇表现成为他辉煌政治生涯的敲门砖；拉凯斯在德利姆战役撤退时缺乏勇气，也为他在接下来的曼提尼亚战争（公元前 418 年）中身亡埋下了种子；柏拉图还是个孩子的时候，他的继父、堂叔皮里兰佩就被捕了。

柏拉图在后期的三篇对话录中——《拉凯斯篇》《会饮篇》和《申辩篇》（Apology），明确提到苏格拉底撤退时表现十分英勇，在拉凯斯和亚西比德的陪同下，有序地回撤到奥罗普斯边境。在《拉凯斯篇》中，苏格拉底被要求讲授当战场上孤立无援时，应该采取何种进攻和防御策略。这显然是在暗示，他在德利姆战役溃败后有着可怕的经历。拉凯斯高度赞扬苏格拉底说："如果其他雅典人愿意像他一样行动，那么我们的城邦便会保持荣耀，不至于遭此劫难。"

在《申辩篇》中，柏拉图记载了苏格拉底生前的最后一次演讲，这位古稀之年的哲学家提醒那些企图以莫须有

215

战争的幽灵

罪名处死他的人,在过去三场可怕的战役中,他恪尽职守,从未擅离岗位。他们所指控的那个腐蚀青年思想、亵渎传统宗教的人,实际上是一位战斗英雄。在柏拉图的《会饮篇》中,亚西比德详细描述德利姆战役溃败之后,苏格拉底所面临的严峻场景:

> 当时我骑着马,而苏格拉底则是一名重装步兵。军队被打得七零八落,他和拉凯斯在一起撤退,我正好碰见了他们。一见面我便告诉他们,要保持勇敢,我不会丢下他们。相比于波提狄亚战役,那时我可以更清楚地观察苏格拉底。因为当时我骑着马,不是那么害怕。我开始便注意到,他比拉凯斯镇定得多;阿里斯托芬,借用你的话来说,他"昂首阔步,侧目而视",当时的表现和在雅典时别无二致。他冷静地环视四周的朋友和敌人;这分明是给所有人——包括远处的人——传递一个信号,如果有人胆敢碰他一下,立马会遭到他沉重的回击。因此,他和同伴都得以安全脱险。毕竟,进攻者不会去侵犯这种才能出众的人,而是会追击那些狼狈鼠窜之辈。

几个世纪后,普鲁塔克在讲述亚西比德的生平时,再次提到这个广为人知的故事。亚西比德骑马时遇见苏格拉底的队伍,那时他们正身陷困围,孤立无援。不过在普鲁塔克的版本中,亚西比德是在敌人"步步逼近,大肆屠杀"

第三章　德利姆战役的衍生文化（公元前 424 年 11 月）

之时救下了苏格拉底。在《道德论集》（*Moralia*）中，普鲁塔克增加了一个情节：苏格拉底独自逃亡的决定挽救了他和同伴的生命，因为大多数翻越高山的雅典士兵都惨遭践踏和杀害，而那些抵达德利姆的人也最终遭到围攻。

虽然史料关于苏格拉底撤退行动的记载各不相同，但是有两点是毫无争议的：对雅典人来说，德利姆战役是一场可怕的灾难，成百上千的士兵被穷追猛打，惨死在阿提卡边境；苏格拉底则凭借自身超凡的勇气和智慧存活下来。如果这位中年哲学家被无名的洛克里安骑兵刺死，或者他所在的小分队被忒拜步兵赶上，又或者他选择逃往德利姆或帕尼斯山的路线，那么**整个西方哲学和政治思想的历程将会被彻底改变**。

如果年轻的柏拉图没有收集、记录并解释苏格拉底的思想，那么它们是否还能留存下来？柏拉图比苏格拉底小 40 岁左右，在德利姆战役发生时还只是个孩子。如果苏格拉底当时被杀，那么柏拉图对话录的全部内容也将会发生彻底地改变。即便成年期的柏拉图撰写哲学论著，那么他的对话录（如果其中仍然包括对话的形式，因为最初的体裁是对苏格拉底口头发问的直接模仿）无论是内容还是形式方面，都将和苏格拉底无多大关系。柏拉图在自传性作品《第七封信》（*Seventh Letter*）中坦承，与苏格拉底交往之前，他对政治活动的兴趣与生俱来。或许，苏格拉底的死刑导致他年轻时的梦想幻灭，转而投身哲学领域，并拒绝在政府中任职。

216

战争的幽灵

柏拉图具有非凡的文学天赋,在很大程度上受到了苏格拉底的启发。这位极富魅力的长者终日在雅典街头游荡,与那些强大、傲慢和自信之人展开各种激烈的辩论,这显然给青年时的柏拉图留下了深刻的印象。大约在伯罗奔尼撒战争最后10年期间(约公元前410至公元前404年),柏拉图20来岁,可能正在接受苏格拉底的指导。苏格拉底被执行死刑时,柏拉图30岁左右,然而在这个年轻学生的心中,苏格拉底的形象始终挥之不去。

苏格拉底出现在柏拉图的大多数对话录中,也是对话的主要参与者。在柏拉图的杰作《申辩篇》中,主人公苏格拉底面对雅典陪审团,对亵渎神明和蛊惑青年的指控做最后的辩护。苏格拉底认为,哲学应该关注伦理问题,而不仅仅是那些早期探究自然或宇宙的形式思辨——这几乎是柏拉图早期全部作品的特征。德性即知识的思想,以及道德可以通过理性选择和抑制欲望获得的观点,似乎可以追溯到苏格拉底的思想和实践。苏格拉底的二元论认为,人类不应该屈服于欲望而损害灵魂的完整性;我们所感知和生活的世界不过是对神圣、完美对应物的拙劣模仿。这构成了柏拉图后来深入研究道德、语言以及政治和美学的基础。

如果柏拉图对哲学的兴趣源自同时代其他思想家,那么他的哲学思想将与苏格拉底没有任何关系。苏格拉底没有任何作品流传于世,也没有建立过能够延续其思想的学派或组织机构。这位哲学家没有从讲学中获利,没有任何

第三章 德利姆战役的衍生文化（公元前424年11月）

遗稿保管人，也没有培养出一批正规的学生自愿发扬他的学说。如果德利姆战役后苏格拉底没有遇见柏拉图，那么我们现在还能否知道这位四处游荡的哲学家及其思想？西方哲学的进程是否取决于苏格拉底在德利姆战役中躲避长矛攻击的技巧？

如果苏格拉底45岁时没能从德利姆战役中成功逃脱，那么除柏拉图之外是否还有其他同时代人记载过这位哲学家？我们了解苏格拉底思想还有一个重要来源，就是历史学家和散文家色诺芬的作品，他的对话录《回忆苏格拉底》（*Memorabilia*）、《苏格拉底的辩护》（*Apology*）、《会饮篇》（*Symposium*）、《经济论》（*Oeconomicus*）都将苏格拉底作为主要提问者，探讨的话题多种多样，比如爱情、农业、战争、政治以及苏格拉底与智者学派的论战。色诺芬也像柏拉图那样，在德利姆战役老兵苏格拉底的影响下成长。他出生于公元前430年左右，比柏拉图大一两岁，尽管后来也有传言称，苏格拉底曾在战役中救过他。

因此，如果苏格拉底在柏拉图和色诺芬童年时被维奥蒂亚人的长矛刺死，那么两人之后的作品就不可能围绕着他展开，他也不会作为他们思想的源泉，成为他们作品中的对话人、执拗的提问者和效仿的典范。苏格拉底的影响主要体现在两个方面：他在40岁后期至60多岁期间的问答式对话，以及柏拉图与色诺芬撰写的回忆录和衍生出来的哲学。不过，这一切都必须以他从德利姆战役的长矛下存活为基础。

218

战争的幽灵

著名演说家、教育家伊索克拉底（Isocrates）宣称，自己是苏格拉底的学生。柏拉图的《斐德罗篇》也曾提到过他，并称赞他是苏格拉底优秀的学生。然而，伊索克拉底出生于公元前436年，早于德利姆战役12年，这表明他几乎是柏拉图和色诺芬的上一代人。苏格拉底的思想，尤其是他对激进式民主的蔑视，似乎是伊索克拉底思想的源头。如果苏格拉底死于公元前424年，那时伊索克拉底只有12岁，即便苏格拉底对这位年轻的演说家有所影响，也是微乎其微。在后来的25年里，伊索克拉底也便无法从苏格拉底的逸闻和学说中获取知识；他卷帙浩繁的作品也不太可能提到苏格拉底的思想。

如果没有柏拉图和色诺芬的证词，我们还能知道苏格拉底的思想吗？虽然哲学家亚里士多德也经常提到苏格拉底，但是他的批评大多基于柏拉图和色诺芬，因为他在苏格拉底去世（公元前399年）12年后才出生（公元前387年）。即使苏格拉底在德利姆战争中牺牲，亚里士多德的思想也不会受太大影响，原因主要包括以下几个方面。第一，不管是色诺芬还是柏拉图，都不会提及苏格拉底。第二，在亚里士多德出生37年前（而非如今的12年），苏格拉底便已去世。第三，如果苏格拉底死于德利姆战役，那么他不会有25年的时间让思想臻于成熟。正是这段时间，他的思想经由私人聚会的场合发展成对话的口述传统；而公元前5世纪的最后25年，他的思想通过个人回忆的方式得以传播。如果苏格拉底在德利姆战争中死去，那么他很可能

· 第三章 德利姆战役的衍生文化（公元前424年11月）·

不会出现在亚里士多德的作品中。实际上，亚里士多德许多作品的魅力在于，明确反对苏格拉底和柏拉图的政治与神学思想。

在苏格拉底出征德利姆之前，是否还有其他作家或哲学家为后人收集整理过他的思想？其实并没有几个。我们此前曾说过，同时代的历史学家修昔底德在历史著作中没有提到过苏格拉底，而他是我们认识德利姆战役的主要资料来源；此外，雅典公开或是私人的铭文中也没有提到过苏格拉底的名字。

实际上，只有少数哲学家将自己与苏格拉底联系起来，比如色诺芬和柏拉图。他们自称苏格拉底的追随者，信奉他所宣扬的哲学即伦理学的观点，并且不断缅怀这位与智者学派针锋相对、绝不妥协的伟人。智者学派主张道德相对主义和情境伦理学，开设讲座收取高额的费用。如果苏格拉底死于公元前424年，那么这些作者几乎不可能创作如此众多苏格拉底式的作品。

知名度不高的安提斯泰尼（Antisthenes）可能与苏格拉底同岁，甚至在德利姆战役之前便知道他。安提斯泰尼有部分作品留存了下来。从我们仅有的了解来看，他对苏格拉底问答法和生活方式抱有浓厚的兴趣，或者至少认为，思想者需要将自己同社会和肉体的诱惑中剥离开来。虽然安提斯泰尼认可古稀之年的苏格拉底，却不太可能宣扬苏格拉底中年时的思想。部分原因在于，他撰写著作多半是为了反驳柏拉图，如果柏拉图没有遇到过苏格拉底，那么

战争的幽灵

他很可能没有任何作品问世。

柏拉图提到,苏格拉底临终时安提斯泰尼也在场。根据我们有限的认知,他的作品大多是在讨论苏格拉底的殉难以及哲学卫道士的命运——他们反对像雅典陪审员那样疯狂的暴民。如果苏格拉底死于德利姆战场,那么安提斯泰尼就无从寻找坚决抵制无知暴民的典范。

此外,安提斯泰尼遗留的作品大多是残篇。尽管亚里士多德等人似乎都认识他,但是在大浪淘沙的历史长河中,他的作品作为古代经典流传下来的可能性微乎其微。有种荒谬的观点认为,如果苏格拉底在45岁而非70岁去世,那么与我们如今掌握的少量作品相比,安提斯泰尼将为我们提供更多有关苏格拉底的材料。不过更可能的情况是,我们对安提斯泰尼一无所知!

苏格拉底的另一位追随者埃斯基涅斯(Aeschines)曾写过七篇对话录,大多是在为苏格拉底和放荡不羁的亚西比德之间的关系作辩护。除了一些片段和引文外,它们大都没有留存下来。由于埃斯基涅斯与柏拉图和色诺芬年龄相仿,他应该是在德利姆战役之后才遇见苏格拉底,否则他绝不会一生追寻这位没有任何著作、素未谋面的哲学家。一言以蔽之,如果苏格拉底在公元前424年离世,那么埃斯基涅斯与苏格拉底便不会有直接联系,他也几乎也不会有任何作品流传于世。

在德利姆战役之前有人认识苏格拉底吗?伊利斯的斐多(Phaedo of Elis)便是其中之一。他有两篇对话录零星地

第三章　德利姆战役的衍生文化（公元前424年11月）

残存于世。不过，斐多与柏拉图和色诺芬几乎是同时代人，在德利姆战役发生时还是个孩子。据称，亚里斯提卜（Aristippus）和塞贝斯（Cebes）曾为苏格拉底写过赞美诗，但是两人的作品都已不复存在。我们可以由此得出结论：大多数苏格拉底的追随者都撰写过关于导师的作品，但这一切发生的前提是他们在德利姆战役之后的时段遇见了苏格拉底，那时他们也都到了能够跟随这位四处漂泊的诘问者游荡的年纪。

柏拉图率先围绕着苏格拉底之死撰写早期的对话录，此后许多追随者纷纷步其后尘开始创作，旨在加强或反驳柏拉图的证词。苏格拉底其他追随者的作品大多已经失传。公元前399年，苏格拉底在指控者面前无所畏惧，这似乎对他们产生了巨大的影响；而且，这位祖父般的哲学家与这些年轻、激情、敏感的追随者形成鲜明的对比。但是无论如何，这些次要的苏格拉底门徒的作品要么鲜为人知，要么不受人重视。

我们不可避免地会得出这样一个结论：几乎每一个描写过苏格拉底及其思想的人，都是在德利姆战役之后走向成熟。苏格拉底的知名学生都是在他40岁后期至60多岁时才与之相识。如果苏格拉底死于公元前424年的德利姆战役，那么后来的整个西方哲学传统很可能不会直接提及他的生平和思想。

不过，我们至少还能从一个同时代人那里了解到苏格拉底的生平。早在德利姆战役之前，喜剧家阿里斯托芬便

战争的幽灵

对苏格拉底非常了解；战役结束后仅仅一年，这位批评者更是妙趣横生地为我们描绘了一幅苏格拉底的肖像画。在他的作品《云》（公元前423年）中，步入中年的苏格拉底十分滑稽可笑，被刻画成一个恶毒的思想贩卖者。由于阿里斯托芬影响巨大，而且又在广大雅典人面前，将舞台上的苏格拉底塑造成一个骗子和诡辩者，因此柏拉图和色诺芬毕其一生都在消解这一刻板印象。不过，他们精心刻画的苏格拉底远远比不上阿里斯托芬笔下的形象更深入人心，因为雅典街头的民众大多是阿提卡喜剧的观众。

一些学者认为，柏拉图和色诺芬在作品中将苏格拉底彻底神化，部分原因在于回应阿里斯托芬早期对苏格拉底的恶意诽谤。其他喜剧诗人——尤其是阿米皮亚斯（Ameipsias）和欧波利斯（Eupolis），也在作品中讽刺过苏格拉底，而且在公元前5世纪20年代广受欢迎，只是这些作品都已经失传。他们进一步强化了阿里斯托芬笔下的破坏性形象，这些持续的中伤令柏拉图和色诺芬困扰不已。只有少数精英才会阅读柏拉图和色诺芬的作品，或去聆听他们的私人讲授。然而，观看阿里斯托芬等喜剧诗人作品的却是成千上万的雅典民众。

《云》常常被视为阿里斯托芬的杰作，于公元前423年在剧场上演。在这部喜剧中，苏格拉底成了最恶劣的诡辩之徒，甚至是一群臭名昭著、摇唇鼓舌的骗子团伙的领袖。他们终日跟那些无所事事的富人精英玩文字游戏，鼓吹道德相对主义，并以此维持生计。这些相对主义者要为雅典

第三章 德利姆战役的衍生文化（公元前424年11月）

文化的衰落负有一定的责任，而且在雅典与斯巴达漫长的战争中，会使文化变得愈来愈消沉和堕落。在这部喜剧中，苏格拉底巧舌如簧，试图"让不堪一击的观点变得牢不可破"。他花言巧语，耍小聪明，不过对那些外行人来说却很有吸引力，比如剧中的主要人物斯瑞西阿得斯（Strepsiades）和斐狄庇得斯（Pheidippides）。这对父子愿意为这种愚蠢、肤浅的知识买单，因为他们妄图欺骗雅典公众不劳而获。在戏剧最后，斯瑞西阿得斯从苏格拉底诡辩术的蛊惑中悔悟，一气之下烧毁了苏格拉底的"思想所"，大概也把苏格拉底烧死了！

阿里斯托芬对苏格拉底的抨击产生了非常广泛的影响。按照柏拉图《申辩篇》的说法，苏格拉底不得不在最后一次演讲中为自己辩护，反驳"喜剧诗人们"攻击所引起的流行偏见。据说，苏格拉底曾观看过喜剧《云》的演出，并在现场站起来向观众保证，自己绝不会为剧中的讽刺而烦恼。根据普鲁塔克的记载，苏格拉底曾说，喜剧舞台上对他的言语攻击与酒会上的冷嘲热讽并无二致。

如果柏拉图和色诺芬先前不了解苏格拉底，那么他们也就不会竭力驳斥阿里斯托芬广为人知的观点。不过，阿里斯托芬与两人有所不同，他和苏格拉底相知、相交多年。因此，假如苏格拉底在45岁时去世，那么他的历史形象便和高尔吉亚（Gorgias）、希庇阿斯（Hippias）、普罗泰戈拉（Protagoras）等智者并无两样。这些人大多声名狼藉，几乎遭到所有同时代人的批评，他们的著作大多已经佚失，如

战争的幽灵

今更是鲜为人知。这样一来，苏格拉底也就不会成为柏拉图和色诺芬尊崇的偶像。两位年轻人深受这位年迈的哲学家的影响，见证了他在 70 岁时被一群无知暴民不公正处死的过程。

苏格拉底将始终是阿里斯托芬讽刺和厌恶的滑稽丑角，与克里昂和亚西比德是一丘之貉，成为雅典喜剧舞台上永恒而又典型的无赖形象。假如苏格拉底死于公元前 424 年，那么在他 45 岁步入德利姆战场之前，不论他是谁，究竟做过什么，关于他的一切都将鲜为人知，或许只会记得一年后阿里斯托芬创作的那个邪恶形象。

由于苏格拉底没有任何著作流传于世，我们几乎不可能揭示苏格拉底 45 岁时思想的发展脉络。柏拉图的作品也没有为我们提供任何苏格拉底逻辑推理发展的时间线。不过有证据表明，他在生命最后的 25 年时间里才成长为一位杰出的思想家，吸引了众多雅典顶尖的人才，如亚西比德、阿迦通（Agathon）、柏拉图、色诺芬以及伊索克拉底，当然也引起了阿里斯托芬的怒火。至于另一些年长之人，乃至几乎是苏格拉底的同时代人，在柏拉图的对话录中以密友的身份出现，但奇怪的是，他们往往并非雅典人，比如伊利斯的斐多、弗利阿斯的厄刻克拉底（Echecrates of Phlius）、西米亚斯（Simmias）、忒拜的塞贝斯、昔兰尼（Cyrene）的亚里斯提卜以及麦加拉（Megara）的欧几里得（Euclides）和特尔普西翁（Terpsion）。而且，这些年长之人经常对伦理问题不感兴趣，更着迷于自然哲学和宇宙学，尤其是俄

第三章 德利姆战役的衍生文化（公元前424年11月）

耳甫斯学说、毕达哥拉斯（Pythagoras）学说、巴门尼德的存在论、恩培多克勒（Empedocles）的自然探究以及阿那克萨哥拉（Anaxagoras）的激进观点。这些门徒与后来那些更为知名的雅典信徒颇为不同，那么苏格拉底究竟是在何时何地遇到的他们？

或许伯罗奔尼撒战争（公元前431年）爆发之前，苏格拉底在雅典之外的知名度更高；当时这位四处游荡的自然哲学家致力于早期的传统研究，即探索物质、宇宙和灵魂的本质。然而战争爆发之后，以前那些结交之人无法自由地前往雅典旅行和居住（伊利斯、忒拜和麦加拉都与雅典处于交战状态）；另一方面，年龄渐长的苏格拉底愈发依恋雅典，而且逐渐将注意力从早期关注的宇宙学转移到个人伦理、修辞学和政治思想。

战争期间，苏格拉底在公民大会上看到他的家乡雅典四分五裂，一些利害攸关的问题日益凸显。公元前423年《云》上演时，尽管苏格拉底被视作新智者运动的重要人物，却仍因经常痴迷于"天堂"（ta meteôra）和"尘世外的事物"而受到讽刺，这也表明他之前长期从事与宇宙学和天文学相关的研究工作。

在那些年轻、富有、易受影响的雅典人中，又出现了一批苏格拉底的追随者，这表明他的思想在四五十岁时变得更加成熟——这大约始于伯罗奔尼撒战争爆发前后。他在战争期间很少外出，而是将哲学研究的重心聚焦于日常生活。因此，如果苏格拉底死于德利姆战役，那么我们对

223

战争的幽灵

他的了解将寥寥无几;而且,那些仅存的信息向后世展示的是一个模糊的自然哲学家的形象,直到后期他才将关注点转向雅典人内在的伦理研究,而这也引起了阿里斯托芬等喜剧诗人的关注。西方哲学的源头——即苏格拉底之前的宇宙观和自然研究——将不会出现断裂;苏格拉底的伦理和道德思想将不复存在。当然,也全然不会有"苏格拉底式"这一术语。

我们的反事实推理——柏拉图的职业生涯未受苏格拉底影响,是否还能继续?的确,如果没有柏拉图,我们便很难认识苏格拉底;但是我们对一个非苏格拉底式的柏拉图、一个与苏格拉底素未谋面的哲学家又会有多少了解?柏拉图最著名的篇章——《欧绪弗洛篇》(*Euthyphro*)、《申辩篇》、《克里托篇》(*Crito*)、《斐多篇》,均围绕着苏格拉底的审判和死亡展开,如果苏格拉底死于公元前424年而非公元前399年,那么这四个篇章必然也会随之消失。更重要的一点是,至少有1/3的柏拉图早期作品,即所谓的早期苏格拉底对话录,可能根本不会写成,或者至少不会以现在的形式呈现。

在过去的一个世纪里,学者们一直试图将柏拉图的31篇对话录按照创作时间排序。然而,这项任务十分困难,因为柏拉图花了四五十年的时间完成这些篇章,并且这位作家几乎没有和我们透露过他的生平。不过基于文体风格、哲学内容以及提及的同时代历史事件,学者们大致达成了共识:《申辩篇》《克里托篇》《拉凯斯篇》《吕西斯篇》

第三章 德利姆战役的衍生文化（公元前424年11月）

(*Lysis*)、《卡尔弥德篇》(*Charmides*)、《欧绪弗洛篇》《大希比阿斯篇》(*Hippias Major*)、《小希比阿斯篇》(*Hippias Minor*)、《普罗泰戈拉篇》(*Protagoras*)、《高尔吉亚篇》(*Gorgias*)以及《伊安篇》(*Ion*)，是柏拉图的"早期"作品，完成于30—40岁（如公元前4世纪90年代）。它们与"中期"的12篇对话录（创作于公元前4世纪70年代和80年代）以及最后8篇"后期"作品（完成于公元前4世纪50年代和60年代）迥然不同。

通常认为，第一组对话录主要关注道德问题，探讨给予伦理问题以恰当定义的必要性，这些内容与柏拉图中后期关注的形而上学、存在论和认识论大相径庭。此外，在前11篇对话录中，苏格拉底是主要人物；但在后11篇中，他的重要性似乎有所减弱。的确，在柏拉图后期的作品《法律篇》(*Laws*)中，苏格拉底并没有以提问者的身份出现。一些学者认为，柏拉图在20来岁时（公元前408年至公元前399年），便开始了早期对话录的创作，那时苏格拉底尚在人世。

无论如何，在柏拉图最重要的作品中，至少有11篇是在苏格拉底死后15年内完成的，其中苏格拉底是主要提问者，讨论苏格拉底生命最后几年里关注的问题。如果柏拉图从未见过苏格拉底，那么这11篇对话录便不会存在，或者至少不会以现在的形式存在。

柏拉图中后期的对话录展现出对巴门尼德、普罗泰戈拉以及恩培多克勒作品的兴趣，此时距离苏格拉底逝世已

战争的幽灵

有数十年。他借鉴了他们关于动因、变化、感观、宇宙论和转世的概念。此时的柏拉图就像年轻时的苏格拉底,将这些早期思想家视为古希腊传统中最具影响力的哲学家。不过,他们撰写了大量作品,这一点与苏格拉底不同。随着柏拉图逐步走向成熟,他对苏格拉底生平和对话的回忆渐渐模糊,反而愈发欣赏其他人创作的哲学作品。柏拉图在一些哲学重要领域背离了苏格拉底,反而越来越重视这些早期的思想家。

如此一来,便出现了讽刺的一幕:柏拉图晚年的哲学兴趣在某种程度上与苏格拉底年轻时的思想相似。这说明苏格拉底最后的 20 年是希腊哲学思想史上一个特殊的时期,他开始将重心转移到实践和伦理研究上,在伯罗奔尼撒战争的紧张时期,致力于揭露盛行于雅典街头巷尾的虚假言论。如果苏格拉底 45 岁时死于德利姆战役,那么柏拉图至少有 1/3 的优秀作品不复存在,或者无法以现在的形式存在;他全部作品的风格将与中后期的对话录更为相似,因此也会更好地融入古希腊主流的宇宙论和存在论思想。

最后,柏拉图本人似乎也已经意识到,德利姆战役是苏格拉底人生中的一次重大事件,形形色色的同伴将他一次次地与年轻学生联系在一起。柏拉图在作品中不仅三次直接提及这场战争,而且经常会在很多地方不经意地暗指它。从他乌托邦式的作品《法律篇》和《理想国》中可以看出,德利姆战役的噩梦从未驱散。雅典战败的耻辱和忒拜在战后的亵渎行径,为军事改革者提供了种种教训。比

第三章 德利姆战役的衍生文化（公元前 424 年 11 月）

如在《法律篇》中，柏拉图敦促在和平时期，不论天气好坏，都要定期进行全天候的军事训练（德利姆战役十分反常地发生在 11 月的傍晚）。不管男人、女人还是孩子，所有居民一律纪律严明、积极有序地参加训练（这显然与德利姆战役时期混乱的全民征兵迥异）。

柏拉图在《理想国》中明确指出，不得扒光死者衣服或亵渎死者。他坚持认为，必须归还战败一方将士的尸体，以便他们的同胞能将其体面地安葬（与忒拜臭名昭著的行径形成鲜明对比）。希腊各城邦不得将战败者的武器作为献祭品在圣殿中展示（如同德利姆战役后忒拜人所做的那样），这种亵渎行径应被视为一种"玷污"。柏拉图关于战争的诸多论述，比如他曾隐晦地提及他的继父皮里兰佩，很可能取材于年长的苏格拉底及其友人所经历的那场可怕的战争。

柏拉图的《申辩篇》堪称西方文学最动人的作品之一，主要讲述了苏格拉底面对雅典陪审团成员所做的最后的辩护（这一激动人心的场景发生在公元前 399 年）。在过去的 2500 年里，柏拉图记述的演讲版本产生了深远的影响。西方哲学实践的两个基本传统都源自这篇伟大的辩护词。第一，人们普遍认为，即使在一个自由的社会中，法律制度也可以处死那些敢于挑战社会权威和价值观的人。因此，真正的哲学家都带有某种悲剧色彩：他是一个保持原则的局外人，始终坚守自己的思想，不可避免地遭到尚未开化的大众的报复。

226

战争的幽灵

另外,杀害苏格拉底的并非寡头政治或独裁统治,而是民主制度。柏拉图用四篇动人的对话录,生动描写了雅典民主制对苏格拉底的审判和处决,这在很大程度上导致它在后来的政治思想家中风评极差,比如西塞罗(Cicero)、马基雅维利(Machiavelli)以及18世纪后期美国和法国革命家之前的几乎所有重要哲学家。

此外,新柏拉图主义者对苏格拉底的兴趣持续不减,而古典时代后期最早为基督教辩护的一些人也从中找到了共鸣,尤其是他们发现,苏格拉底殉道与耶稣受难之间存在着相似之处。二人都是教师,虽然没有作品留世,却被一众亲近的弟子传颂。他们都被拖拽到暴民面前,遭到公开羞辱,并且被奸佞利用现实制度制造的恐惧和偏执处死。最初那些维护基督的人认为,苏格拉底在临死前表现得勇敢无畏,宁愿自己受到伤害也不愿伤害别人,而这也表明他具有预见性:他必然像耶稣那样有一种神赐的预感。因此,他像耶稣那样宣扬,人类肉身的死亡并非生命的终结,而是会使人拥有永恒的灵魂。苏格拉底的思想经由柏拉图的发展,对基督教会早期释经学至为关键。

毋庸置疑,如果苏格拉底死于德利姆战役,那么他也就不会成为基督之前的异教殉道者。他将不再是那个心怀良知的悲剧人物,而只是一个平淡无奇的雅典城邦热爱者,或者是在雅典溃败中牺牲的一个智者学派的思想家。从那种层面上讲,苏格拉底将会为雅典民主所拥护,而非与之背道而驰。如果雅典民主将苏格拉底奉为公元前424年德利

第三章 德利姆战役的衍生文化（公元前424年11月）

姆战役中牺牲的英雄，而非公元前404年摇唇鼓舌的颠覆人物和右翼革命者的导师——这些人曾一度推翻雅典政府——我们也不会对雅典民主做出如此负面的评价。

或许，整场战役最重要的意义就是，这位哲学家能从忒拜追兵的手下绝处逢生。公元前424年秋天的那个傍晚，我们所熟知的西方哲学险些夭折在襁褓之中。如果苏格拉底被敌人刺死或惨遭践踏，那么如今我们便对他知之甚少。哲学传统只会将他视作一位早期、无名的宇宙论者和自然哲学家——比如毕达哥拉斯、巴门尼德和恩培多克勒，或初露锋芒的诡辩家。他没有创作任何作品。他留给后世的遗产完全取决于他人的回忆。

这样一来，柏拉图或色诺芬笔下的苏格拉底也将不存在。没有苏格拉底的指导和启发，柏拉图虽然会继续从事哲学创作，但是他的作品将大不相同，内容可能更偏向于抽象的乌托邦思想和技术性理论，而较少涉及日常伦理或政治学。色诺芬的大部分作品也便不会诞生。阿里斯托芬在德利姆战役过后一年创作的《云》——而非柏拉图的《申辩篇》，将成为我们了解苏格拉底的唯一途径，这一形象和雅典喜剧舞台上的流氓无赖相差无几。假如苏格拉底在德利姆战役中阵亡，那么如今的图书馆和书店里就不会有任何与之相关的书籍。柏拉图可能也会像芝诺（Zeno）或伊壁鸠鲁（Epicurus）那样，不为大众读者所知。

更重要的是，苏格拉底在70岁时死亡——他被杀的原因和方式——对西方自由传统产生了根本性的影响。如果

战争的幽灵

他在德利姆战役时被长矛刺死于暮色之中,而非被一群无知、起哄的暴民驱赶接受审判和处决,那么这位哲学家的形象就与今天判若云泥,但是雅典的民主遗产反而会愈发灿烂;苏格拉底与耶稣之间的联系也就不那么明显:前者是西方思想的创始人和殉道士;而后者是西方宗教的奠基人,并为此死于十字架上。

事实上,苏格拉底并没有战死沙场。他在德利姆战役中作战英勇,用出色的表现经受住了阿里斯托芬的批评;后来以无可辩驳的勇气应对激进煽动者的攻击,教导出柏拉图和色诺芬等优秀的学生。他在老年时被雅典民主制度判处死刑,最终成为一名殉道士;然而 25 年前,他还在秋日某个可怕的下午,拼命捍卫雅典民主制度。

死者之美

维奥蒂亚物产丰饶,占地近 1000 平方英里,人口约 25 万,悠久的历史可以追溯到迈锡尼(Mycenaean)文明时期。此地以农业为主,既不是大都会城市和重要海港,也没有丰富的金银矿藏,甚至没有旅游景点、重大的泛希腊节庆或战略贸易中心。古老的忒拜王室钩心斗角,为邻邦雅典的悲剧创作提供了素材。剧作家自由地记录山那边死敌之间发生的故事,比如遗传性乱伦、手足残杀、弑父杀母等等。

因此,悲剧事件的主角大多是雅典人,而非维奥蒂亚

第三章　德利姆战役的衍生文化（公元前 424 年 11 月）

人。希腊文学也大多如此，通常描绘的是雅典、西西里、爱奥尼亚和科林斯，而非北部内陆的农业城邦，只有赫西俄德（Hesiod）、品达、科瑞娜（Corinna）和普鲁塔克等名士是例外。

这一结论同样适用于希腊艺术和建筑。尽管维奥蒂亚地区出土过一些珍宝——装饰性的迈锡尼赤陶石棺、古代劳作的男女微型泥雕以及希腊化时代的大理石雕像；不过最精美的古希腊瓶饰画、最宏伟的庙宇以及精彩绝伦的青铜雕塑则来自雅典、伯罗奔尼撒、爱奥尼亚、西西里以及意大利南部。

在古代社会，精通艺术的人通常生活在大城市。因为那里商业发达，资金充足，艺术家有机会获得资助或出售作品，还能够获悉竞争对手最新的作品信息。相比之下，在农业社会，艺术家及其受众往往缺乏足够的时间或金钱。与世隔绝的农场给人一种隐居之感，但往往缺少城市居民之间的交往。尽管艺术家一直宣扬独立人格和自由精神，但他的作品和行业却始终离不开人，比如画作的观赏者、陶器的买主、行业中的竞争对手、手艺的传授者和学徒、真正的仰慕者和奉承者。忒拜名将、爱国者、民主派伊巴密浓达曾向敌军雅典吹嘘，如果他们继续打探维奥蒂亚的情报，便有可能攻破卫城，夺取通往伯里克利时期兴建的许多神庙的重要门户——前门（Propylaea），并且在忒拜的卡德米亚（Cadmea）重建卫城。他对忒拜军事实力的吹嘘极具挑衅意味，但也间接承认了，维奥蒂亚根本没有像雅

229

战争的幽灵

典卫城那样雄伟的建筑。

公元前424年11月的某一天,约5万人(忒拜人口的两倍多)会集于维奥蒂亚最大的城市德利姆,在不到1英里宽的平原上展开厮杀,双方战士各自的装备可能消耗掉18吨木材和金属。战役结束后,战士们带来了死亡和掠夺,而死亡和掠夺又催生了悲剧和财富,最终悲剧和财富成就了艺术!

希腊盔甲并不便宜。头盔、胸甲和护胫是用青铜铸成的;而剑、矛尖和矛的尾端则用铁锻造而成。要制作直径长达3英尺的巨型盾牌,必然少不了精心制成的固化的橡木板以及经过锤打和抛光的青铜饰面。一名重装步兵的全部装备重60—70磅之间,需要花费100—300德拉克马,相当于一名普通工人3个月的工资。

雅典共有7000名重装步兵参加德利姆战役。虽然只有1000人战死沙场,但余下的大多数人仓皇逃跑,为了摆脱维奥蒂亚和洛克里安的追兵,甚至丢弃了大部分盔甲。据粗略统计,盔甲可能至少丢失了5000套,其中的青铜和铁器价值约合50万德拉克马,足够支付1000人不间断工作一年半的工资,或者200多场奢华的希腊悲剧演出的费用。此外,大多数希腊人参加战争时会随身带钱,用来购买食物和支付各种花销,因此德利姆战役的废墟上可能会有更多的战利品。虽然最终缴获的财宝数目没有记录,但绝对价值不菲。

无论如何,掳获的战利品是一笔意外之财,对忒拜产

第三章 德利姆战役的衍生文化（公元前 424 年 11 月）

生了巨大的影响。在德利姆战役结束近 400 年后，历史学家狄奥多罗斯曾对此有所评论，并在作品中强调军事财富和艺术创作这一经常被人遗忘的关系：

> 忒拜利用所取得的战利品，在集贸市场上建起了高大的拱廊，并且装饰上青铜雕像。此外，他们还将寺庙镀上青铜，将战争中掠夺来的盔甲镶嵌在市场的柱廊上。最终，忒拜人用掠夺来的钱，设立了一个名为"迪莉娅"（Delia）① 的节日。

这些钱来自忒拜人缴获的盔甲和从尸体上搜刮的财物，其中一部分也用来资助维奥蒂亚其他的艺术形式。在最精美的维奥蒂亚艺术作品中，一些石碑画像和雕刻非常引人注目，黑色的石灰岩上呈现出重装步兵生命的最后时刻。有趣的是，在现存的六尊阵亡战士的雕塑中，至少有两人的名字——索吉尼斯和科罗诺斯（Koironos）——也出现在维奥蒂亚小镇塔纳格拉的石刻阵亡名单上。该镇与德利姆相毗邻，曾出土过一些石碑。维奥蒂亚的左翼战线承受了战役的大部分损失，他们由来自特斯匹伊、塔纳格拉和奥尔霍麦诺斯村落的重装步兵组成，因此这一系列石雕很可能是用来纪念这些地方在德利姆战役中遭受的惨重

---

① "迪莉娅"（Delia）本为古希腊的节日，据说忒休斯为庆祝在克里特岛战胜牛头怪而创立，包括体育和音乐比赛，每 4—5 年举办一次。忒拜为纪念取得德利姆战役的胜利，以"迪莉娅"为名设立这一节日。——译者注

战争的幽灵

伤亡。

这些异常美丽、动人的雕塑之所以诞生,主要取决于两点:维奥蒂亚在德利姆战役中缴获了巨额战利品;他们的左翼惨遭覆灭。它们或许是某位不知名的天才艺术家所作。那些乡村中可怜的人为纪念战争中牺牲的同胞,聘请他在优质的黑色石灰岩上制作雕塑。事实上,一些学者认为,这位画家、雕塑家是毕达哥拉斯派革新者——来自忒拜的阿里斯提德。

在雕刻着索吉尼斯的石碑上,这位塔纳格拉战士手持短剑和盾牌上前迎敌。他的断矛就在脚边,旁边还有一些石头,显然是朝他扔过来的。地面崎岖不平,我们知道德利姆战场就是如此。这一场景准确地捕捉到了忒拜左翼濒死时的绝望,那里的重装步兵遭遇溃败,长矛已经断裂,不得不改用备用剑。从艺术角度来说,雕塑中的索吉尼斯人体比例近乎完美,整体画面表明艺术家已经掌握了透视画法:因为画面上重装步兵的盾牌是凹形而非简单的圆形,而且呈现了远处的树木。石碑右侧边缘突兀地出现了敌军长矛的矛头,直指索吉尼斯的脸。毫无疑问,我们见到的是这位毫无防备的勇士最后的时刻。石碑的顶部刻画了宴会的场景,这是首个将死亡与宴会等量齐观的希腊墓雕,体现了毕达哥拉斯的观点,即人死之后将永享盛宴。

这些石碑代表了维奥蒂亚古典雕塑的最高水平,足以和任何古希腊艺术家雕刻的人像相媲美。如果阿里斯提德真是一位艺术家,那么促使他如此精心创作这些普通乡村

· 第三章 德利姆战役的衍生文化（公元前 424 年 11 月）·

战士的原因应该有两点：战士们为国捐躯的英名，以及出售雅典战利品后所得的钱财。这些黑色石灰岩石碑雕刻着战士的形象，彩色饰面大都已经褪色，它们似乎凭空出现，表明德利姆战役是这个乡村地区艺术史上最辉煌的日子。如同基督徒为庆祝勒班陀海战（1571 年）中大胜奥斯曼帝国所创作的众多伟大画作，一场辉煌的胜利以及随之缴获的战利品可以成为艺术天才的催化剂。

战术的诞生

232

所有的社会之间都会彼此对抗。自公元前 4000 年近东文明诞生以来，随着大量定居人口以及剩余农产品的出现，各个国家不断提升大型军队的作战能力，妄图在对战中歼灭敌人。据称，赫梯人（Hittites）和埃及人在叙利亚的卡迭石（Kadesh）发生冲突（公元前 1283 年），成千上万的骑兵、步兵和战车卷入其中。文明社会的战争不仅规模宏大，而且愈发频繁，似乎每年都会发生。在希腊城邦形成的最初几个世纪（公元前 700 年至公元前 500 年），小型村落经常与邻邦的民兵之间发生冲突，几乎千篇一律地以全副武装的重装步兵方阵展开决斗。

直到公元前 5 世纪，军队之间还以十分简单的战术对战。交战双方一字排开，信号发出后便冲向对方，互相猛刺、推搡，直至一方战败。数量庞大、骁勇善战、装备精良的军队会取得胜利。虽然在突袭、侵略性远征和夜间袭

战争的幽灵

击中,轻装散兵和游击兵经常使用计谋或进行伏击,但在步兵对战中,任何大规模的复杂佯攻或战术欺骗都非常罕见。在早期希腊语世界的大型战事中,交战双方通常都会遵循共同认可的惯例,选择白天在平地上展开战斗。从某种程度上说,激战通常被视为实力相当的城邦之间所进行的精神和力量较量,而不是依靠将领、战术或军事训练旨在消灭外敌的军事行动。

希腊这种古老、简单的正面对战方式究竟是何时发生变化的?希腊人在击退波斯、遭受马其顿攻击的150年间,步兵作战方式发生了本质的改变,演变成我们今天所认为的战术学。如果说在马拉松战役(公元前490年)中,雅典人只是简单地通过削弱中军来延长和增强两翼;那么一个半世纪后,在腓力二世及其儿子亚历山大执政期间(公元前360年至公元前323年),马其顿军队则开展日常佯攻训练,使用预备军,并且以楔形和交错式队列发动进攻。

亚历山大通常会将兵力集中于敌军战线特定的一点,依靠轻型、重型步兵与骑兵和投石部队的配合寻找突破口,随之后备军大量涌入,从而赢得战争的胜利。只要将最开始的战斗限制在特定的地点和部队之间,而且让训练有素的专业人士来领导,那么军队的规模就突然变得不重要了。在伊苏斯(Issus)战役(公元前333年)和高加米拉(Gaugamela)战役(公元前331年)中,亚历山大展示出了高超的战术能力,凭借对类型多样的马其顿皇家军队出

第三章 德利姆战役的衍生文化（公元前 424 年 11 月）

色的指挥和调度，击败了规模超过其五倍的敌军。换言之，西方战术的发现首先要归功于亚历山大及其父亲腓力二世。所谓的西方战术是指，在战场上指挥军队克服敌众我寡、地形不利、训练匮乏、武器不足等劣势的抽象知识。

如果我们将战术狭义地定义为战场上部队的移动，那么马其顿国王们又是从何处学习到方阵作战这种创新型作战方式的？尽管马其顿并不属于希腊城邦的疆域，却痴迷于希腊的事物，习惯性地引进了各种各样的希腊专家，包括投石机发明者、攻城工程师、自然科学家、哲学家以及剧作家等等。

因此，大多数军事历史学家认为，公元前 4 世纪后期马其顿帝国的军事复兴植根于古希腊，故而将腓力二世的新型军队与忒拜杰出将领伊巴密浓达联系在一起——后者曾领导维奥蒂亚民主联盟，在希腊诸城邦中短暂地称霸了 10 年（公元前 371 年至公元前 362 年）。公元前 371 年，他在留克拉特（Leuctra）战役中以少胜多，率领维奥蒂亚军队以压倒性优势击败了斯巴达的重装步兵。这是他参加的首次战役，也是他最辉煌的战役。他获胜的关键在于，将重兵部署在军队左翼，并增加其纵深至 50 列，从而一举击溃了斯巴达的右翼，并杀死其国王克莱奥姆波洛图斯（Cleombrotus）。

在一些记载留克拉特战役的古籍中，也提到了骑兵和步兵协同作战以及斜形进攻的战术。事实上，伊巴密浓达别无选择，只能采取斜线推进，攻击实力远在其之上的斯

战争的幽灵

巴达右翼。马其顿军队令人闻风丧胆,而它的缔造者腓力二世十几岁时曾在忒拜做人质,因此历史学家们猜测,这位未来的国王当时可能目睹过伊巴密浓达的新型军队,返回马其顿后决心效仿维奥蒂亚只用部分军队纵深进攻的方式,即用军队的左翼而非右翼。

但是伊巴密浓达集中兵力于一侧的策略又是受谁的影响?要探寻公元前4世纪之前西方战术的起源,我们必须回到半个世纪之前的德利姆战役——这既不会太过久远,也没有超出维奥蒂亚的疆域。希腊传统的方阵大多采用8列纵深,这一数字最终被规范为方阵长度与纵深的理想比例。军队集结队列越深,越有利于将精锐的步兵带出杀伤区(首次冲锋时,只有方阵前三排的士兵能够用长矛刺到敌人),但整条战线也会更容易被敌人从侧翼包围。在不足8列纵深的队伍中,后方队列无法提供足够的助力,而且重装步兵人数过少,不能及时顶上前面倒下的士兵,因此这种纵队既不能吸引敌人的火力,也无法攻破敌人的阵型。

马其顿人能将长矛伸至16英尺开外,因此他们方阵的纵深由原来的8列增加至16列,这显然是在效仿伊巴密浓达。他在留克拉特战役(公元前371年)和曼提尼亚战役(公元前362年)中,都曾经使用过这种阵型,将军队的纵深增加至惊人的50列。但是忒拜早在伊帕密浓达指挥留克拉特战役20年多前,就在尼米亚战役(公元前394年)中采用了16列纵深。显而易见,公元前4世纪,希腊将领——尤其是忒拜将领逐渐意识到,可以通过加强战线特定区域

第三章 德利姆战役的衍生文化（公元前424年11月）

的实力，对敌军的特定区域进行纵深攻击和压制。忒拜的重装步兵向来以体力彪悍著称，其加强队列纵深的进攻方式更是享誉盛名。他们信心满满地认为，在自己薄弱的部队被侧翼包抄或合围之前，就能击溃敌军战线的特定区域。

然而，无论是伊巴密浓达，还是公元前4世纪早期他的忒拜前辈们，都不是这种战术创新的首倡者。在希腊历史上，最早有文字记载的关于军队冲锋纵深超过8列的是德利姆战役。当时帕冈达斯率领的维奥蒂亚军队右翼多达25列，一举击溃了雅典军队左翼。实际上，帕冈达斯不仅是增强忒拜军队纵深的先驱，在某种意义上也是西方战术思想的奠基人。

即便到了公元前5世纪前期和中期，大多数战役的胜负依然取决于首次冲锋前几分钟双方一字排开的军队。据我们所知，这种只有正面对峙的战斗一旦打响，古希腊将领既不骑马，也不在后方观察战况，而是身陷混战之中，根本无法控制战争的走向。决定战争胜利的往往是他们的勇气，而不是灵活的头脑。然而在德利姆战役中，帕冈达斯肯定没有位于忒拜军右翼的前线，因为他们正朝着山下的雅典军左翼发起冲锋。只有身处激烈交战的区域之外，他才能部署两队骑兵转向战线另一边，出其不意地攻击占上风的雅典军右翼。修昔底德指出，当这支救援部队突然出现时，雅典军队十分困惑，以至于错误地认为来了一支新的队伍。雅典军右翼在即将取得胜利之时，却惊慌失措四处逃窜，而这仅仅是因为出现了几百名骑兵。维奥蒂亚并

战争的幽灵

非依靠武力或军队规模,而是完全仰仗将领的指挥才能,击溃了雅典军右翼,并最终赢得了胜利。

在战斗中部署后备军是一项伟大的创新,在近距离作战中联合使用骑兵和步兵也极为罕见,这比马其顿的联合方阵战术早了近一个世纪。重装步兵的战役大多以小规模冲突开始,交战方阵的骑兵在无人区互相厮杀。成功的骑兵行动偶尔也能迷惑并暂时扰乱随后的步兵冲锋。不过多数情况下,面对全副武装的长矛兵,骑兵没有任何胜算。古希腊骑兵的规模不大,通常并非职业的骑手,而是由年轻的贵族子弟组成。他们经常做的任务很有限,包括战役开始前进行小规模冲突,战役结束后追击敌军,此外还需要保护方阵的侧翼。

因此,帕冈达斯派遣骑兵去对抗步兵的决策,标志着希腊战术思想的一次突破。这一思想在亚历山大那里发挥到了极致。他先是率领伙友骑兵发动致命性冲锋,冲破波斯皇家军队的防线,接着大批方阵步兵随之而至。通过加强队列纵深撕开敌军战线是一次创举,但以此开局也是一着险棋,因为这必然会从其他地方的前线部队中抽调精锐兵力,全军也更容易遭到敌人的侧翼攻击。预备军首选是骑兵,可以作为大规模方阵纵队的必要补充。这种部队机动性高,能够迅速赶到敌人有可能抄近路侧翼包抄的地方。这位忒拜老将在迎战雅典军队之前就有过上述考虑,然而雅典人却只是将其视作一场简单的激战。匪夷所思的是,真正实现兵法创新的不是雅典的文明之士,反倒是维奥蒂

·第三章 德利姆战役的衍生文化（公元前424年11月）·

亚的粗野之人。

如果说德利姆战役标志着西方战争史上首次出现大纵深队列和骑兵预备军，那么帕冈达斯率领的这支奇兵还有一些创新之处。历史学家狄奥多罗斯曾提到精锐步兵与骑兵并肩作战的模式："在全军前面作战的是精选的300名'战车兵和步兵'联军。"

在欧里庇得斯关于战争的寓言性悲剧《请愿的妇女》中，也提到过类似的战斗力量"帕拉巴泰"（parabatai）①。德利姆战役过后，忒拜精选的300名精兵总是与150对恋人组成的"神圣军团"（Sacred Band）联系在一起。普鲁塔克提到，他们在忒拜参加的无数战役中冲锋陷阵，所向披靡，直到喀罗尼亚战役（公元前338年）才走向覆灭。腓利二世将他们妥善安葬，并在旁边竖立了一座石狮子雕像——如今它仍然注视着现代化的公路。德利姆战役中的300名"战车兵和步兵"与后来著名的"神圣军团"之间到底有什么关系我们并不清楚，但是公元前424年出现了一定规模的职业步兵，显然标志着步兵训练逐渐专业化，这与传统的军事思想背道而驰，即集结农民组成重装步兵，只参加为期几天的短暂战斗。公元前5世纪后期和公元前4世纪，阿耳戈斯、阿卡迪亚（Arcadia）、伊利斯出现了类似的专业军队，由城邦出资对士兵进行艰苦训练。

最终，一些仓皇失措的雅典人没有逃往家园阿提卡，

---

① "帕拉巴泰"（parabatai）是指一对战士互相宣誓忠于彼此，始终并肩作战，不离不弃，甘愿为对方牺牲。——译者注

战争的幽灵

转而去了德利姆阿波罗神庙附近的驻所。然而，维奥蒂亚人及其盟军洛克里安人乘胜追击，迅速将这些濒临绝境的雅典人包围。维奥蒂亚人并没有使用希腊常见、惯用的攻城方式，比如撞击城墙、挖掘坑道、架设云梯或简单地通过封锁打饥饿战——这些方式通常也不会成功。相反，他们研制出了一种大型移动的火焰喷射器。这种精妙的设备造型有些怪异，看起来就像架在轮子上的木制枪管，不过它的内部是铁管。进攻者利用一端的鼓风机，将炙热的煤炭、硫磺和柏油的混合物投掷到雅典人的木制路障，整个木围栏迅速被火焰包围，一些守卫者也身处火海之中。

军事历史学家们通常会将炮弹的发明与摩提亚（Motya）围城战联系起来。公元前399年，狄奥尼修斯一世（Dionysius I）在围攻这座西西里城市时，利用锡拉库扎的工匠们发明的一种非扭力式"腹弩"。这种武器实质上是一种大型的十字弓，依靠滑竿和弩柄拉动弩臂发射铁箭和长矛。半个世纪后，马其顿国王腓力二世首次使用真正的扭力式弓弩。该弓弩使用束紧的毛发或动物筋腱做扭力弹簧，驱动弩臂带动弓弦，可以将箭矢和石块准确地发射到300码开外。古典文学曾对这两次武器改良唏嘘不已。传统主义者认为，新型弩炮的出现使战场上增加了随机性，让每一个人惶惶不安，因为这种恶魔般的武器从远处发射，完全不会区分勇士和懦夫。面对这种蓄势待发的无情弩炮，个人的勇气和力量根本不值一提。

然而，德利姆战役中使用的火焰喷射器比腓利二世的

· 第三章 德利姆战役的衍生文化（公元前 424 年 11 月）·

弩炮早了近一个世纪，为约公元 675 年拜占庭首次出现的著名武器"希腊火"所效仿。尽管它的确切成分和配比至今仍是个谜，但是鉴于从拜占庭战舰上喷射出来的烈焰无法用水扑灭，它显然是石脑油、硫磺、石油和生石灰的强效混合物。这种近乎不可遏制的毒性黏稠物，顷刻间便能将敌船烧成灰烬。尽管希腊火的投射系统要比德利姆战役中的火焰发射器复杂得多，但二者采用了相同的工作原理，即通过压缩空气助推炮筒尾端的燃料，点燃之后便持续不断地向目标喷射烈焰。帕冈达斯这种新奇的武器杀伤力巨大，将几十名雅典人在圣殿里烧成灰烬。

我们该如何解释德利姆战役中维奥蒂亚人辉煌的军事成就？德利姆战役对后来的军事将领产生了深远、颠覆性的影响，然而这并非它令人费解的地方。它最令人费解之处在于，为何一位年过花甲、鲜为人知的将领会提出如此创新的战术思想。他独自率领一支由自耕农组成的军队，毅然决然地参加德利姆战役。毋庸置疑，他具备打胜仗所需的军事才能。

238

如果不是这位忒拜将领独力坚持带领维奥蒂亚军队参战，那么德利姆战役所引发的一系列事件便不会发生。在修昔底德的历史记载中，帕冈达斯赢得了德利姆战役的胜利，从默默无闻中脱颖而出，然而战役结束之后，有关他的叙述便戛然而止。尽管如此，他极具开创性的作战部署却从未被遗忘，而且随着时间的推移，逐渐构成了经典战术的基石，比如加强队列纵深，设置预备军，步兵和骑兵

> 战争的幽灵

联合作战,选取精锐部队,以及运用先进的军事技术。

无论是亚历山大大帝,还是忒拜的伊巴密浓达,都不是西方战术的首创者。实际上,这两位将领无不沿袭了一种奇异的、如今已被遗忘的维奥蒂亚作战传统,而这种传统源于德利姆战役。概而言之,地处乡村的维奥蒂亚才是西方军事思想的源头,是欧洲文明史上首场战役的诞生地——在这里出现了真正复杂的战术学。

何为德利姆?

德利姆战役完全是一场意外。两个希腊城邦本不应该在如此偏远的地方展开战斗。一位年老的忒拜贵族仅仅凭借自己的热情唤醒了维奥蒂亚军队,说服他们前往边境追击这些意志消沉、毫无斗志的敌人。在整个伯罗奔尼撒战争中,这场冲突发生在偏僻闭塞之地,看似无足轻重,可是为何自古至今一直影响着战场内外的无数人?

德利姆战役的巨大影响力绝非体现在参战人数上。与古代其他战役相比,它的规模没有任何特别之处。萨拉米斯海战约有25万水兵卷入战斗;坎尼会战不到3小时就有6万到8万罗马人丧生;亚历山大参加的几次重大战役有时超过25万人。然而,德利姆战役只有5万人参与,与夏洛战役也相差悬殊——在两天多的战斗中,南北双方投入了10万多人。

当然,那些在德利姆战斗的数万人都有家人和朋友,

第三章 德利姆战役的衍生文化（公元前424年11月）

因此战役所带来的死亡、肉体和精神创伤会改变无数人的命运，而这并没有记载于史料之中，对此我们也很难去加以想象。不过，透过特斯匹伊人的命运，我们可以窥见那天下午的杀戮对无数维奥蒂亚人随后几十年里造成的重创。我们只有德利姆战役中阵亡的164个维奥蒂亚人的姓名，却无从得知他们个人的牺牲对家庭和村庄命运的改变。

尽管事实非常残酷，但我们不得不承认，德利姆战役的历史意义并不在于那些无名士兵及其亲属的数量。这场战役的影响也不能从宏观战略的角度加以评判。即使有人认为，伯罗奔尼撒战争是西方文明史上的分水岭；但是我们并不确定，德利姆战役中雅典的战败是否真的改变了战争的进程。

然而，为何时至今日，德利姆战役仍然以某种潜在的、隐秘的方式从根本上影响着我们？我认为答案在于，公元前424年那个特定时期雅典和维奥蒂亚两个城邦各自的特殊性质。在伯罗奔尼撒战争期间，德利姆战役是雅典经历的首次大规模步兵作战，也是首次失利，严重挫伤了正处于全盛时期的雅典帝国及其边境地区。在这场战役中，成千上万不同年龄的雅典人聚集在一起，他们列队作战，英勇杀敌，纷纷战死，继而逃亡到阿提卡边境地区。公元前5世纪20年代，随着城市和文明的发展，雅典文化异常光辉璀璨，很多作战的士兵也与之前和之后的大多数战士截然不同。

尽管雅典在伯罗奔尼撒战争头七年里损失惨重，其间

战争的幽灵

爆发的瘟疫还夺取了许多人的生命,但是古希腊悲剧却在公元前424年达到了顶峰。诚然,雅典城区居民人口不足10万人,仅是纽约或洛杉矶人口的1%。如果以现代物质财富的标准来评判,这个城邦相当贫困。但是激进民主与帝国辉煌的结合激发了公民极大的热情,在政治、商业和精神生活之间形成了一种独特、脆弱而又易逝的共生关系。公元前5世纪后期,雅典的公共空间与私人空间、政治思想与知识探寻、艺术与建筑学之间没有真正的界线,商业与文化追求之间更是如此。雅典社会的天才并未醉心于金融投机或一味追逐资本,至少不完全如此。当时没有任何事物以美好生活为幌子引诱聪明的雅典人,比如华尔街经纪公司、国际律师事务所、麦迪逊大街或好莱坞。在很短的一段时间内——最多不过六七十年——这些天才以最公开、最机智的方式找到了施展才华的途径。

索福克勒斯的杰作《俄狄浦斯王》(*Oedipus Rex*)在这场战役前几年问世。这位剧作家早先曾像希波克拉底那样,在雅典的十将军委员会任职。公元前424年,很多与维奥蒂亚作战的人在狄俄尼索斯剧场看过《俄狄浦斯王》(以维奥蒂亚为背景)等几十部类似的戏剧。该剧场位于那时刚完工的帕台农神庙下方的斜坡上,距离德利姆不到30英里。索福克勒斯的戏剧《厄勒克特拉》(*Electra*)、《菲罗克忒忒斯》(*Philoctetes*)和《俄狄浦斯在科洛诺斯》(*Oedipus at Colonus*)也在战后几年相继问世。欧里庇得斯是索福克勒斯的同代人,很可能也服过兵役,虽然更年轻一些,但在

·第三章 德利姆战役的衍生文化（公元前424年11月）·

公元前424年已年近花甲。自公元前431年伯罗奔尼撒战争爆发以来，他接连创作了《美狄亚》《赫拉克勒斯的儿女》（Heracleidae）、《希波吕托斯》《安德洛玛刻》（Andromache）以及《赫卡柏》（Hecuba）。在德利姆战役之后的20年间，除《请愿的妇女》外，他还相继创作了《厄勒克特拉》（Electra）、《酒神的伴侣》和《伊菲革涅亚在奥利斯》（Iphigenia at Aulis）。当雅典进军维奥蒂亚时，喜剧诗人阿里斯托芬35岁左右。德利姆战役一年后，才华横溢的他创作了猛烈抨击苏格拉底的作品《云》。显然，该作品的问世绝非偶然。德利姆战役爆发前几个月，他创作了《骑士》（Knights）；战役结束后，他最伟大的几部喜剧作品相继面世：《马蜂》（Wasps）（公元前422年）、《鸟》（Birds）（公元前414年）、《吕西斯特拉特》（Lysistrata）（公元前411年）以及《蛙》（Frogs）（公元前405年）。

伯里克利统治雅典30多年的时间里，对外不断推行帝国扩张，对内实施大规模的公共设施建设。他去世之后，克里昂、亚西比德等年轻的政治煽动家开始争夺他的继承权。苏格拉底的权力在德利姆战役达到顶峰，但他的哲学才华并非无人能及。公元前427年，著名智者高尔吉亚（Gorgias）首次来到雅典；雅典军队出征三年后，民众对高尔吉亚的追捧以及他对修辞学和雄辩术的影响如滚雪球般越来越大。公元前424年，普罗泰戈拉尚在人世，与许多其他智者和哲学家共同孕育了西方第一次知识复兴。公元前5世纪末，西方医学奠基人希波克拉底经常前往雅典。德利姆战

战争的幽灵

役爆发时,城市规划之父希波丹姆斯(Hippodamus)已进入职业生涯末期。演说家安提丰(Antiphon)56岁,在公元前5世纪20年代发表了一系列著名的法庭演说,进一步完善他的反民主观点,为公元前411年的寡头政治革命奠定了基础。

公元前424年,雅典卫城宏伟壮观的前门刚刚开放,而伯里克利建设计划中最核心的帕台农神庙也在几年前落成。德利姆战役结束仅仅三年,雅典就着手修建卫城第三座伟大的建筑厄瑞克忒翁姆庙(Erectheum),而第四座建筑雅典娜胜利神殿(Athena Nike)规模略小,于公元前410年竣工。德利姆战役时,帕台农神庙的建筑师伊克梯诺(Ictinus)和卡里克拉特(Callicrates)承担起雅典众多神庙和建筑的设计工作。希腊最伟大的雕塑家菲迪亚斯(Phidias)于德利姆战役爆发前一年离世,曾用黄金象牙制作了著名的雅典娜和宙斯雕像,分别安置在雅典的帕台农神庙和奥林匹亚的宙斯神庙。当雅典人向德利姆进军时,西方现实主义绘画的奠基人波吕格诺图斯(Polygnotus)正处于职业生涯的末期。

公元前5世纪20年代初期,"历史之父"希罗多德正在忙于修改他的著作《历史》(*Histories*),战争开始前一两年,他大概已经完成了希波战争叙述的修订版。事实上,他可能在德利姆战役前后去世。西方最伟大的历史学家或许是修昔底德。他对参加过德利姆战役的双方士兵都很熟悉,根据自己的实地调查和研究,创作了同代人记录这场战役的唯一作品。他与希波克拉底经历相似,公元前424年

第三章 德利姆战役的衍生文化（公元前424年11月）

曾在雅典十人将军委员会任职，而且无疑对这位被杀的指挥官十分了解。实际上，如果修昔底德没有随雅典舰队远征北方，那么他很可能会在德利姆战役中与苏格拉底并肩作战。

就在德利姆的雅典驻所被焚毁后不久，修昔底德面临指挥不力的指控，因为他没能及时解救北部港口城市安菲波利斯。公元前424年，雅典军队在离议事大厅几英里外的地方惨遭屠戮，饱受打击的雅典公民开始变得歇斯底里，最终投票将修昔底德革职并流放。德利姆战役的惨败让雅典公民深恶痛绝，在一定程度上导致他们愈来愈狂乱，而他们又将这种情绪转移到了修昔底德身上。或许这也可以解释，为何这位历史学家如此详细地记述这场似乎并不重要的战役。

从这种文化层面上说，德利姆战役给雅典造成了巨大的精神创伤。由于雅典城邦当时实行民主制度，这场战役使几十位作家、哲学家和政治家卷入其中，而他们为后世留下的宝贵财富超越了狭隘城邦的疆域，因此这场战役所激起的余波远远超出了军事或政治领域。因为雅典当时正处于全盛时期，又是希腊最伟大的城邦，而希腊是西方文化的实验室，因此这场如此激烈而又靠近雅典的战役所产生的影响，势必会远远超出战略或战术层面。

然而，忒拜及其维奥蒂亚联盟的情况则与雅典截然不同——至少表面看来如此。它们的艺术、文学和文化停滞不前。他们优秀的政治家鲜为人知，维奥蒂亚也没有在西

战争的幽灵

方思想史上留下任何不朽的印记。不过，事实并非完全如此。如果说雅典文化正在经历最后的繁荣，那么维奥蒂亚的文化则还处在酝酿之中，因为半个世纪以前波斯对她的支持带有羞辱性，而且她常年饱受雅典的干涉和侵略。然而，在这个幅员辽阔的农业城邦，在广大的乡村地区，仍有一些蛰伏的天才，正等待某个契机脱颖而出，比如公元前424年战胜入侵的雅典军队。

维奥蒂亚在德利姆战役中掀起的余波绝非只局限于地方区域，也不仅仅是造成了特斯匹伊等小村落的悲剧、致使公共建筑重修或推动雕塑的小规模复兴。其实，早在德利姆战役之前，忒拜思想家似乎就一直致力于探索战术学，即关于军事调度和衔接的抽象法则，而不仅局限于力量和精神层面，因为这种学问能够决定战场上对战双方的生死。德利姆战役的胜利揭示了许多军事理念，比如预备军、骑兵协作、纵队深度、精英部队以及战术衔接等。这些知识在希腊世界广为传播，融入伊巴密浓达的军事思想之中，并最终影响了腓力二世和亚历山大大帝，进而对东方亿万人产生了难以估量的影响。如果说参加德利姆战役的雅典人是艺术的民族，那么对他们的屠杀也是一种艺术，尽管是一种用来毁灭而非创造的黑暗文化。

尾声 战争的印记

如果说战役是历史的产物,那么它们的重要性是否大致相同?如果战役改变历史的方式不像漫画情节或修道院中的性别问题那样显著,那么为何某些战役更值得让人铭记,并且会在历史上留下更深的印记?为何德利姆战役比尼米亚战役(公元前394年)更有名,却赶不上马拉松战役(公元前490年)?为何夏洛战役比本顿维尔战役(1865年)更有名,却比不上葛底斯堡战役(1863年)?为何冲绳战役比贝里琉岛战役(1944年11月)更有名,却赶不上瓜达尔卡纳尔岛战役(1942年至1943年)?

通过考察以上三个案例,我试图揭示两个问题:那些被人遗忘或鲜为人知的历史事件如何悄无声息地改变了亿万人的生活轨迹;虽然某种历史法则会武断地认为一些战役无足轻重,但它们的重要性会以潜移默化、不为人知的方式表现出来。然而,历史逻辑究竟是什么?如果所有战役都具有同等的重要性,那么到底什么因素决定了某些战

战争的幽灵

役得到官方和大众的正式认可?

各种各样的标准涌入脑海,然而一旦遇到特定的情形,我们却很难判定究竟哪个更重要。当然,我们应该知道军事历史学家独特的兴趣,即关注严密的作战行动,比如留克特拉战役、阿德里安堡战役、奥斯特里茨(Austerlitz)战役、钱斯勒斯维尔战役和仁川(Inchon)战役等,因为它们完美地体现了指挥官高超的战术素养,因此作为个人意志影响广大人类命运的案例载入史册。然而,在多数情况下,无论是留克拉特战役中伊巴密浓达的战术,还是克雷西(Crécy)战役中长弓的威力,都不太为大众所熟知。因此,即便神秘的新型战术和武器能够影响无数尚未出生的人,但是公众更认可的是战役本身而非血腥的杀戮艺术。

奇怪的是,参战人数未必是衡量战役历史重要性的可靠因素。在冲绳战役中,美日双方派出了庞大的军队(陆海空总兵力近50万人),从中也可以窥见战事之残酷和损失之惨重。这场战役改变了几十万士兵以及遇难者亲友的生活。然而,大多数美国人似乎更了解瓜达尔卡纳尔岛战役乃至硫磺岛战役。如前所述,尼米亚战役是古希腊城邦之间爆发的最大规模的重装步兵战役,参战人数远远超过德利姆战役,但是许多古典主义者对它少有提及。1948年末,国民党军队在淮海战役中伤亡及被俘近60万人,然而中国以外很少有人知道这场战役。参战人数是决定战役重要性的一个因素,但是历史语境比战场上列队参战的人数更为重要。

·尾声 战争的印记·

　　死亡人数越多,就越会受到后人的缅怀吗?通常来说,惨重的伤亡能够引起后世的关注。但令人遗憾的是,事实并非总是如此,否则列宁格勒围城战的重要性将远在小巨角河(Little Bighorn)战役之上。列宁格勒围城战持续了900多天,死亡人数可能多达100万人,平均每小时就有215人死亡。然而,小巨角河战役可能是现代军事史上记载最多的战役之一。正史具有一定的任意性——虽然这有些残酷,它可能会将几百人的命运凌驾于几十万人乃至更多受波及之人的悲惨命运之上。显然,仅凭死亡人数无法判定一场战役是广为人知,抑或只是历史的一个注脚。

　　战争的发生地似乎至关重要。我们至少知道德利姆战役,因为它像马拉松战役一样,发生在雅典附近,深深地烙在了当时雅典一些重要人物的记忆里,而他们的生活和作品至今仍为我们所熟知。修昔底德曾用300行的篇幅描述这场战役。可是克罗尼亚战役、奥诺斐塔战役和尼米亚之战呢?这三场战役发生在乡村内陆地区,更靠近忒拜或科林斯,而非伯里克利建造的宏伟城邦,因此虽然牺牲了无数人却鲜为人知。冲绳战役的重要性超过了塔拉瓦战役和缅甸(Burma)战役,这不仅是因为它伤亡惨重,还有一部分原因在于它更靠近日本本土。如果2001年9月11日基地组织恐怖分子劫持飞机撞的是弗雷斯诺(Fresno)仅有的两座"摩天大楼",尽管也会造成在里面工作的3000名美国人死亡,却不会导致美国发生巨大的转变。原因绝不仅仅在于,世贸中心是美国的象征,拥有很高的国际知名度,

战争的幽灵

远非我们的证券银行大厦所能比。

真正的原因在于——虽然说出来很残酷,在纽约双子塔大楼里的并非普通人,而是社会影响力远在他们之上的大人物,他们为我们创作图书、编辑报纸、制作晚间新闻、经营公司或监管国家财政。这些权倾天下的人目睹甚至经历了这场灾难,人类文明史上最显赫的城市的核心区域瞬间变成了20英亩的地狱。夏洛处于美国南北方交界地带,河运非常便利,是广大西部战区的战略枢纽,从这个方面来说,即使更加可怕的冷港战役也无法与之相比。

战役发生的时机也很关键。它可能会直接影响正在进行的战争接下来所采取的战略战术,甚至会触及更广大的流行文化的脉搏。德利姆战役封闭了整个前线,而夏洛战役则以同样的方式开启了更长的前线。喀罗尼亚战役广为人知,因为它终结了古希腊城邦自由的历史。然而,在几英里外发生的第二次克罗尼亚战役却没有激起波澜,几乎被人遗忘。在异常惨烈的溪山(Khe Sanh)战役中,美军使用无数飞机和炮弹展开密集轰炸,我们很难准确评判这一行动的作用,或许只是在几周内炸死了5万多名北越人,或许完美地体现了美军的勇气、坚韧和恐怖的杀伤力。冲绳战役将永远与投放原子弹的决定以及停战协议联系在一起(日本在该岛宣布安全后仅6周就签署了停战协议)。我们本应对自杀式恐怖袭击了解更多,但同时发生的纳粹投降和欧洲战场结束,转移了美国人对太平洋战场的注意力。

在很大程度上,官方历史纪念活动的级别决定了我们的认知。

空间和时间可以衡量战役所产生的直接军事影响,然而我们同样需要考虑战役所引发的长期文化和社会思潮。"9·11"事件似乎被视作美国战略格局调整的分水岭。它发生于克林顿政府任期结束不久、小布什就任总统的当年,标志着美国在历经数十起恐怖袭击后,长达20年的克制策略走向终结。美国人几乎立刻意识到他们损失了3000人,而这成为压垮他们传统思维的最后一根稻草。同样,德国入侵波兰成为第二次世界大战全面爆发的标志,而早先捷克斯洛伐克的覆灭几乎被人遗忘。珍珠港事件对世界的影响似乎超过了死亡30万人的南京大屠杀:因为前者致使美国人出现伤亡并卷入二战,而后者只是让我们对远方他人的命运愤怒和唏嘘。

在某种意义上,战斗惨烈的特拉西美诺湖(Lake Trasimene)战役——而非特雷比亚河(Trebia)战役,预示着不久后坎尼会战的到来。因为虽然汉尼拔在特雷比亚河取得了伟大的胜利,但相比于特拉西美诺湖,这里更远离罗马,伤亡人数也没有显著增加。坎尼会战发生时,罗马已经遭受了一连串的失败;而坎尼会战进一步打击了意大利各邦国的士气,导致前线军团缺失近6个月——罗马很容易遭到敌人的直接攻击。春节攻势是南越共产党军队的一次巨大军事失败,也是美国军事战争史上双方实力差距最大的一场胜利。然而,如今人们回想起这场战役,却充满

战争的幽灵

了羞愧、挫败和遗憾,因为就在美国政府宣称敌人衰竭、战争即将结束后的几个星期,西贡(Saigon)巷战爆发了。以沃尔特·克朗凯特(Walter Cronkite)为代表的美国政要认为,越南共产党在南越主要城市及其周边地区可能会损失4万人左右,但这似乎只是实力的反映,并不会使他们绝望。时机是命运和机遇共同的产物,可以成为决定战役历史地位的全部因素。

当然,历史偶然性可能影响人们对战役本身的评价,虽然这有些不公和残酷。如果苏格拉底没有参加德利姆战役,那么他战斗的场景就不会在柏拉图的对话录中出现。小巨角河战役之所以声名远播,是因为美洲原住民根本不可能歼灭联邦军队——这些联邦士兵曾在10多年前的内战中彼此激烈对战;又或因为乔治·阿姆斯特朗·卡斯特(George Armstrong Custer)的军队在那个小山丘上全军覆没之时,正值美国大肆庆祝建国一百周年前夕。也就是说,如果那个英俊、潇洒、喧闹、多变的卡斯特没有参战,那么我们对这次围歼战也便知之甚少,如今它赢得了"卡斯特的最后一战"的不朽盛名。

我知道很多文学评论家会说,塞万提斯(Miguel de Cervantes)曾参加过勒班陀海战,或拜伦(George Gordon Byron)写过一首关于唐璜的长诗,但是他们对战争中可怕的细节或更大的历史背景一无所知。当然,他们对几乎同时期的战役也毫不关心,比如马耳他(Malta)围攻战,以及勒班陀海战前几周在塞浦路斯岛上的残酷战役。如果

·尾声 战争的印记·

不是泰迪·罗斯福（Teddy Roosevelt）① 参加了圣胡安山（San Juan Hill）战役，那么美西战争的意义甚至比不上美国在古巴和菲律宾不知名地区所采取的一系列干涉行动。

　　一场战役所激起的余波，取决于战术、规模、死亡人数、地点、时机、政治冲击和杰出将领等诸多因素。但是战役的影响并不会只局限于现实层面，也会引发一些永恒的感知性的重要问题——能够直接触及文化的内核、历史的本质和西方文明的主导地位。简单地说，我们知道一些战役却不知道另一些，因为有参战士兵、目击者或历史学家记录过它们，但是很多时候之前提到的标准完全不适用。埃尔南·科尔特斯曾血洗特诺奇蒂特兰城（Tenochtitlán），屠杀了约20万阿兹特克人，这种人间惨剧依然会让我们震惊。然而，就在不到半个世纪前，这些劫数难逃的阿兹特克人很有可能以献祭之名，杀害了近9万周边部落的人。他们每天杀戮的人数甚至超过了奥斯维辛集中营，只是如今很少有人知道这一事实。那时没有贝尔纳尔·迪亚斯·德尔·卡斯蒂略或萨哈冈（Sahagun）主教，能够记录下成千上万战俘被赶到雄伟的金字塔上迎接死亡的场景。而且当时以说纳瓦特语（Nahuatl）为主的墨西哥，也没有印刷机、图书市场或可供阅读的公共场所。其实，在小巨角河战役之前，无数的美洲原住民曾年复一年地相互厮杀，只是那

---

① 即西奥多·罗斯福（Theodore Roosevelt）。——译者注

战争的幽灵

时没有黄色新闻记者（yellow journalists）①、纽约报纸或廉价小说家为后人记录这些屠杀。

这种差异不能简单地从"识字/不识字"或"传统历史/不太确切的口述历史"来解释。西方文明本身——特别是近年来美国文化中各种因素相结合，歪曲了人们关于战役的记忆，这些因素包括市场资本主义的力量，个体自由决定论以及对不受限调查的狂热。在俄罗斯，列宁格勒战役的重要性显然要高于小巨角河战役；对于大多数俄罗斯人来说，我们对这两场战役重要性的偏见也无关紧要。实际上，与卡斯特相关的英文书不断出版，在欧美多达数百万册，有的在杂志上连载，有的改编成影视剧。然而，没有多少书关注为抵抗纳粹而死于风雪、鼠疫或伤寒病的广大士兵。某个布宜诺斯艾利斯的人可能会知道卡斯特的金发，却不知道列宁格勒战役中的苏联或德国将领。

因此，战役所激起的余波在很大程度上受主流历史学家的引导，最开始是西方人，而最近则主要是欧洲人和美国人。然而，这种曲解史实的做法并非总是偏向西方人，在当代更是如此。2002年4月，以色列国防军进入约旦河西岸城镇杰宁，搜捕涉嫌自杀式袭击的恐怖分子，其中有

---

① 黄色新闻是指具有刺激性、轰动性内容的报道，往往言辞渲染、夸张，品质低劣、粗俗，追求煽动性效果。该术语源于19世纪末美国两位报业大亨威廉·赫斯特与约瑟夫·普利策的竞争，他们都曾在专栏中出现光头、龅牙、身穿黄色睡衣的"黄孩子"，并借他之口讲述纽约近期发生的新闻事件，图文并茂，滑稽可笑，广受读者的欢迎。——译者注

·尾声 战争的印记·

成员过去一年炸死了数百名以色列平民。尽管只有不到60名巴勒斯坦人在杰宁死亡,而且绝大多数是战士,但是各国媒体还是将这场巷战称为"杰宁格勒"(Jeningrad),似乎将这些人比作在斯大林格勒战役中丧生100万德国人和俄国人。然而,以色列撤出杰宁没几天,巴基斯坦便与印度开战。这场战役牵涉世界1/5的人口,危险系数极高,而且双方都是核武器国家,互相威胁对方要动用核武库。仅在战争爆发的第一年,印度和巴基斯坦的死亡人数就几乎是以色列和巴勒斯坦冲突的5倍。不管是从战争规模、死亡人数、地缘政治影响,还是地球长期的环境卫生来看,世界应该了解克什米尔的主要城市,而非杰宁几条街的名称。如果要记录一个伊斯兰城市的毁坏和死亡情况,那么不论用什么标准来衡量,人们都应该将注意力转向格罗兹尼(Grozny),因为俄罗斯军队在那里摧毁了整个车臣伊斯兰社会。

250

  战役在历史上呈现出来的典型特征,不仅取决于是否有苏格拉底或泰迪·罗斯福这样的伟人参与,有时也受制于文化和政治中的某些未知因素。在前面提到的例子中,以色列人其实更贴合富裕高傲的西方人这一刻板印象,而巴勒斯坦人则被塑造成贫穷、饱受压迫的被殖民者,很容易赢得欧美重要媒体、高校和政府的同情;一些杰出的精英不时会为此而忧虑,便决定派记者、学者和外交官前往杰宁,而非伊斯兰堡或格罗兹尼。

  不论喜欢与否,自希罗多德时代至今,西方人在世界

战争的幽灵

历史上的地位远超过其人数所占的比例,许多微小的涟漪演变成了惊涛骇浪。在 20 世纪 90 年代的 10 年里,数百万无辜的非洲人在卢旺达(Rwanda)、刚果(Congo)、索马里(Somalia)和莫桑比克(Mozambique)惨遭屠杀,单单一个月的伤亡就超过了约旦河西岸或以色列半个世纪的死亡人数。然而,出于种种诡异的原因,这些死者几乎没有任何道德资本能引起世界主宰者的关注和怀念。

当然,历史对战役的记录总是让人捉摸不透:它称颂在温泉关对抗几十万波斯军队的数千名士兵,却任由这些追随冈比西斯(Cambyses)征服埃及的波斯军队被人遗忘。在历史的长河中,某些个体和私人的经历虽然不为史书所关注,却在其他领域激起了浪花,同样成为影响人类生存境遇的重大事件,而这些正是我想在本书中表达的内容:投放原子弹的决定、对抗自杀式袭击的教训、错失的良机、《宾虚》、欧里庇得斯《请愿的妇女》、特斯匹伊战士的覆灭、1945 年在遥远的冲绳岛上一个不起眼的瑞典裔农场男孩的死亡。

撇开多数人所铭记或知道的战役,还有一些战役虽然被人遗忘,但依旧潜移默化、悄无声息地改变着人们生活和思考的方式。卢旺达种族灭绝会催生出圣人还是怪物,邪恶的异教还是人道的宗教,伟大的诗歌还是毫无价值的歪诗?我们对此不得而知。然而,如今从那次恐怖血腥的屠杀中悄然涌起的巨浪正奔腾而出,最终可能会抵达我们料想不到的海岸。我们美国人号称正处在最安全和富足的

尾声 战争的印记

时代,却依然无法幸免于战役及其余波的冲击。

美国人从"9·11"的梦魇中迅速醒来,却非常沮丧地发现,国外有无数的人幸灾乐祸。他们在阿拉伯"温和派"政府中曾有不少朋友,如今却大多保持沉默。实际上,无论是否存心,这些人可能曾经协助或教唆过恐怖分子。"9·11"事件后,在大多数阿拉伯国家发起的一项民意调查结果显示,高达70%的受访者不喜欢美国。这次袭击事件表明,西方世界与伊斯兰世界,尤其是中东国家之间,存在着此前所忽视的巨大裂痕。卫星实时转播给出的画面更具戏剧性,在约旦河西岸、巴基斯坦和埃及,成群结队的人聚集在街头疯狂庆祝。大规模的恐怖主义顷刻间撕下了和平的伪装。这表明事件和意识形态的发展并非政府、大学和媒体精英所宣称的样子,而是真正地在广大群众中体现出来。

大多数美国人已然忘记,不论是轻松使用互联网、参加世界杯还是西方主要机场豪华的外国喷气式飞机,都与国外公民社会的性质没有任何关系。尽管伊斯兰社会充斥着西方主义的种种表象,如手机、电视、豪华酒店和快餐连锁店,但是"9·11"事件以一种粗暴的方式提醒广大美国公民:中东阿拉伯地区几乎没有真正意义上的民主国家。无论是沙特阿拉伯、伊朗和阿富汗的神权主义者,利比亚、叙利亚或伊拉克的独裁者,还是埃及、约旦和摩洛哥较温和的君主,他们的政府都不会受到民众的审查、废除或罢免。这些不自由的社会普遍缺乏共识政治,因此很可能没

战争的幽灵

有宗教宽容、言论自由、真正的世俗机构、性别平等以及自由媒体。

"9·11"事件让我们清醒地认识到,全球文化本应随着"历史的终结"融为一体,然而自由与暴政之间依然存在着巨大的鸿沟。面对美国人的死难,一些伊斯兰国家的人竟然纷纷跑向街头庆祝。在此之后,美国人可能不再认为阿拉法特(Yasir Arafat)是尽职的和平守卫者,也不会再将沙特阿拉伯超现代的部落酋长视为温和的朋友,甚至不会将几个月以来批评美国的许多北约盟国视作真正的战友。

无论外交家还是战略家都没有立即意识到,世界经历某些事件后突然就分崩离析了,而且无法再用相同的碎片重新拼接起来,比如公元前480年9月28日的萨拉米斯战役,或1453年5月29日君士坦丁堡的陷落。因此"9·11"事件及其对阿富汗和伊拉克造成的影响,促使人们重新思考北约、联合国的作用以及美国与欧洲大陆国家的关系。欧洲人大肆宣扬一种全新的反美主义,并且谈论一条迥异的"德国道路"。美国只能默默地生闷气,但也不让他们的心愿得逞。"9·11"事件后,欧洲人一直对美国这一保护国发泄不满。就连得梅因(Des Moines)和图莱里(Tulare)的普通民众也很困惑,质问美国为何要付出巨大的代价保卫一个人口和经济都在其之上的大陆。

文化如同政治一般,也未能从汹涌的战争浪潮中幸免。如果我们回顾过去就可以发现,战争通常会对文化产生影响。凡尔登战役、索姆河(Somme)战役以及第一次世界

尾声 战争的印记

大战的堑壕战大屠杀催生了现代主义。这些人间地狱传递出这样一种思想，即古老的道德习俗、传统的艺术和文学体裁、绝对的爱国主义（为国捐躯何等甜蜜和光荣①）以及国家政治，最终导致欧洲数百万人在法国乡村的泥泞中被毒死和炸死，在这场战役中没有赢家。

或许，如今后现代主义思潮的主要发源地也是法国。1940年5月，德国装甲部队羞辱性地挺近阿登高地（Ardennes）；法国当时拥有欧洲最庞大的军队，却只抵抗了不到六周就全线崩溃；1944年8月，英美两国开始支援法国。在这种时代背景下，理论永远比现实更美好。对于二战后饱受打击的法国精英来说，小说比现实更易于接受，文本和话语则成为对无法接受的痛苦真相的逃避。

纽约的伤疤将成为美国艺术和文化的核心议题，或许会产生同样深远的影响，但是更可能会起"反"作用。因为面对这一暂时性的失败，我们将会以更自信的态度去追寻胜利，而不只是尴尬地加以否认。如果恐怖袭击不是发生在纽约高耸入云的世贸大厦，那么或许就会有人认为，这些事件只是历史的杜撰或权力的建构。现在谁还坚持认为纸张和尿罐最能反映人类的境况？这并不意味着，带有讽刺和虚无主义精神的艺术和文学将会消失。虽然在一段时间内，一部分人仍会宣扬这种轰动性的论调，但是大部分人渴望的是超越、真实乃至高雅的事物，一旦他们从灾

---

① 原文为拉丁语"dulce et decorum est pro patria mori"，出自古罗马诗人贺拉斯的《颂诗集》。——译者注

战争的幽灵

难中恢复过来,便会逐渐对相关主义者那些机智、空洞的游戏失去兴趣。那天美国遭遇了史上最大规模的外国恐怖袭击,然而这些相对主义者却在距离废墟几个街区的地方,创作了这种虚假的艺术。

将一堆钢筋和混凝土进行某种搭配,随即放在美术馆里展出,并冠之以印象主义"艺术"之名,这种做法将不会再像之前那般受到追捧。毕竟,成千上万的人曾目睹过更大规模的混乱事件,能做出自己的评判。恐怖袭击绝非冰冷的雕塑,而是血肉模糊、尸横遍野的人间惨剧。恐怖主义和大屠杀发生的地方,往往与战争规模、死亡人数以及获胜方同等重要。

当代的多元文化主义理念认为,所有的社会都大致平等,"他者"不过是西方杜撰的产物。但是我们需要警惕的是,塔利班等群体与民主国家的公民迥异,他们拒不履行投票权,将妇女视作奴隶,对挑战他们原始信条的异议者处以鞭刑,甚至用石头活活砸死。这种文化相对主义的一个主要推论是,美国人很可能沉迷于种族中心主义,错误地将西方固有的人性推广到其他地区。然而,事实恰恰相反:"9·11事件"后,越来越多的美国人开始认识到伊斯兰宗教学校(madrassa)、六七种穆斯林女性盖头类型、狄更斯风格的巴基斯坦街道以及索马里、苏丹(Sudan)和阿富汗街头的杀人团伙。随着了解的深入,他们只会对如此反西方的社会感到震惊。

曼哈顿恐怖袭击之后,人们在电视上看到身着罩袍的女性在阿富汗体育场被枪决的画面，不得不重新思考他们曾被告知的一切，或许会意识到西方的民主和自由是多么珍贵和美好的财富。继温泉关战役、1939年德国入侵波兰以及"9·11"事件后，这一天再次颠覆了过去几十年我们所认知的历史。

2001年10月7日美国发动报复行动后，一些颇具影响力的人重拾道德等价（moral equivalency）的论调：美国在战争时期对敌人发动精确打击，与和平时期恐怖分子蓄意大规模屠杀平民应该承担同样的道德责任。但是全世界亿万人都明白，对喀布尔基地组织藏身之所有限的破坏，完全无法与世贸大厦在浓烟中坍塌的情形相提并论。为何恐怖分子和塔利班为躲避美国的轰炸藏进清真寺和医院，却又指派杀手在犹太医院和寺庙中进行大规模屠杀？广大民众看到电视上发生的情形，开始质疑过去几十年里少数当权者要他们恪守的虔诚。从道德层面来说，"9·11"事件让那些富足、时常自满的美国公民深受震撼，迫使他们认识到，不能因为自己富裕、优雅或敏感而饶恕凶手。

回溯过往我们就会明白，战役的确会对一个民族产生这种影响。苏格拉底的思想是在伯罗奔尼撒战争近30年的混战中成熟的，如果认识不到这一点，便无法读懂苏格拉底。德利姆战役和夏洛战役表明，战役能够造就伟人，也同样能够摧毁他们。思想也是如此。越战后的一代鼓吹和平主义，使美国人愧疚地认为，一切冲突都是负面的。相对主义有时会让美国人相信，他们其实与敌人并无二致。

战争的幽灵

有一些人主张,世界上不存在正义对抗邪恶的道德战争,并嘲讽这是"摩尼教的"观点;在他们看来,一切冲突都源自误解,因此化解冲突的方法在于相互妥协和理性对话。然而,"9·11"事件再次让美国回到战争即悲剧的传统观点,当庞大的邪恶力量威胁文明时,战争是人类可以采取的一种必要选择。

1986年,一个联合国小组宣称,战争是一种反常现象,绝非人类天生或固有的。然而2500年以前,古希腊哲学家赫拉克利特(Heraclitus)却声称,"战争是万物之父和万物之王"。双子塔倒塌后,美国人可能更倾向于相信这位故去的古希腊人,而非现代西方世界最时髦的律师和社会学家。

某天上午美国人对古希腊这一观点做了重新阐释:战争本身并不可怕,真正可怕的是人——希特勒、东条英机、斯大林、萨达姆(Saddam Hussein)、本·拉登(Osama bin Laden)以及他们令人作呕的思想。在目前这场冲突中,伊斯兰激进分子引发的各种思想和学说煽动了数百万民众,要真正让它破产,必须对它进行彻底的否定。为此,我们不得不采取一系列措施,包括军事征服、严厉的制裁,让那些拥护者付出巨大的代价。只有这样,广大信徒和无辜民众才能认识到,纵容偏执之徒挟持国家需要付出代价,比如日本人为冲绳战役承担了可怕的后果。

战役中的敌人从来不是个人,而是支配他的狂热信仰。战役有时也是唯一强大的驱魔人,能够驱除被恶魔附身的僵尸宿主。E. B. 斯莱奇在回忆录中记录了他在冲绳地狱般的可怕经历,这部杰作也经常被视为一本反战宣传册——它的确也是。然而,它的作用远不止于此,正如该书最后一行所说:"部队里经常说:'如果生活的国家很美好,那么为之战斗也很美好。'责任永远与权利相伴。"

虽然我们生活在所谓的西方开明社会,但是在与富裕、受过教育的恐怖分子作战时,或许会重新认识到,冲突往往并非源于真实的怨愤,而是人们的感受。正如古希腊人所言,冲突源于陈腐、过时的观念,如仇恨、嫉妒、恐惧和自私。煽动南方独立的并非生活贫困、没有奴隶、勉强维持生计的数百万南方白人,而是内战前靠贩卖棉花成为人类文明史上最富有的少数种植园主。1941年日本的人口总数和国土面积与今天没什么两样,但那时他们对自身的怨愤、民族权利和帝国命运的看法与今天截然不同。民众和他们的领导人发动战争并不是因为食不果腹,而是出于他们所秉持的某种信念:如果不发动战争,就可能意味着失败,而且国家的财富、影响力和权力都不会得到提升。

基地组织恐怖分子与日本军国主义者相似,他们袭击美国不仅仅是因为贫困、受剥削、被虐待或无法适应环境,可能同样也是出于对西方的厌恶、恐惧和憎恨。这一事实本身似乎在某种程度上驳斥了整个20世纪社会科学普遍认可的观点,即人性并非绝对、不变和永恒的,而是取决于所处的环境和(通常是病态的)成长经历。"9·11"事件提醒我们,真正反常的并非几千年漫长的历史进程,而是我们和平、富裕的时代,因为它否定受永恒激情和欲望驱

战争的幽灵

使的不变的人性。

战役除了会对政治、战争和文化产生重大影响之外,似乎还能将恐怖事件转变为普通事件——如我们在夏洛战役和德利姆战役所见到的那样,并且以更微妙的方式改变无数普通人和名人的生活。"9·11"事件之前,纽约市长鲁道夫·朱利安尼(Rudolph Giuliani)被媒体嘲讽为"跛脚鸭",即将淡出政治的舞台,而且经常陷于各种流言和丑闻。他虽然一直具有非凡的领导才能,但是供他施展才华的舞台早已不在。不过,"9·11"事件之后,他立即出现在世贸中心的遗址"归零地",在任期届满之际重新焕发活力,迅速稳定了这座遭受袭击的城市,成为纽约毅力与冷静的化身,被《时代周刊》评选为年度风云人物和美国"第一公民"(civis princeps)。借用普鲁塔克的话来说,鉴于朱利安尼的性格,他的时代没有像我们预期的那样走向终结,而是一直在等待风暴眼。

乔治·W. 布什(George W. Bush)不像前任总统那样,对人名、地名和事件有着渊博的知识,甚至在佛罗里达州选举风波之后,几乎被视作非法总统。他口误频发,力不从心,词汇贫乏,思想非常浅薄。但是恐怖主义战争证明,他就像古希腊抑扬格诗人阿尔基洛科斯笔下的刺猬,"其所唯知,却是大知":他知道如何激起民众的情绪,能够在国家危难之际带领他们同邪恶的敌人作战。这种"大知"本来没有机会呈现,但是冲突也是不合逻辑的事物,本来也不应该发生。在"9·11"事件之前,或许没多少人记得总

·尾声 战争的印记·

统制创立者的初心是保护国民免受他国攻击,而不是实现良好的国民生产总值,使道琼斯指数高于11000,或赢得60%以上的支持率。

在阿富汗战争前期,被杀的约翰尼·斯潘(Johnny Spann)是美国中产阶级的一员,默默无闻,在中央情报局有着良好的记录;被俘的约翰·沃克(John Walker)则是个"迷惘"的富家子弟,在塔利班纵情玩乐。他们一个人为国家尽职尽责,壮烈牺牲;另一个人则敌我不分,极力寻求个人满足。录像带中的两个人都被迫卷入了战争,命运却截然不同,这表明即便相距6000英里,两名性格迥异的美国人也会做出不同的人生选择。荣辱得失并非总发生在精英阶层。"9·11"事件后,在悲痛欲绝的广大普通人中,还有成千上万默默无闻的平民英雄,他们此后的人生将永远打上那次灾难的烙印。如果说过去是未来的指引,那么美国人很快就能看到,在接下来的几十年里,这些人的精神将会在各个商店、书店和电视节目中出现——战场上的死者依然在向此时此地的我们传递知识。

对广大军人来说,不论惨烈的战役(比如冲绳战役)会造成什么影响,至少会让他们明白一个道理,世界上有许多人不喜欢美国,甚至会用积累的财富和权力尽可能多地杀死美国人。因此,在如何应对"9·11"事件的全国性辩论中,执拗老兵们的反映并不让人意外。他们既没有表现出疯狂的杀戮欲,也没有像和平主义者那样心生愧疚,反而提醒年轻人,他们之前就见过这种灾难,而且不幸的

战争的幽灵

是,他们恰恰知道应该采取何种措施以何种方式去终结它。

最近 30 年来,我们基本上处于和平时期,没有经历过真正有组织的杀戮,只有一些远程、孤立的军事行动,比如 1991 年海湾战争期间的远程轰炸和数百小时的地面作战,以及在格林纳达(Grenada)、巴拿马(Panama)、索马里、波斯尼亚(Bosnia)和科索沃(Kosovo)的单独行动。我们只用了一代人的时间,就忘记了自文明诞生以来,世界悄无声息地发生了急剧的变化:一次人为的火灾和爆炸顷刻间能让数千人死亡。美国人对此有些惊慌失措,因为"'9·11'事件后一切都变了"。他们曾经舒适、相对可预测的世界也在发生变化,而且在未来几年中还会继续改变。如果历史表明莱克星顿和康科德(Concord)战役、萨姆特堡(Fort Sumter)战役和珍珠港事件在短短几分钟内使美国发生了巨变,那么难道更为血腥的"9·11"恐怖袭击对我们的冲击会有所削弱?如果不太起眼的德利姆战役改变了我们对古希腊悲剧、艺术、哲学、政治和战争的理解,那么难道世贸中心的倒塌和五角大楼的爆炸不能同样改变美国文化?公元前 5 世纪,雅典人在击败薛西斯后开始步入辉煌;然而此前发生了一系列事件:他们的第一代帕台农神庙被摧毁;雅典城惨遭蹂躏;波斯人试图毁灭或消融古希腊文明;希腊奇迹般地在萨拉米斯发动了反击。

几个世纪以来,亿万普通人的生活以我们不知道的方式发生了改变,因为一场战役(全部的年轻人、狭小的空间、可怕的杀戮)会悄无声息地扭曲死者家人和朋友的记忆，摧毁劫后余生的老兵们的思想和志向，陡然断送死者远大的前程。从这个意义上说，不论是在占主导地位的西方还是其他地方，战役的余波无视人类的创作和阅读，也不会受其影响。它们始终以各种方式冲击着我们，有些我们可能知道，有些可能在我们去世几个世纪后也未必能完全理解。

致 谢

本书所采用的二手资料以及直接引文的页码,均在后面简要的参考文献部分加以说明。在此,我要感谢海军陆战队第6师第29团2营F连的退伍军人,他们特意来信、来电,提供维克多·汉森的照片和信息,尤其是理查德·惠特克、罗伯特·谢尔、威廉·特威格、路易斯·伊特曼、迈克尔·森科、爱德华·休利克(Edward Hewlik)等人。维克多·汉森去世57年后,我终于知道他在冲绳牺牲时的情形,而且得到了他战争期间拍的照片和戒指。这一切都要感谢这些英勇、热心的老兵。

感谢加州州立大学弗雷斯诺分校古典学专业学生克里斯蒂·希尔(Kristi Hill)和萨宾娜·罗宾逊(Sabina Robinson),她们帮我选取和收集照片,并承担文字输入和校对工作。感谢丽贝卡(Rebecca)、雷蒙德·易卜拉欣(Raymond Ibrahim)和雷·桑切斯(Ray Sanchez),他们帮助我完成了文献整理工作。感谢俄亥俄州立大学(Ohio State University）军事史专业博士生凯瑟琳·贝克（Katherine Becker），她为我提供了许多加州州立大学弗雷斯诺分校没有的资料，并且通读了本书的文稿。感谢我的古典学专业同事布鲁斯·桑顿（Bruce Thornton）教授，他对本书的结构提供了宝贵的建议，并在定稿前批阅了文稿。感谢 M. C. 德雷克（M. C. Drake）教授再次为我绘制地图以及勇士索吉尼斯的墓碑图。

我的妻子卡拉（Cara）阅读了整部书稿，帮助我寻找海军陆战队第 29 团 F 连的军人；在过去的 3 年时间里，我疏于照管农场，而她承担了大量工作。格伦·哈特利（Glen Hartley）和林恩·楚（Lynn Chu）10 年来一直担任我的文字代理人，在本书成稿过程中提供了宝贵的建议，他们不仅是我的经纪人，也是我的朋友。最后，再次感谢双日出版社（Doubleday）的编辑亚当·贝洛（Adam Bellow）10 年来对我持续的信任和支持。

参考文献

第一章 自杀的代价

浩劫的诱因

美国有不少著名的历史学家写过冲绳战役的历史,参见 R. Appleman, J. M. Burns, R. A. Gugeler, and J. Stevens, *Okinawa: The Last Battle* (Rutland, Vt., and Tokyo, 1960)。该书在附录部分,提供了战场上军队自杀和失踪的大部分数据;海军陆战队第 29 团在甜面包山作战的情形,参见第 322—323 页;关于日本人自杀的记载,参见第 58 页;关于战后审判的描述,参见第 473—474 页。

冲绳战役中美国海军陆战队的历史,也可参见 C. S. Nichols and H. I. Shaw, *Okinawa: Victory in the Pacific* (Washington, D. C., 1955)。F 连在甜面包山及其周围战斗的情形,参见该书第 180—183 页。特别参见 P. Carleton, *The Conquest of Okinawa: An Account of the Sixth Marine Division* (Washington, D. C., 1947);以及 K. Stockman, *The Sixth Marine*

Division on Okinawa（Washington, D. C., 1946）。

八原博通大佐主要负责有效的消耗战术和顽强的防御战术，而非公开的反击，他曾描述过日本在冲绳岛的防御情况，参见 H. Yahara, *The Battle for Okinawa*（translated by R. Pineau and M. Uehara）, New York, 1995；他对日本士兵自杀的看法，参见第143页；弗兰克·吉布尼对平民自杀的评价，参见第200页。

冲绳岛被称为"太平洋上的英格兰岛"，参见 J. H. Alexander, *The Final Campaign：Marines in the Victory on Okinawa*（Washington, D. C., 1996），第2页；关于安谢川自杀的情形，参见第33页。关于日本防御性质的讨论，参见 B. M. Frank, *Okinawa：Capstone to Victory*（New York, 1970），第20—21页。日本人认为岛上的地形几乎无法通行，而美国人也没有想到要绕开日本的防线，参见 T. M. Huber, *Japan's Battle of Okinawa, April-June* 1945（Leavenworth, Kans., 1990），第38、65页。总体上说，一些颇有价值的口述史收录于 *Operation Iceberg：The Invasion and Conquest of Okinawa in World War* Ⅱ（New York, 1995）。

神风

关于日本自杀式袭击者的意识形态，参见 R. Leckie, *Okinawa：The Last Battle of World War* Ⅱ（New York, 1995）。关于美国水兵对抗神风特攻队时的作战技能以及他们对自杀式袭击者的态度，参见 A. Lott, *Brave Ship, Brave Men*（Annapolis, Md., 1986），特别是第164—174页。

与神风特攻队相关的文献越来越多，其中既有美国人的记述，也有特攻队幸存老兵的回忆录。奇怪的是，美国反而比日本更倾向于赞美特攻队员的英勇，而非谴责他们的狂热。有人从日本人的视角描述日本的特别作战中队——神风特攻队和"樱花特工队"，参见 H. Naito, *Thunder Gods：The Kamikaze Pilots Tell Their Story*（New York,

战争的幽灵

1989)。关于东条英机的《战阵训》，参见第 20 页；关于自杀式袭击队伍中的分歧与恐惧，参见第 96、209 页。

另见 E. Hoyt, *The Kamikazes* (New York, 1983); B. Millot, *Divine Thunder: The Life and Death of the Kamikazes* (New York, 1971)，特别是第 229—231 页有山口照夫的信。关于神风特攻队起源的深入讨论，参见 J. Field, *The Japanese at Leyte Gulf: The Sho Operation* (Princeton, 1947)，以及 R. Inoguchi and T. Nakajima, *The Divine Wind: Japan's Kamikaze Force in World War* II (Westport, Conn., 1959)。他们曾对自杀式部队的特殊性质做过评论，参见第 xxi 页；冈部平一少尉的信在第 190 页。

关于"大和号"战舰的最后一次航行，参见 R. Spurr, *A Glorious Way to Die* (New York, 1981)。西方人无法理解这种自杀行为，只能充满幻想地写道："日本的英雄们向全世界完美地展示了何为纯洁性。他们从远古深处带来了人性高贵的讯息，而这已经被遗忘很长时间。"(Millot, *Divine Thunder*, 233)。关于平民的经历，参见 R. Keyso, *Women of Okinawa* (Ithaca, N.Y., 2000)；伊佐顺子的叙述，参见第 6—7、11—12 页。

军事教训

关于丘吉尔的引文和其他人对冲绳战役重要性的评价，参见 I. Gow, *Okinawa 1945: Gateway to Japan* (New York, 1985)，第 213—215 页。乔治·费弗在《天王山：冲绳战役与原子弹》一书中，对冲绳战役与广岛原子弹爆炸之间的联系做过深入的分析，参见 George Feifer, *Tennozan: The Battle of Okinawa and the Atomic Bomb* (New York, 1992)；参见第 583—584 页；托马斯·汉纳赫的评论，参见第 544 页。也可参见 P. Fussell, *Thank God for the Atomic Bomb and Other Essays* (New York, 1988)，作者在该书中指出，那些远离前线的人——无

论是时间上还是空间上——更有可能反对使用原子弹；相较之下，那些身处太平洋战场上的战士反而知道，日本本土即将上演一场屠杀。

结语：冲绳战役的一代

关于厄尼·派尔之死以及他在战争期间创作的细节，参见 J. Tobin, *Ernie Pyle's War*: *America's Witness to World War* II（New York, 1997）；关于他的早期作品，参见 D. Nichols, *Ernie's America*（New York, 1989）。两部杰出的回忆录形象地描述了美国海军陆战队在岛上的经历：E. B. Sledge, *With the Old Breed*: *At Peleliu and Okinawa*（Novato, Calif., 1981），作者关于战斗的回忆参见第 253、314—315 页；W. Manchester, *Goodbye Darkness*: *A Memoir of the Pacific War*（Boston, 1979），第 378—379 页。关于攻占甜面包山的口述历史，参见 J. H. Hallas, *Killing Ground on Okinawa*: *The Battle for Sugar Loaf Hill*（Westport, Conn., 1996），特别是第 43 页及以后各页。

第二章 夏洛战役的幽灵

上午

关于谢尔曼震惊、在夏洛战争中受伤以及英勇行为的描述，参见 L. Daniel, *Shiloh*: *The Battle That Changed the Civil War*（New York, 1997），第 137—139、158、171、177—178、310—311 页；以及 J. McDonough, *Shiloh*: *In Hell Before Night*（Knoxville, Tenn., 1977）。他曾在战斗爆发前的那天上午对属下的上校讲话，参见 B. Simpson and J. Berlin, eds., *Sherman's Civil War*: *Selected Correspondence of Wil-*

战争的幽灵

liam T. Sherman, 1860 – 1865（Chapel Hill, N. C., 1999），第 168 页；谢尔曼曾考虑自杀，参见第 174 页；关于夏洛战役的可怕以及谢尔曼开战前的镇静，参见第 202 页；他在亚特兰大进军期间就战争性质所做的演讲，参见第 706、708 页。谢尔曼在 1881 年重组田纳西军团时提到夏洛战役，参见 J. Marszalek, *Sherman: A Soldier's Passion for Order*（New York, 1993），第 186—187 页。

关于他在枪林弹雨中摔下马时的情形，参见 W. Sword, *Shiloh: Bloody April*（New York, 1974），第 176 页；"我那天见到的真汉子"，第 209 页。战后谢尔曼与格兰特的谈话摘自他的自传 W. T. Sherman, *Memoirs of Gen. W. T. Sherman*（New York, 1875），vol. 1，第 254 页；谢尔曼在夏洛战役后的评论，参见 M. A. Howe, ed., *Home Letters of General Sherman*（New York, 1909）。

M. 费尔曼（M. Fellman）讨论过夏洛战役后谢尔曼惊人转变的心理内涵，并且引用了他信件中有关自杀和羞愧感的内容，参见 M. Fellman, *Citizen Sherman*（Lawrence, Kans., 1995），第 113—148 页。关于格兰特 6 日晚上的计划，参见 U. S. Grant, *Personal Memoirs of U. S. Grant*（New York, 1885），vol. 1，第 346—350 页。对谢尔曼在夏洛战役中总体表现的高度评价，参见 L. Lewis, *Sherman: Fighting Prophet*（New York, 1932），第 219—231 页，作者还对谢尔曼在战斗最开始几分钟的名言做了评论（他与格兰特的副官自信、打趣的汇报，参见第 222—223 页）；以及 L. Kennett, *Sherman: A Soldier's Life*（New York, 2001）。

总体来说，谢尔曼在战役期间发表的言论，也可参见 J. Merrill, *William Tecumseh Sherman*（Chicago, 1971），第 195—211、207 页。利德尔–哈特（B. H. Liddell-Hart）对谢尔曼及其对现代战争的影响有过深刻的评价，参见 B. H. Liddell-Hart, *Sherman: Soldier, Realist, American*（New York, 1958），第 427—431 页；谢尔曼避免伤亡的愿望及其

留下的发动道德复仇战的遗产，参见 V. D. Hanson, *The Soul of Battle* (New York, 1999)，第 232—260 页。

下午

约翰斯顿的长子威廉·普雷斯顿·约翰斯顿（William Preston Johnston）为父亲创作了一部 30 多万字的长篇歌颂性传记 *The Life of Gen. Albert Sidney Johnston, Embracing his Services in the Armies of the United States, the Republic of Texas, and the Confederate States* (New York, 1879)。该书几乎记载了约翰斯顿 40 多年间所说过和写过的一切，还收录了关于他的几乎所有正面评价。约翰斯顿将军临终时说的话，见第 614—615 页；他作战期间说过的格言，见第 563—564、566、584—585、612 页。对布拉格将军以及其他南方将领的评价，参见第 549、553、632—633、635—636 页。杰弗逊·戴维斯的悼词，参见第 658、730—732 页。关于南方历史学会档案的引文，见第 732 页；得克萨斯州议会的公告，参见第 696 页；关于约翰斯顿外貌的种种描写，参见第 726—728 页。威廉·普雷斯顿·约翰斯顿也记载过他父亲在夏洛战役中的表现，"Albert Sidney Johnston at Shiloh," in C. Buel and R. Johnson, eds., *Battles and Leaders of the Civil War*, 4 vols. (New York, 1956), vol. 1, 第 540—568 页。他在战斗开始前的讲话，参见第 556 页。

另一部约翰斯顿的传记追求客观公正的立场，并做过调查研究工作，对他在战争中的表现同样给予了非常正面的评价。理查德·泰勒的评论，见 Charles P. Roland, *Albert Sidney Johnston: Soldier of Three Republics* (Austin, Tex., 1964)，第 347 页；约翰斯顿临终时的情形，以及他去世后对他性格和经历的评价，参见第 336—346 页。

威利·索德在书的附录中描写过约翰斯顿去世时的周围环境，参见 W. Sword, *Shiloh: Bloody April* (New York, 1974)，第 443—446 页；

战争的幽灵

索德的结论是，约翰斯顿的死亡是导致南方邦联失败的关键因素，参见第 446 页。

以"错失良机"为主题的书目数量非常庞大，最早是 E. A. Pollard, *The Lost Cause: A New Southern History of the War of the Confederates* (New York, 1866)，特别是第 241 页和第 729 页，讨论了夏洛战役的重要性和南方普遍的道德优越感。许多同时代人的相关文章收录在两部文集中：Gerster and N. Cords, eds., *Myth and Southern History, Volume 1: The Old South* (Urbana, Ill., 1989)，以及 G. W. Gallagher and A. T. Nolan, eds., *The Myth of the Lost Cause and Civil War History* (Bloomington, Ind., 2000)。更概括性的论述可参见 C. Vann Woodward, *The Burden of Southern History* (Baton Rouge, 1960)；T. Connelly and B. Bellows, *God and General Longstreet: The Lost Cause and the Southern Mind* (Baton Rouge, 1982)。

格兰特对夏洛战役和"错失良机"的看法非常尖锐，对约翰斯顿的评价也相当严厉；特别是在他为格兰特所写的传记中，参见 U. S. Grant, *Personal Memoirs of U. S. Grant* (New York, 1885), vol. 1, 第 359—365 页。

傍晚

1905 年，卢·华莱士将军去世，他厚重的自传最后几章由妻子苏珊·华莱士（Susan Wallace）代为完成：*An Autobiography*, 2 vols. (New York, 1906)。书中用了大量篇幅讲述他的内战经历（全书 1003 页中的 420 页）——尤其是夏洛战役，他在多纳尔森堡攻防战后的评述（第 373—433 页），他对夏洛战役的冗长描述（第 459—570 页），以及顺皮克路所引发的争议（第 462—473 页）。自传中同样出彩的部分还包括：战后他与格兰特（第 463、544、566、807—810 页）和谢尔曼（第 662—666 页）的交谈，《宾虚》的创作缘由，以及格兰特、谢尔曼、加菲尔德等人对他文学成就的赞扬（第889、926—937、938、947—956页）。

关于夏洛战役的耻辱与华莱士小说的直接联系，参见 I. McKee, "Ben-Hur" Wallace: The Life of General Lew Wallace（Berkeley, 1947），第166—167、189、206、232—234、264—265页；《宾虚》的惊人销量、改编戏剧的受欢迎程度，以及不同电影版本的争议，参见第164—881页；文学界对华莱士小说的批评，第227页。尽管 R. 莫斯伯格和 K. 莫斯伯格的权威著作聚焦华莱士的文学事业，但是也以同情的语调记录了这位将军在夏洛战役的经历，参见 R. Morsberger and K. Morsberger, Lew Wallace: Militant Romantic（New York, 1980），第70—102页；此外，该书还详细地讨论了四部改编自《宾虚》的电影、戏剧取得的巨大成功以及该书的销售史，第447—496页。"加菲尔德版"《宾虚》：Lew Wallace, Ben-Hur: A Tale of the Christ（New York, 1892）。本书中的《宾虚》引文，转引自 D. Mayer (editor), Lew Wallace, Ben-Hur（Oxford, 1998），第136、406—407页，该书对小说做了很好的评述。

比尔将军对华莱士的支持以及对格兰特和谢尔曼的抨击，参见 C. Buel and R. Johnson, eds., Battles and Leaders of the Civil War, 4 vols.（New York, 1956），vol. 1, 第487—536页；格兰特更详细的回应表明，他对华莱士未能及时赶到并没有多少同情，参见第456—486页。格兰特著名的脚注以及后来对他长期批评华莱士言论的修正，参见第468页。在同一卷中，华莱士讲述了格兰特在多纳尔森堡的胜利，以及自己（异常）突出的领导能力（第398—428页）。格兰特对华莱士的批评及撤回，参见 U. S. Grant, Personal Memoirs of U. S. Grant（New York, 1885），vol. 1, 第337—338、351—352页。至少在战争刚刚结束之时，谢尔曼非常同情华莱士的遭遇，参见 B. Simpson and J. Berlin, eds., Sherman's Civil War: Selected Correspondence of William T.

| 战争的幽灵

Sherman, *1860 – 1865*（Chapel Hill, N. C., 1999），第 526—528 页.

在一些关于夏洛战役的总体叙述中，对华莱士行军的批评会与更广泛的批评联系在一起：公开批评他行军延误并且在夏洛战役第二天表现胆怯，参见 L. Daniel, *Shiloh*: *The Battle That Changed the Civil War*（New York, 1997），第 257—259、285、291 页；对华莱士的同情以及对格兰特的批驳，参见 J. McDonough, *Shiloh*: *In Hell Before Night*（Knoxville, Tenn., 1977），第 156—161 页；也有人持中立态度未作批评，参见 Wiley Sword, *Shiloh*: *Bloody April*（New York, 1974），第 345—354 页。

深夜

最近有两部内森·贝弗·福瑞斯特的传记大受欢迎，它们借鉴了至少半个世纪前出版的 19 世纪和 20 世纪早期的歌颂性传记。福瑞斯特在李宣布停战后做出回家的决定，参见 B. S. Wills, *A Battle from the Start*: *The Life of Nathan Bedford Forrest*（New York, 1992），第 316 页；他承认对北方带有普遍的仇恨，参见第 334 页；他对布朗斯维尔的民众发表煽动性演说，参见第 349 页；他为布莱克福德法官提供建议，参见第 362 页。有关李将军和"三 K 党"的内容，参见 J. Hurst, *Nathan Bedford Forrest*: *A Biography*（New York, 1993），第 286—287 页；乔治·阿什本在佐治亚州遭遇谋杀，参见第 295 页；《辛辛那提商报》对福瑞斯特极具争议性的采访，参见第 339—344 页。夏洛战役后，赫斯特评价福瑞斯特说："对他而言，一切都取决于最终的胜利，而非为达目的而采用的诸多妥协性的策略。就像他之前参加过的前线战斗那样，这绝不是一场游戏，而是一场关乎存亡的战役——不是为了个人，而是为了集体和国家而战。夏洛战役之后，他似乎以更接近生活的方式发动战争：独断专行，固执己见，对自己的决定十分自负。"

T. 乔丹（T. Jordan）和 J. P. 普莱尔（J. P. Pryor）曾整理过围绕

福瑞斯特英勇事迹形成的口述传统，参见 T. Jordan and J. P. Pryor, *The Campaigns of General Nathan Bedford Forrest and of Forrest's Cavalry*（with a fine new introduction by Albert Castel）（New York, 1996）；两位作者都是南方军队的退伍老兵（乔丹是谢尔曼在西点军校时的室友），因此不论是枕头堡屠杀，福瑞斯特领导的"三K党"活动，还是据称是他发动的枪杀和决斗，在书中几乎都没有记载。J. A. 怀斯（J. A. Wyeth）在他新版的经典作品中，详细记述了福瑞斯特在夏洛战役中的表现，参见 J. A. Wyeth, *That Devil Forrest: Life of General Nathan Bedford Forrest*（with a fine new forward by Albert Castel）；（Baton Rouge, 1989），第64—65页。也可参见 J. H. Mathes, *General Forrest*（New York, 1902），以及 R. S. Henry, "*First with the Mostest*" *Forrest*（New York, 1944）。沃尔斯利子爵写过很多关于福瑞斯特的精彩文章，并且将他归入历史上最睿智的将军行列；许多南方退伍老兵也写过相关文章，参见 R. S. Henry, ed., *As They Saw Forrest: Some Recollections and Comments of Contemporaries*（Jackson, Tenn., 1956）。

关于"倒树"之战和福瑞斯特是否真的用北方士兵做人肉盾牌的争论，参见 McDonough, *Shiloh: In Hell Before Night*（Knoxville, Tenn., 1977），第209—210页；W. Sword, *Shiloh: Bloody April*（New York, 1974），第300页。福瑞斯特在里克河所说的话，载于 L. J. Daniel, *Shiloh: The Battle That Changed the Civil War*（New York, 1997），第219—220页。谢尔曼对"倒树"之战的失望，参见 B. Simpson and J. Berlin, eds., *Sherman's Civil War: Selected Correspondence of William T. Sherman, 1860–1865*（Chapel Hill, N.C., 1999），第218页；他想逮捕并杀死福瑞斯特，参见第808页。

"三K党"早期宝贵的内部资料，参见 J. C. Lester and D. L. Wilson, *Ku Klux Klan: Its Origin, Growth, and Disbandment*（with introduction and notes by W. L. Fleming; New York, 1971）。关于"三K党"崛

起和演变较为流行的说法，参见 Wyn Craig Wade, *The Fiery Cross: The Ku Klux Klan in America*（New York, 1987），作者引用《辛辛那提商报》对福瑞斯特的采访表明，福瑞斯特领导的"三K党"勇士远多于内战时他麾下的南方士兵，而且他对宽恕北方老兵非常反感，参见第 16、40、50—55 页。也可参见 A. W. Trelease, *White Terror: The Ku Klux Klan Conspiracy and Southern Reconstruction*（Westport, Conn., 1971），and W. P. Randel, *The Ku Klux Klan: A Century of Infamy*（Philadelphia, 1965）。W. P. 兰德尔（Randel）认为，福瑞斯特在"三K党"成立两年后便宣布解散，这只是在为自己开脱。事实上，"三K党"还是像之前一样发展，只是不像以前那样明目张胆。

在国会委员会正式调查"三K党"之前，福瑞斯特有时会提供一些误导性的证词，还极力阻挠南方重建，参见国会报告，*Report of the Joint Select Committee to Inquire into the Condition of Affairs in the Late Insurrectionary States*, *Volume 13: Miscellaneous and Florida*（Washington, 1871），第3—41页。报告一字不落地收录了福瑞斯特与《辛辛那提商报》的那篇著名访谈以及他后来指出报纸错误的信件，参见第 32—35 页。D. M. 查尔默斯在书中讨论了内森·贝福德·福瑞斯特的孙子在"三K党"崛起过程中发挥的重要作用，参见 D. M. Chalmers, *Hooded Americanism: The First Century of the Ku Klux Klan, 1865 – 1965*（New York, 1965）。

第三章 德利姆战役的文化

德利姆战役

本章的直接引文源自两篇简要叙述战役的古代作品：Thucydides 4 第91—101 页 and Diodorus 12 第69—70 页。关于修昔底德同时代希腊文献的详细评述，参见 A. W. Gomme, *A Historical Commentary on Thucydides*, Volume Ⅲ（Oxford, 1956），第 558—571 页；以及 S. Hornblower, *A Commentary on Thucydides*, Volume Ⅱ（Oxford, 1996），第 301—310 页。也可参见 G. Busolt, *Griechische Geschichte bis zur Schlacht bei Chaeroneia*（3. vols.；Gotha, 1893 – 1904）Ⅲ.2, 第 1147—1151 页。

对德利姆战役全面、深入的讨论和战略评估，参见 D. Kagan, *The Archidamian War*（Ithaca, 1987），第 282—290 页；有一部史学经典作品使用大量篇幅论述这场战役，参见 G. Grote, *A History of Greece*, vol. 6（4th ed.；London, 1872），第 379—397 页。有人写过一篇关于德利姆战役非常概括性的文章，V. D. Hanson, "Delium," *Quarterly Journal of Military History* 8.1（1995），第 28—35 页。关于古希腊地形问题的讨论，参见 W. K. Pritchett, *Studies in Ancient Greek Topography*, Part 2（*Battlefields*）（Berkeley and Los Angeles, 1969），第 24—36 页；*Studies in Ancient Greek Topography*, Part 3（*Roads*）（Berkeley and Los Angeles, 1980），第 295—297 页。关于古希腊地形的早期研究，参见 J. Kromayer, *Antike Schlachtfelder*, v.4（Berlin, 1903 – 1931），第 177—198 页（written by J. Beck）。

欧里庇得斯与沙场尸骨

引文是我从欧里庇得斯《请愿的妇女》的希腊语版本翻译过来的，详见如下："违反全希腊公认之法"（第 311 页）；"他们生性暴戾，剥夺死者应有的安葬权"（第 308 页）；"斯巴达人十分野蛮，表里不一"（第 187 页）；"那些母亲希望让她们死于战场的儿子入土为安"（第 16—17 页）；"可怜我的不幸，可怜这些失去孩子的母亲们，让那些死者回家吧"（第 168—170 页）；"一个以平等表决权为基础的城邦"（第 353 页）；"这个城邦是自由的，绝非一人专制，而是由所有公民共同治理，长官每年轮流担任职务。最高荣誉绝非富人专属,穷人也有相同的机会"(第405—409页);"一场势均力敌的战斗"(第706页);"向他们深陷困境的一翼进发"(第709页);"每当战争成为公投的议题时,没有人会把自己的死计算在内,只会把这种不幸推给别人。如果在他们投票时死神就在眼前,那么希腊绝不会因为爱动干戈而自取灭亡"(第481—485页);"公民分为三个等级:富人毫无用处,总是贪图更多的利益;穷人缺乏维生之计,非常危险,容易受到邪恶领袖的蛊惑,嫉妒心太强,妄图欺诈富人。只有中间等级可以拯救国家,因为他们维护城市现有的秩序"(第238—245页);"自由是如此简单:谁有好的提议并和全民分享?这样做的人将获得声望,否则就默默无闻。还有什么比这更适合城邦的?"(第439—441页);"让死者的躯体为大地所覆盖,让万物回到最初进入光明的地方。人的灵魂会升空,而躯体则会回到大地。我们并非这具躯壳的拥有者:我们只是寄居者,滋养我们的大地终将把它们收回"(第561—536页)。

一些学者就相关议题展开争论:将德利姆战役与欧里庇得斯《请愿的妇女》联系在一起;真实的战役与虚构的战役的确有相似之处,参见C. Pelling, *Greek Tragedy and the Historian* (Oxford, 1997),第45—51页;S. Mills, *Theseus, Tragedy, and the Athenian Empire* (Oxford, 1997),第91—97页;C. Kuiper, "De Euripidis Supplicibus," *Mnemosyne* 51 (1923),第102—128页;C. Collard, *Euripides: Supplices*, 2 vols. (Groningen, 1975); and P. Giles, "Political Allusions in the Suppliants of Euripides," *Classical Review* 4 (1890),第95—98页。

特斯匹伊人的悲剧

我在撰写特斯匹伊人被屠杀的部分时,参考了以下文章中关于古希腊的资料,V. D. Hanson, "Hoplite Obliteration: The Case of the Town of Thespiae," J. Carman and A. Harding, *Ancient Warfare: Archaeological*

Perspectives (Trowbridge, U. K., 1999), 第 203—218 页。关于特斯匹伊的遗迹，参见 J. Fossey, *Topography and Population of Ancient Boeotia* (Chicago, 1986), 第 135—140 页；以及 W. K. Pritchett, *Studies in Ancient Greek Topography*, Part 5 (Berkeley, 1989), 第 138—165 页。关于城邦的历史，参见 P. Roesch, *Thespies et la confédération béotienne* (Paris, 1965)；以及 C. Fiehn, "Thespeia," in A. Pauly, G. Wissowa, and W. Kroll, *Paulys Real-Encyclopäedia des classischen Altertumswissenschaft* (Berlin, 1936), 第 37—59 页。菲利亚德为特斯匹伊人做的碑文诗，见 J. M. Edmonds (translator), *Greek Elegy and Iambus*, Vol. 1 (Cambridge, Mass., 1961), 第 439 页。为斯巴达死者做的诗歌，见 W. R. Paton (translator), *The Greek Anthology*, Books Ⅶ-Ⅷ (Cambridge, Mass., 1993), 第 239 页。

关于特斯匹伊人与波斯人的战争，参见 Herodotus 7. 第 202、222、226 页；8. 第 75、50 页；9. 第 25 页；以及 C. Hignett, *Xerxes' Invasion of Greece* (Oxford, 1963), 第 146—148、371—338 页；J. Lazenby, *The Defence of Greece, 490-479 B.C.* (Warminster, 1993), 第 144—147 页。

相传是德利姆战役中死去的约 300 名特斯匹亚人的墓地，德利姆战役的死亡名单以及对死者的部分说明，一些著名维奥蒂亚人死后的黑色石灰岩石雕，参见 W. K. Pritchett, *The Greek State at War*, Vol. 4 (Berkeley and Los Angeles, 1974), 第 132、141—143、192—194 页；N. Demand, *Thebes in the Fifth Century: Heracles Resurgent* (London, 1982), 第 110—118 页。

德利姆战役之貌

关于亚西比德的职业生涯，参见 W. M. Ellis, *Alcibiades* (London, 1989)；S. Forde, *The Ambition to Rule: Alcibiades and the Politics of Impe-

战争的幽灵

rialism in Thucydides（Ithaca，1989）；J. Kirchner，*Prosopographia Attica*（Berlin，1901），Vol. 1，第43—49页；J. K. Davies，*Athenian Propertied Families*，*600 - 300 B. C.*（Oxford，1971），第18—20页。关于拉凯斯职业生涯的总结，见 Kirchner，Vol. 2，第6—7页；关于皮里兰佩，参见 Kirchner，Vol. 2，第244—245页；Davies，第329—331页。关于希波克拉底，参见 Kirchner，Vol. 1，第502—503页；Davies，第456页。柏拉图生平大事年表，参见 Kirchner，Vol. 2，第204—206页。

普鲁塔克引用亚西比德的话，见 *Alcibiades* 23.5；希波克拉底的演讲，见 Thucydides 4. 第95页；帕萨尼亚斯认为，希波克拉底在德利姆战役初期就牺牲了，参见 *Description of Greece*，第361页。柏拉图《拉凯斯篇》中的段落，见第181页A - B、182A、189B；柏拉图《理想国》中提到德利姆战役的段落，见 5.468A - 70D；参见 *Laws* 8.829A - C。

苏格拉底之死？

有许多追捧性的文章描述过苏格拉底在德利姆战役中的英勇，比如柏拉图的作品（*Laches*，181B；*Symposium*，221；*Apology*，28E）和普鲁塔克的作品（*Alcibiades*，7；*Moralia*，581D）。后来的文献要么夸大他的功绩，要么否认他的品质，因为修昔底德根本没有提到过苏格拉底的勇气；参见 Athenaeus 5.215；Simplicius，*Commentary on Epictetus*，65.19；Stobaeus，3.750；Theodoretus，*Ecclesiatical History*，12.26。在德利姆战役的文化传统中有一个常见的主题，即苏格拉底内心的声音或神灵引导他选择了正确的撤退路线（Cicero，On Divination，1.54）。围绕德利姆战役中苏格拉底追随者的议题，出现了一种错误的知识传统：经常将一些没有参加过战役的人纳入进来（Strabo，9.403），或弄错名字和年代（Andocides，Against Alcibiades，13）。阿里斯托芬的《云》以及这位剧作家对苏格拉底的描写，参见 K. J. Dover，

Aristophanes' Clouds（Oxford, 1968）。苏格拉底的生平、思想以及与同时代人的关系，参见 G. Grote, *Plato and the Other Companions of Socrates*（London, 1875）；A. H. Chroust, *Socrates, Man and Myth: The Two Socratic Apologies of Xenophon*（Notre Dame, 1957）；以及 G. Vlastos, *Socrates: Ironist and Moral Philosopher*（New York, 1991）。

死者之美

狄奥多罗斯（12.70.5）讨论过德利姆战役之后忒拜的艺术复兴。阿里斯提德及其与德利姆战役相关的艺术，参见 N. Demand, *Thebes in the Fifth Century: Heracles Resurgent*（London, 1982），第42—43、114—115页。德利姆战役中死者的碑文，参见 A. Keramopoullos, "Eikones polemiston tes en Delio maches（424 BC.），" *Archaiologikon Ephemeris*（1920），第1—36页。还可见 R. Higgins, *Tanagra and the Figurines*（Princeton, 1986），第52—53页。来自塔纳格拉和特斯匹伊的维奥蒂亚战亡将士的碑文，见 C. Clairmont, *Patrios Nomos*（Oxford, 1983），第231页；and *Inscriptiones Graecae* Ⅶ 585，第1888页。

战术的诞生

关于德利姆战役时期希腊骑兵的地位，参见最近出版的作品：L. Worley, *Hippeis: The Cavalry of Ancient Greece*（Boulder, 1994），特别是第93—96页；I. G. Spence, *The Cavalry of Classical Greece: A Social and Military History with Particular Reference to Athens*（Oxford, 1993），第40、153、155页。维奥蒂亚骑兵出现时雅典军队非常震惊，参见 F. E. Adcock, *The Greek and Macedonian Art of War*（Berkeley, 1957），第85页。古希腊战术的革新、忒拜的源头及其之后在马其顿的发展，参见 V. D. Hanson, "Epaminondas, the Battle of Leuctra（371 BC.）and the 'Revolution' in Greek Battle Tactics," *Classical Antiquity* 7（1988），

战争的幽灵

第 190—207 页。

关于古希腊方阵深度的讨论，参见 W. K. Pritchett, *The Greek State at War*, *Part I*（Berkeley and Los Angeles, 1971），第 134—143 页。关于"战车御者"（heniochoi）和"帕拉巴泰"（parabatai），参见 J. A. O. Larsen, *Greek Federal States: Their Institutions and History*（Oxford, 1968），第 106—171 页。关于这些特殊军队的讨论，参见 L. Tritle, "Epilektoiat Athens," *Ancient History Bulletin* 3.3/4（1989）；神圣军团的起源，参见 J. G. DeVoto, "The Theban Sacred Band," *The Ancient World* 23.2（1992），第 3—19 页。维奥蒂亚的战略和战术传统，参见 V. D. Hanson, *The Soul of Battle*（New York, 1999），第 420—421 页。

帕冈达斯的家庭，他与品达之间的联系，以及他在德利姆战役时的年龄（大约在 60 岁），参见 C. M. Bowra, *Pindar*（Oxford, 1964），第 98—99 页。

索 引

Abdul-Hamid Ⅱ, Sultan 苏丹阿卜杜勒-哈米德二世 133

Adrianople, battle of 阿德里安堡战役 245

Aeolidas 伊奥利达 178

Aeschines 埃斯基涅斯 219 – 220

Aeschylus 埃斯库罗斯 172, 187 – 188, 213

Afghanistan 阿富汗 251, 253; war in 阿富汗战争 45, 94, 252, 257

Agathon 阿迦通 222

Air Force, US. 美国空军 61

Alcaeus 阿尔凯奥斯 213

Alcibiades 亚西比德 197, 200 – 212, 214 – 215, 220, 222, 240

Aldrich, Thomas Bailey 托马斯·贝利·奥尔德里奇 140

Aleutians, battle of 阿留申群岛战役 39

Alexander, Joseph 约瑟夫·亚历山大 21

Alexander, Peter 彼得·亚历山大 102

Alexander the great 亚历山大大帝 127, 172, 174, 193, 232 – 233, 235, 238, 239, 243

al-Qaeda 基地组织 61, 64, 94, 246, 254, 256

战争的幽灵

Ameipsias 阿米皮亚斯 22

Amphipolis, battle of 安菲波利斯战役 176

Anabasis（Xenophon）《长征记》（色诺芬）69

Anaxagoras 阿那克萨哥拉 223

Andersonville prison 安德森维尔监狱 132, 137

Andromache（Euripides）《安德洛玛刻》（欧里庇得斯）240

Anphicrates 安菲克拉特斯 197

Antanoidas 安特诺伊达斯 197

Antietam battle of 安提坦战役 16, 92, 167

Antigenidas 安提根尼达斯 197

Antigone（Sophocles）《安提戈涅》（索福克勒斯）187–88

Antisthenes 安提斯泰尼 219

Apaches 阿帕奇人 64, 133

Apology（Plato）《申辩篇》（柏拉图）214–217, 221, 224, 226

Apology（Xenophon）《苏格拉底的辩护》（色诺芬）217

Appomattox, surrender at 阿波马托克斯投降 87, 94

Arabs 阿拉伯人 251

Arafat, Yasir 亚西尔·阿拉法特 252

Archidamian War 阿耳喀达摩斯战争 183

Archilochus 阿尔基洛科斯 213, 256

Archimedes 阿基米德 213

Ardennes, battle of 阿登高地战役 252

Arginusae, battle of 阿吉纽西战役 192

Ariphron 阿里佛龙 200, 208, 209

Aristeides 阿里斯提德 231

Aristippus 亚里斯提卜 220, 222

Aristokrates 阿里斯托克拉底 197

· 370 ·

索引

Aristophanes 阿里斯托芬 203, 215, 220 - 223, 227, 228, 240

Aristotle 亚里士多德 218, 219

Arminius 阿米尼乌斯 15

Army, U. S.: Air Corps, 美国军队: 陆军航空队 5; Air Force 美国空军 41; at Okinawa 美国军队在冲绳战役 10, 20, 27 - 29, 44, 48, 49, 66, 67

Artaxerxes 阿尔塔薛西斯 206

Artemisium, battle of 阿提密西安战役 16

Ashburn, George W. W. 乔治·阿什本 158

Athenians 雅典人 109, 200, 201, 205 - 206, 228, 258; at Delium 雅典人在德利姆 172 - 185, 194, 195, 197 - 201, 206 - 220, 229 - 231, 234 - 237, 239 - 243, 246; Sicilian expedition of 雅典西西里远征军 172, 173, 176, 202 - 204, 207, 210, 237; Socrates' influence among 苏格拉底对雅典的影响 222 - 223, 226（另见相关的哲学家）; theater of; 雅典剧场 184 - 192, 220 - 223

Atlanta Intelligence 亚特兰大情报局 158

atomic weapons 核武器 5, 44, 55 - 58, 65, 250

Auschwitz 奥斯维辛集中营 248

Austerlitz, battle of 奥斯特里茨战役 245

Aztecs 阿兹特克 172, 185, 248

Bacchae (Euripides)《酒神的伴侣》(欧里庇得斯) 191, 240

Ball's Bluff, battle of 李斯堡之役 135

banzai charges 万岁冲锋 39, 64, 65

Battles and Leaders of the Civil War《美国内战中的战役和将领》133

Baxter, Capt. 巴克斯特上尉 121 - 122, 134

Beauregard, Gen. P. T.　P. T. 博雷加德将军 77, 97 - 98, 101 - 103, 108 - 113, 126, 147, 148, 150, 166 - 168, 115

战争的幽灵

Ben-Hur(Wallace)《宾虚》(华莱士)136 – 144,250;film versions of《宾虚》电影版本 141 – 142

Bentonville, battle of 本顿维尔战役 79, 244

ben Yair, Eleazar 利亚撒·本·亚伊尔 32

Billy the Kid 比利小子 133

bin Laden, Osama 奥萨马·本·拉登 255

Birds(Aristophanes)《鸟》(阿里斯托芬)240

Birth of a Nation(film)《一个国家的诞生》(电影)159

Blackford, William T. 威廉·T. 布莱克福德 16

Black Hawk War 黑鹰战争 110, 111

Boeotians 维奥蒂亚人 172, 174 – 185, 200 – 202, 208 – 211, 214, 217, 233, 238 – 240, 242;art of, 维奥蒂亚的雕塑艺术 230, 231;booty captured by 维奥蒂亚在德利姆战役的战利品 228 – 230;Euripides on 欧里庇得斯论维奥蒂亚人 188, 189;tactics of 维奥蒂亚军队部署战略 234 – 238;from Thespiae 来自特斯匹伊的维奥蒂亚战士 192 – 195, 197 – 199

Bosnia 波斯尼亚 257

Bragg, Gen. Braxton 布拉克斯顿·布拉格将军

Brasidas 布拉西达斯 206

Breckinridge, Gen. John 约翰·布雷肯里奇将军 77, 95, 98, 103, 147, 167

Brentwood, battle of 布伦特伍德战役 151

Brice's Cross Roads, battle of 布里斯十字路口战役 152, 153

Bruce, Gen. Andrew 安德鲁·布鲁斯将军 29, 67

Bryan, William Jennings 威廉·詹宁斯·布莱恩 141

B – 17 bombers B – 17 轰炸机 181

B – 29 bombers B – 29 轰炸机 5, 6, 57, 61

Buckner, Gen. Simon Bolivar 西蒙·玻利瓦尔·巴克纳将军 10–11, 24–29, 31, 55, 67–68, 104

Buddhism 佛教 34

Buell, Gen. Don Carlos 唐·卡洛斯·比尔将军 77, 79, 80, 85–87, 126, 128, 131, 146, 147, 167; delay in arrival at Shiloh of 比尔将军延迟抵达夏洛战场 78, 88, 119, 120, 123; and Lost Opportunity 比尔将军与错失良机 98, 100, 101, 103, 115; vendetta against Grant of 比尔将军对格兰特的敌意 89, 135

Bulge, battle of the 突出部之役 16

Bull Run, battle of 牛奔河战役 79, 120, 177

Bunker Hill (carrier) 邦克山号航空母舰 42

Burma, battle of 缅甸战役 246

Burnside, Gen. Ambrose E. 安布罗斯·E. 伯恩赛德将军 89

Bush, George W. 乔治·沃克·布什 179, 247, 255

Byron, George Gordon, Lord 乔治·戈登·拜伦勋爵 248

Cable, George Washington 乔治·华盛顿·凯布尔 16

Caesar, Julius 尤利乌斯·凯撒 112, 127

Callinus 卡利努斯 213

Cambyses 冈比西斯 250

Cameron, Simon 西蒙·卡梅隆 82

Cannae, battle of 坎尼会战 15, 33, 239, 247

Catholics, Ku Klux Klan targeting of "三K党"攻击天主教徒 157

Cebes 塞贝斯 220, 222

Central Intelligence Agency (CIA) 中央情报局（中情局） 257

Century Magazine 《世纪杂志》 133–135

Cervantes, Miguel de 米格尔·德·塞万提斯 248

Chabas 查巴斯 198

战争的幽灵

Chaeronea, battle of 喀罗尼亚战役 172, 174, 236, 246

Chalmers, Gen. James R. 詹姆斯·R. 查尔默斯将军 147

Chancellorsville, battle of 钱斯勒斯维尔战役 116, 181, 245

Charmides（Plato）《卡尔弥德篇》（柏拉图）224

Cheatham, Gen. 希瑟姆将军 98, 144 – 145

Chechnyans 车臣人 250

Chickamauga, battle of 奇克莫加战役 152

China 中国 57 – 58, 245; Japanese atrocities in 日本人在中国的暴行 34, 49, 60

Cho, Gen. Isamu 长勇将军 23, 28, 34, 41, 47, 51, 67, 70

Chopin, Dr. 肖邦医生 97

Christianity 基督教 34, 137, 138, 141, 173, 226 – 227, 231

Churchill, Winston 温斯顿·丘吉尔 11, 54

Cicero 西塞罗 226

Cincinnati Commercial《辛辛那提商报》82, 160, 163

Cincinnati Gazette《辛辛那提公报》130

Civil Rights Museum (Memphis) 民权博物馆（孟菲斯）166

Civil War 美国内战 12, 14, 79, 111, 126, 144, 162 – 164, 248; and Lost Opportunity myth 美国内战与错失良机的神话 100, 116 – 17; military luminaries of 美国内战中的杰出军人 167; outbreak of 美国内战爆发 81, 110; Sherman's influence on course of 谢尔曼对美国内战进程的影响 71, 86 – 94; also see Shiloh and other specific battles 另见夏洛战役和其他相关战役

Cleburne, Gen. Patrick 帕特里克·克莱本将军 72, 74

Cleinias 克里尼亚斯 200

Cleombrotus, King of Sparta 斯巴达国王克莱奥姆波洛图斯 233

Cleon 克里昂 206, 222, 240

索 引

Clinton, Bill 比尔·克林顿 247

Clouds (Aristophanes)《云》(阿里斯托芬) 220-223, 227, 240

Cobra offensive "眼镜蛇" 行动 181

Cold Harbor, battle of 冷港战役 92, 167, 246

Cole (ship) "科尔号" 驱逐舰 47

collective guilt 集体罪行 93-94

Commodus (play)《康茂德》(戏剧) 142

Concord, battle of 康科德战役 258

Confederate Relief and Historical Association 邦联救济与历史协会 157

Confucianism 儒家思想 34

Congo 刚果 250

Congress, U.S. 美国国会 155, 161, 263

Constantinople, fall of 君士坦丁堡的陷落 33, 252

Constitution, U.S. 美国宪法 163;

Fourteenth Amendment to (宪法) 第十四修正案 154

Corinna 科瑞娜 228

Corinthian War 科林斯战争 213

Coronea, battle of 克罗尼亚战役 175, 178, 200, 246

Coronet, Operation 小王冠行动 31

Corsair fighter planes 海盗战斗机 36

Cortés, Hernán 埃尔南·科尔特斯 185, 248

Crécy, battle of 克雷西战役 245

Crito (Plato)《克里托篇》224

Cronkite, Walter 沃尔特·克朗凯特 247

Cuba, U.S. blockade of 美国封锁古巴 179

Custer, Gen. George Armstrong 乔治·阿姆斯特朗·卡斯特将军 248, 249

战争的幽灵

Cyprus 塞浦路斯 206；siege of 塞浦路斯之围 185

Damophilos 达米菲洛斯 197

Davis, Jefferson 杰斐逊·戴维斯 107, 110 – 112, 115, 117

Dawes, Adjutant 道斯副官 72

Delium, battle of 德利姆战役 17, 171 – 185, 238 – 246, 254, 256, 258; Alcibiades at 亚西比德在德利姆战役 200, 201, 206 – 208; booty captured at 德利姆战役的战利品 229 – 231; desecration of dead after 德利姆战役后对死者的亵渎 184 – 187, 225 – 226; Euripides' play about 欧里庇得斯关于德利姆战役的戏剧 187 – 192; Hippocrates at 希波克拉底在德利姆战役 208 – 209; slaughter of Thespians at 德利姆战役中屠杀特斯匹伊人 192 – 199; Socrates at 苏格拉底在德利姆战役 210 – 220, 222, 225, 227, 228, 248; tactics at 德利姆战役的战术 234 – 238, 242 – 243

Democratic Party 民主党 133, 157

Demosthenes 德摩斯梯尼 172, 174, 176 – 177, 209, 213

Diakritos 迪阿克里托斯 198

Díaz del Castillo, Bernal 贝尔纳尔·迪亚斯·德尔·卡斯蒂略 172, 248

Diodorus 狄奥多罗斯 176, 180, 182, 213, 230, 236

Dionysius I 狄奥尼修斯一世 237

Donelson, Fort 多纳尔森堡 83, 84, 101, 104, 110, 119, 120, 126, 128, 130, 134, 144

Dover, battle of 多佛战役 151

Dresden, bombing of 德累斯顿轰炸 93

Duke, Gen. Basil W. 巴兹尔·W. 杜克将军 104

Early, Jubal 具伯·尔利 132

Echecrates 厄刻克拉底 222

Egypt 埃及 251; ancient 古埃及 232, 250

·索 引·

Electra（Euripides）《厄勒克特拉》（欧里庇得斯）240

Electra（Sophocles）《厄勒克特拉》（索福克勒斯）240

Empedocles 恩培多克勒 222，224，227

Empicurus 伊比鸠鲁 227

Enterprise（carrier）进取号航空母舰 42

Epaminondas 伊巴密浓达 172，199，229，233 – 234，238，243，245

Essex（carrier）埃塞克斯号航空母舰 42

Euchoridas 尤科里达斯 197

Euclides 欧几里得 222

Eupolis 欧波利斯 221

Euripides 欧里庇得斯 14，182，184 – 192，236，240，250

Euthyphro（Plato）《欧绪弗洛篇》224

Ewing, Thomas 托马斯·尤因 80，83

Fair God, The（Wallace）《公正的上帝》（华莱士）136

Feifer, George 乔治·费弗 8，58 – 59

Floyd, Gen. John Buchanan 约翰·布坎南·弗洛伊德将军 104

Forrest, Gen. Nathan Bedford 内森·贝德福德·福瑞斯特将军 79，98，111，113，117，143 – 167

Founding Fathers 国父 163

Franklin, battle of 富兰克林之战 151

Franklin（carrier）富兰克林号航空母舰 62

Frederick the Great 腓特烈大帝 190

Frogs（Aristophanes）《蛙》（阿里斯托芬）240

Garfield, James A. 詹姆斯·A. 加菲尔德 132，137，139，142，167

Gaugamela, battle of 高加米拉战役 233

Geiger, Gen. 盖格将军 27

Germany, Nazi. See Nazis 纳粹，见纳粹德国

战争的幽灵

Gettysburg, battle of 葛底斯堡战役 16, 92, 93, 116, 167, 244

Gibney, Frank 弗兰克·吉布尼 50–51

Gibson, Gen. Randall Lee 兰德尔·李·吉布森将军 103

Gilmer, Gen. J. F. J. F. 吉尔默将军 103

Giuliani, Rudolph 鲁道夫·朱利安尼 256

Gladiator (film)《角斗士》（电影）142

Gone With the Wind (Mitchell)《飘》（米歇尔）140; film version of 电影《乱世佳人》142, 159

Goodbye, Darkness (Manchester)《再见，黑暗》（曼彻斯特）68–70

Goodbye to All That (Graves)《向一切告别》（格雷夫斯）69

Gordon, Gen. John B. 约翰·B. 戈登将军 164

Gorgias 高尔吉亚 222, 240–241

Gorgias (Plato)《高尔吉亚篇》224

Grant, Ulysses S. 尤利西斯·S. 格兰特 12, 71, 82–84, 94, 110, 113, 116, 151, 166–167; Lee's surrender to 李对格兰特投降 86–87, 93; and Lost Opportunity myth 格兰特与错失良机的神话 99–101, 103, 105–109, 115; presidency of 格兰特总统任职期间 67, 133; Sherman and 谢尔曼和格兰特 88–91, 128–129; at Shiloh 格兰特在夏洛 76–80, 85, 86, 88, 90, 92, 95, 145–148, 168; Wallace and 华莱士和格兰特 118–136, 139, 142

Great Depression 大萧条 65

Greece, ancient 古希腊 206–207, 232, 243, 245; art and architecture of 古希腊的艺术和建筑 228, 231; Persian invasion of 波斯入侵希腊 16, 20, 32, 172–175, 195–196, 232, 236, 241, 258; philosophy in (see specific philosophers) 古希腊哲学（另见哲学家）; protocols of warfare of 古希腊战事的惯例 178, 185, 190–191, 213, 234, 237; theater in 古希腊剧院 186; see also Delium and other specific battles 另见

德利姆战役和其他相关战役；residents of specific city-states 古希腊城邦居民

Grenada, U. S. invasion of 美国入侵格林纳达 257

Guadalcanal, battle of 瓜达尔卡纳尔海战 31, 39, 54, 244, 245

Gulf War 海湾战争 257

Gylippus 吉利普斯 203

Halleck, Gen. Henry W. 亨利·W. 哈雷克将军 79, 80, 83, 88, 89, 100, 127–132, 135, 138, 166, 167

Hampton, Gen. Wade 韦德·汉普顿将军 164

Hancock (carrier) 汉考克号航空母舰 42

Hannaher, Thomas 托马斯·汉纳赫 50

Hannibal 汉尼拔 15, 174, 247

Hanson, Victor 维克多·汉森 1–9

Hara, Col. 原为一大佐 27

Hardee, Gen. William J. 威廉·J. 哈迪将军 77, 93, 108, 147, 150

Harper's Weekly《哈珀周刊》114, 126

Harris, Isham G. 伊瑟姆·G. 哈里斯 96

Harrison, Benjamin 本杰明·哈里森 139

Hastings, battle of 黑斯廷斯战役 15

Hayes, Gen. 海耶斯将军 139

Hecuba (Euripides)《赫卡柏》（欧里庇得斯）240

Hellcat fighter planes 地狱猫战斗机 36, 37, 53

Henry, Fort 亨利堡 83, 84, 101, 104, 110, 119

Heracleidae (Euripides)《赫拉克勒斯的儿女》（欧里庇得斯）240

Heraclitus 赫拉克利特 255

Herodotus 希罗多德 14, 15, 172, 193, 196, 200, 241, 250

Hesiod 赫西俄德 228

战争的幽灵

Heston, Charlton 查尔顿·赫斯顿 141

Hindman, Gen. 辛德曼将军 112

Hippias 希庇阿斯 222

Hippias Major and *Minor*（Plato）《大希庇阿斯篇》和《小希庇阿斯篇》（柏拉图）224

Hippocrates（Athenian general）希波克拉底（雅典将军）172, 177, 179, 180, 195, 208, 209, 211–212, 214, 240, 189

Hippocrates（founder of Western medicine）希波克拉底（西方医学的创始人）241

Hippodamus 希波丹姆斯 241

Hippolytus（Euripides）《希波吕托斯》（欧里庇得斯）191, 240

Hiroshima, atomic bombing of 广岛原子弹轰炸 44, 54–58, 69, 93

Histories（Herodotus）《历史》（希罗多德）241

Hitler, Adolf 阿道夫·希特勒 32, 52, 190, 255

Hittites 赫梯人 232

Holmes, Oliver Wendell 奥利弗·温德尔·福尔摩斯 140

Homer 荷马 181

Honshu, invasion of 入侵本州岛 31

Hood, Gen. John Bell 约翰·贝尔·胡德将军 91, 93, 150, 153

Hooker, Gen. Joseph 约瑟夫·胡克将军 89

Hoplites 重装步兵 172, 177, 181–183, 189, 193–196, 198, 199, 213, 229, 230, 233, 234, 245

Hornet（carrier）大黄蜂号航空母舰 39

Howard, Gen. Oliver Otis 奥利弗·奥蒂斯·霍华德将军 139

Howells, William Dean 威廉·迪恩·豪威尔斯 140

Hubbard, Frederick C. 弗雷德里克·C. 哈伯德 117–118

Hurlbut, Gen. 赫尔布将军 93

· 索 引 ·

Hussein, Saddam 萨达姆·侯赛因 255

Iceberg, Operation 冰山行动 10, 20, 22

Idaho (battleship) 爱达荷号战列舰 42

Immigration and Naturalization Service, U.S. 美国移民规划局 14

Incas 印加文明 172

Inchon, battle of 仁川战役 245

Indefatigable (carrier) 不倦号航空母舰 26-27

Indianapolis (cruiser) 印第安纳波利斯号巡洋舰 26

Indian-Pakistani conflict 印巴冲突 249

Indian wars 美国和印第安人的战争 167

Ingersoll, Col. Robert G. 罗伯特·G. 英格索尔上校 137

Inoguchi, Rikihei 猪口力平 39-40

Ion (Plato)《伊安篇》(柏拉图) 224

Iphigenia at Aulis (Euripides)《伊菲革涅亚在奥利斯》(欧里庇得斯) 240

Iran 伊朗 251

Iraq 伊拉克 251; U.S. war on 美国对伊拉克战争 61, 179, 252

Isa, Junkyo 伊佐顺子 49, 52

Islam 伊斯兰教 173, 251, 253; fundamentalist 伊斯兰激进分子者 19, 35, 64

Isocrates 伊索克拉底 218, 222

Israel 以色列 45-46, 61-62, 64, 249, 250

Issus, battle of 伊苏斯战役 233

Italy, fascist 意大利法西斯 45

Ittmann, Louis 路易斯·伊特曼 9, 10

Iwo Jima, battle of 硫磺岛战役 17, 20, 22, 24, 25, 32, 41, 51, 54

Jackson, Gen. Thomas "Stonewall," 托马斯·"石墙"·杰克逊将军 98,

· 381 ·

战争的幽灵

108，111，116，153，181

Japan 日本 20；atrocities committed by 日本犯下的罪行 34，49；culture of 日本文化 34 – 35；failure of Mongol invasion of 蒙古入侵日本失败 38 – 39；fire bombing of 日本的火炮 5，23 – 24；homeland defense plan of 日本本土防御计划 56；suicide tactics of 日本自杀战术 39，46；（另见神风特攻队）；另见冲绳战役

Japanese-Americans，internment of 美国对日裔美国人的拘禁 54

Jesus 耶稣 226，228

Jews：ancient 古犹太人 32；Ku Klux Klan targeting of "三K党"攻击犹太人 157

Johnson，Andrew 安德鲁·约翰逊 67，154，155

Johnston，Gen. Albert Sidney 阿尔伯特·西德尼·约翰斯顿将军 71，76 – 78，85，94 – 119，121，124，127，143，145，146，150，167

Johnston，Georgia Way 佐治亚·韦·约翰斯顿 99

Johnston，Joseph 约瑟夫·约翰斯顿 111

Johnston，William Preston 威廉·普雷斯顿·约翰斯顿 106

Jordan 约旦 251

Josephus 约瑟夫斯 32

Kadesh，battle of 卡迭石战役 232

Kamikazes 神风特攻队 19，23，25 – 28，31，32，34 – 48，52，53，55，58，62 – 64

Kashmir 克什米尔 249

Kenesaw Mountain，battle of 凯纳索山之战 91

Kennedy，John Fitzgerald 约翰·菲茨杰拉德·肯尼迪 67，179

Kerama Islands，battle of 庆良间群岛战役 50

ketsu-go（homeland defense）决战行动（本土防御计划）56

Khe Sanh，battle of 溪山战役 246

kikusui("floating chrysanthemums") campaign "菊水"("漂浮在水面上的菊花")作战 41, 43, 44

Kilpatrick, Judson 朱德森·基尔帕特里克 154

King, Martin Luther, Jr. 马丁·路德·金 166

Knights (Aristophanes)《骑士》(亚里斯托芬) 240

Koironos 科罗诺斯 230

Korean War 朝鲜战争 59, 61

Kosovo 科索沃 257

Kublai Khan 忽必烈 38

Ku Klux Klan "三K党" 155-166

Kursk, battle of 库尔斯克战役 16

Kyushu, invasion of 入侵九州岛 31

Laches 拉凯斯 201, 210-212, 214-215

Laches (Plato)《拉凯斯篇》(柏拉图) 210, 214, 215, 224

Lake Trasimene, battle of 特拉西美诺湖战役 247

Lamachus 拉马库斯 203

Lancaster bombers 兰开斯特轰炸机 57

Laws (Plato)《法律篇》(柏拉图) 224, 225

Lee, Gen. Robert E. 罗伯特·E.李将军 16, 86, 88, 91-93, 105, 108, 111, 113, 116, 150, 153-155, 165

LeMay, Gen. Curtis 柯蒂斯·李梅将军 15, 57

Leningrad, siege of 列宁格勒围城战 245, 249

Leonidas, King of Sparta 斯巴达国王列奥尼达斯 32, 112, 195

Lepanto, battle of 勒班陀海战 15, 115, 185, 231, 248

Leslie's magazine《莱斯利周刊》126

Leuctra, battle of 留克特拉会战 198, 199, 233, 234, 245

Lexington, battle of 莱克星顿战役 258

战争的幽灵

Leyte Gulf, battle of 莱特湾战役 31, 25

Libya 利比亚 251

Lincoln, Abraham 亚伯拉罕·林肯 16, 66, 81-83, 87, 91, 115, 116, 128, 132

Little Bighorn, battle of 小巨角河战役 245, 248, 249

Locrians 洛克里安 183, 201, 214, 216, 229, 237

Longfellow, Henry Wadsworth 亨利·沃兹沃思·朗费罗 142

Longstreet, Gen. James 詹姆斯·朗斯特里特将军 116

Lost Cause, The (Pollard)《败局命定》(波拉德) 105

Lost Opportunity, myth of 错失良机的神话 98-118

Louisiana State Military Academy 路易斯安那州立军事学院 80-81, 83

Louisville (cruiser) 路易斯维尔号巡洋舰 43

Lowell, James Russell 詹姆斯·罗素·洛厄尔 140

Lysander 莱山德 206

Lysis (Plato)《吕西斯篇》(柏拉图) 224

Lysistrata (Aristophanes)《吕西斯特拉特》(阿里斯托芬) 240

MacArthur, Gen. Douglas 道格拉斯·麦克阿瑟将军 68

Macedonians 马其顿人 232-235

Machiavelli, Niccolò 尼科洛·马基雅维利 226

Madigan, Peter 彼得·马迪根 8, 9

Malta, siege of 马耳他围攻战 248

Manchester, William 威廉·曼彻斯特 1-2, 68-70

Mantinea, battle of 曼提尼亚战役 172, 202, 211, 234

Marathon, battle of 马拉松战役 17, 232, 244, 246

March to the Sea "向大海进军" 87, 92, 94

Marianas campaign 马里亚纳海战 31

Marines, U.S. 美国海军陆战队 4-6, 69; at Okinawa 美国海军陆战队

在冲绳 1-5, 7-10, 20, 24, 26-30, 44, 48, 49, 51, 52, 56, 62, 67

Marmaduke, Col. 马默杜克上校 112

Masada, siege of 马萨达围攻战 32

McClellan, Gen. George 乔治·麦克莱伦将军 89

McClernand, Gen. John 约翰·麦克勒南将军 75, 87, 129, 130

McPherson, Col. 麦克弗森上校 119, 124-125

Meade, Gen. George G. 乔治·G. 米德将军 93

Medea（Euripides）《美狄亚》（欧里庇得斯）191, 240

Medes 米堤亚人 175

Melians 米洛斯人 187, 202, 207

Melissus 麦里梭 213

Memoirs of an Infantry Officer（Sassoon）《步兵军官回忆录》（萨松）69

Memorabilia（Xenophon）《回忆苏格拉底》（色诺芬）217

Mexican War 美墨战争 110, 111, 167

Mississippi（battleship）密西西比号战列舰 43

Missouri（battleship）密苏里号战列舰 42

Mithradates 密特拉达提 174

Mitscher, Adm. 米切尔上将 42

Mongols 蒙古人 38

Monocacy, battle of 莫诺卡西战役 132-134

Monte Cassino, battle of 卡西诺山战役 2

Moralia（Plutarch）《道德论集》（普鲁塔克）215-216

Mormons 摩门教徒 110, 114

Morocco 摩洛哥 251

Morton, Capt. John W. 约翰·W. 莫顿上尉 158

Motya, siege of 摩提亚围城战 237

战争的幽灵

Mozambique 莫桑比克 250

Munford, Col. 芒福德上校 113 – 114

Murfreesboro, battle of 莫非斯堡战役 151

My Lai massacre 美莱村惨案 93

Myrondies 米隆尼德斯 208

Nagasaki, atomic bombing of 长崎原子弹轰炸 44, 55 – 57

Naito, Hatsuho 内藤初穗 62 – 63

Nakajima, Tadashi 中岛正 39 – 40

Nanking, rape of 南京大屠杀 34, 54, 60, 247

Napoleon, Emperor of France 法国皇帝拿破仑 78, 112, 162

Nashville, surrender of 纳什维尔投降 104, 110

Nationalist Chinese 中国国民党 245

Native Americans 美洲原住民 248, 249

NATO 北约 252

Navarro, Ramon 拉蒙·纳瓦罗 141

Nazis 纳粹分子 35, 37, 45, 54, 190, 247

Nelson, Gen. 纳尔逊将军 79

Nemea, battle of 尼米亚战役 172, 198, 234, 244 – 246

Neoplatonists 新柏拉图主义者 226

New Mexico (battleship) 新墨西哥号战列舰 42

New York Tribune《纽约论坛报》130

Nicias 尼西阿斯 201, 203, 210; Peace of 尼西阿斯合约 201 – 202, 207

Nimitz, Adm. Chester W. 切斯特·W. 尼米兹上将 27

Nonaka, Goro 野中五郎 63

Normandy invasion 诺曼底登陆 16, 20, 181

Oakland (cruiser) 奥克兰号巡洋舰 42

Oeconomicus (Xenophon)《经济论》(色诺芬) 217

Oedipus at Colonus（Sophocles）《俄狄浦斯在科洛诺斯》（索福克勒斯）240

Oedipus Rex（Sophocles），《俄狄浦斯王》（索福克勒斯）240

Oenophyta, battle of 奥诺斐塔战役 175，208，246

Okabe, Heiichi 冈部平一 63

Okha（"exploding cherry blossom"）flying bombs "樱花"（"樱花弹"）特攻机 46－47，52，62，63

Okinawa, battle of 冲绳战役 1－12，17，19－32，47－70，174，244，245，250，255，257；civilian suicides at 冲绳战役中平民自杀 49－52；desecration of dead at 冲绳战役对死者的亵渎 185；kamikaze attacks at 冲绳战役中的神风特攻队袭击 19，23，25－28，31，32，41－45，47－48，52，53，55，58，62－64；military lessons of 冲绳战役的军事教训 54－65；proximity to Japanese homeland of 冲绳战役靠近日本本土 246；Pyle's death at 冲绳战役中派尔之死 65－67

Olympic, Operation 奥林匹克行动 31

Onishi, Adm. Takijiro 大西泷治郎中将 39

Order of Pale Faces 白面骑士团 157

Order of the White Camellia 白茶花骑士团 157，164

Ota, Soichi 大田正一 63

Ottoman Empire 奥斯曼帝国 132，133，138，185，231

Pagondas 帕冈达斯 172，178－180，182，183，190，208，214，234－238

Pakistan 巴基斯坦 253；India's conflict with 印巴冲突 249

Palestinians 巴勒斯坦 61，63，249，250

Panama, U. S. invasion of 美国入侵巴拿马 257

Panzers 装甲部队 15，252

Parmenides 巴门尼德 213，222，224，227

Patton, Gen. George S. 乔治·S. 巴顿将军 166

战争的幽灵

Pausanias 帕萨尼亚斯 209

Pea Ridge, battle of 豌豆岭战役 16

Pearl Harbor, attack on 袭击珍珠港 33, 40, 68, 247, 258

Peleliu, battle of 贝里琉岛战役 20, 24, 51, 60, 244

Peloponnesian War 伯罗奔尼撒战争 172, 176, 183, 187, 198, 200 – 202, 210, 216, 238; Alcibiades and duration of 亚西比德与伯罗奔尼撒战争 205, 207; desecration of dead in 伯罗奔尼撒战争对死者的亵渎 190 – 192; influence of Socrates on philosophy during 伯罗奔尼撒战争期间苏格拉底对哲学的影响 223, 225, 243; outbreak of 伯罗奔尼撒战争爆发 175, 201, 223, 240; 另见德利姆之战和其他相关战役

Pentagon, attack on. See September 11 terrorist attacks 袭击五角大楼, 另见 "9·11" 恐怖袭击

Pericles 伯里克利 109, 172, 200, 207 – 209, 212 – 214, 240, 246

Perryville, battle of 佩里维尔战役 135

Persians 波斯人 16, 20, 172, 174, 175, 232, 236, 241, 258; Alcibiades and 亚西比德与波斯人 204, 205; at Thermopylae 波斯人在温泉关 32, 173, 195 – 196

Phaedo (Plato)《斐多篇》(柏拉图) 224

Phaedon 斐多 220, 222

Phaedrus (Plato)《斐德罗篇》(柏拉图) 218

Pharnabazus 法那巴佐斯 206

Phidias 菲迪亚斯 241

Philiades 菲利亚德斯 195

Philip II, King of Macedon 马其顿国王腓力二世 172, 232, 233, 236, 237, 243

Philippines: Japanese defense of 日军在菲律宾的防御 33, 39 – 41; liberation of 菲律宾解放 51

索 引

Philoctetes（Sophocles）《菲洛克忒忒斯》（索福克勒斯）240

Philteros 菲尔特罗斯 197

Phythagoreans 毕达哥拉斯学派 231

Pillow, Fort 枕头堡 152, 154

Pillow, Gen. Gideon J. 基迪恩·J. 皮洛将军 104

Pindar 品达 178, 228

Plataea, battle of 普拉蒂亚战役 175, 209

Plato 柏拉图 201, 210 – 228, 248

Plutarch 普鲁塔克 202, 204, 214, 215, 222, 228, 236, 256

Poland, Nazi invasion of 纳粹德国入侵波兰 247, 254

Polk, Gen. Leonidas 列奥尼达斯·波尔克将军 77, 108, 145

Pollard, Edward 爱德华·波拉德 105

Polygnotus 波吕格诺图斯 241

Polytimidas 普雷提米达斯 197

Pope, Gen. John 约翰·波普将军 89

Potidaea, siege of 波提狄亚围攻战 201, 213

Powell, John Wesley 约翰·威斯利·鲍威尔 167

Prentiss, Gen. Benjamin 本杰明·普伦蒂斯将军 75, 86, 87, 95, 98, 99, 102, 145, 146

Prescott, William 威廉·普雷斯克特 136

Preston, Col. William 威廉·普雷斯顿上校 97, 115

Prince of India, The（Wallace）《印度王子》（华莱士）136

Protagoras 普罗泰戈拉 222, 224, 241

Protagoras（Plato）《普罗泰戈拉篇》（柏拉图）224

Pyle, Ernie 厄尼·派尔 10, 65 – 67

Pyrilampes 皮里兰佩 211 – 212, 214, 226

Pythagoras 毕达哥拉斯 222, 227

战争的幽灵

Pythias 皮西厄斯 198

Quo Vadis（film）《君往何处去》（电影）142

Rawlins, Gen. John A. 约翰·A. 罗林斯 119, 124–125

Reconstruction 美国重建时期 66–67, 107, 117, 154–156, 158, 161, 163

Republic（Plato）《理想国》（柏拉图）212, 225

Republican Party 共和党 80, 133, 158, 161; radical branch of 共和党激进分支 154, 156, 157, 163

Revolutionary War 美国独立战争 167

Romans, ancient 古罗马 32, 138, 140, 173, 174, 180, 193, 239, 247

Rommel, Field Marshal Erwin 陆军元帅欧文·隆美尔 15

Roosevelt, Franklin D. 富兰克林 D. 罗斯福 28, 31, 60

Roosevelt, Theodore 西奥多·罗斯福 248, 250

Rosecrans, Gen. William S. 威廉·S. 罗斯科拉恩斯将军 89

Rowley, Capt. 罗利上尉 123

Russians, slaughter of Chechnyans by 俄罗斯人屠杀车臣人 250

Russo-Japanese War 日俄战争 34

Rwanda 卢旺达 250, 251

Sahagun, Bishop 萨哈冈主教 248

St. Lo（carrier）圣罗号护航航空母舰 39

Saipan, battle of 塞班岛战役 20, 51

Sakura-kai（"Cherry Society"）"樱会" 34

Salamis, battle of 萨拉米斯海战 16, 172, 174, 238, 252, 258

Samichos 萨米宙斯 197

samurai code 武士道 34

San Jacinto（carrier）圣哈辛托号航空母舰 42

Sassoon, Siegfried 西格夫里·萨松 69

· 索 引 ·

Saudi Arabia 沙特阿拉伯 251, 252

Saugenes 索吉尼斯 230, 231

Savannah Republican 萨凡纳共和党人 101

Sears, Roebuck & Company 西尔斯百货 140

Seishin Kyoiku ("spiritual mobilization") "精神教育" 35

Senate, U. S. 美国参议院 80

Senko, Michael 迈克尔·森科 4, 8, 10

seppuku (ritual disembowelment) 切腹自杀 (剖腹仪式) 51

September 11 terrorist attacks "9·11" 恐怖袭击 13, 14, 46, 65, 246; after effects of "9·11" 恐怖袭击的影响 11, 19, 45, 64, 70, 247, 251 – 254, 256 – 258

Seven Against Thebes (Aeschylus)《七将攻忒拜》(埃斯库罗斯) 187

Seventh Letter (Plato)《第七封信》(柏拉图) 216

Shepherd, Gen. Lemuel 莱缪尔·谢泼德将军 67

Sherer, Robert J. 罗伯特·J. 谢尔 7, 8, 10

Sherman, Gen. William Tecumseh 威廉·特库姆·谢尔曼将军 12, 78 – 83, 105, 113, 151, 154, 165 – 167; concept of war of 谢尔曼关于的战争观 89 – 94, 116; and Lost Opportunity myth 谢尔曼与错失良机的神话 99, 100, 104; march on Atlanta of 谢尔曼向亚特兰大进军 87, 153; at Shiloh 谢尔曼在夏洛 71 – 76, 78 – 80, 83 – 92, 108, 118, 121 – 123, 125, 143, 144, 146, 148 – 150, 168; Wallace and 华莱士与谢尔曼 128 – 132, 139, 142

Sherman, John 约翰·谢尔曼 80, 83, 149

Shiloh, battle of 夏洛之战 12, 71 – 80, 152, 166 – 169, 174, 199, 239, 244, 254, 256; Forrest at 福瑞斯特在夏洛战役 143 – 151, 154, 165, 166; "friendly fire" at 南军误伤己方部队 181; myth of Lost Opportunity of 夏洛战役中错失良机的神话 94 – 118, 250; Sherman at 谢尔曼

战争的幽灵

在夏洛战役 71-76, 78-80, 83-92, 94; strategic location of 夏洛的战略地位 246; Wallace at 华莱士在夏洛战役 118-139, 143

Shiloh: Bloody April (Sword)《夏洛战役：血腥四月》（索德）117

Shiloh National Military Park Commission 夏洛国家军事公园委员会 136

Sho ("Victor") plan "胜利"计划 39

Sicily, Athenian invasion of 雅典入侵西西里岛 172, 173, 176, 202-204, 207, 210, 237

Sicinnus 西辛努斯 196

Simmias 西米亚斯 222

Simonides 西蒙尼德斯 195

Sledge, E. B. E. B. 斯莱奇 30, 56, 68-70, 255

Smith, Gen. Charles F. 查尔斯·F. 史密斯将军 130

Smith, Gen. William Sooy 威廉·苏伊·史密斯将军 152, 153

Socrates 苏格拉底 197, 200, 201, 208, 220-228, 240, 241, 250, 254; Aristophanes' portrayal of 阿里斯托芬对苏格拉底的描绘 220-223; at Delium 苏格拉底在德利姆 210-220, 222, 225, 227, 228, 248

Somalia 索马里 250, 253, 257

Somme, battle of the 索姆河战役 252

Sophists 智者学派 222, 240-241, 217, 227

Sophocles 索福克勒斯 187-88, 213, 240

Southern Historical Society Papers《南方历史学会档案》106

Soviet Union 苏联 25, 56-58, 190

Spanish-American War 美西战争 139, 248

Spann, Johnny 约翰尼·斯潘 257

Spartacus (film)《斯巴达克斯》（电影）142

Spartans 斯巴达人 172, 183, 187, 193-194, 209, 221, 233; Alcibiades and 斯巴达人和亚西比德 201-207, 211; at Thermopylae 斯巴达人在

温泉关 32, 112, 185, 195–196; Thespians and 特斯匹伊人和斯巴达人 198, 199

Stagg, Amos Alonzo 阿莫斯·阿隆索·斯塔格 7

Stalin, Joseph 约瑟夫·斯大林 255

Stalingrad, siege of 斯大林格勒战役 16, 32, 174, 249

Stanley, Henry Morton 亨利·莫顿·史丹利 167

Stanton, Edwin M. 埃德温·M. 斯坦顿 79, 130

Stone, Col. Charles P. 查尔斯·P. 斯通上校 135

Streight, Col. Abel 亚伯·斯特赖特上校 151

Sturgis, Gen. Samuel D. 塞缪尔·D. 斯特吉斯将军 153

Suateles 苏特莱斯 197

Suchow, battle of 淮海战役 245

Sudan 苏丹 253

Sulla 苏拉 174

Sumter, Fort 萨姆特堡 258

Sunday, Billy 比利·桑戴 141

Suppliants, The (Euripides)《请愿的妇女》(欧里庇得斯) 184, 186–92, 236, 240, 250

Sword, Wiley 威利·索德 117

Symposium (Plato)《会饮篇》(柏拉图) 201, 214, 215

Symposium (Xenophon)《会饮篇》(色诺芬) 217

Syria 叙利亚 251

Taliban 塔利班 94, 257

Tanagra, battle of 塔纳格拉战役 175

Tannenberg, battle of 坦能堡战役 33

Tarawa, battle of 塔拉瓦岛战役 2, 20, 24, 60, 246

Taylor, John 约翰·泰勒 74, 75

战争的幽灵

Taylor, Richard 理查德·泰勒 105

Taylor, Zachary 扎卡里·泰勒 105

Ten Commandments, *The* (film)《十诫》(电影) 142

Tennessee (battleship) 田纳西号战列舰 42

Tennozan (Feifer)《天王山》(费弗) 8

Terpsion 特尔普西翁 222

Tet Offensive 春节攻势 16, 247

Thebans 忒拜人 172, 174 – 180, 182, 183, 208, 214, 216, 227, 229, 231, 238; booty captured by 忒拜人俘获的战利品 230; desecration of dead by 忒拜人对死者的亵渎 225 – 226; during Persian Wars 波斯战争中的忒拜人 175; Euripides on 欧里庇得斯论忒拜人 187 – 191; at Plataea 忒拜人在普拉蒂亚 175, 209; tactics of 忒拜人的战术 233 – 236, 242; at Thermopylae 忒拜人在温泉关 32; Thespians and 特斯匹伊人与忒拜人 194 – 199

Themistocles 地米斯托克利 172, 196

Thermopylae, battle of 温泉关战役 32, 112, 173, 174, 185, 195 – 198, 250, 254

Thespiae, annihilation of 特斯匹伊的毁灭 32, 180, 182, 183, 192 – 199, 239, 242

Thomas, Gen. George 乔治·托马斯将军 88, 99, 151, 153, 154

Thompson's Station, battle of 汤普森站战役 151

Thucydides 修昔底德 15, 177, 179 – 181, 191, 200, 208, 213, 219, 235, 238, 241, 246; on desecration of dead 修昔底德论亵渎死者 184; disgrace and exile of 修昔底德蒙羞和流放 242; on Sicily campaign 修昔底德论西西里战役 172, 202, 203, 207; on slaughter of Thespians, 修昔底德论特斯匹伊人的屠杀 193, 196 – 198

Tighman, Gen. 提格曼将军 104

Tigress（gunboat）"雌虎"号汽船 118, 121

Time magazine《时代周刊》256

Tissaphernes 提萨费尼斯 204, 206

Tojo, Gen. Hideki 陆相东条英机 35, 255

Tokyo：firebombing of 轰炸东京 15；Patriots' Shrine in 东京靖国神社 35

Transylvania University 特兰西瓦尼亚大学 111

Trebia, battle of 特雷比亚河战役 247

Trojan War 特洛伊战争 186

Trojan Women, The（Euripides）《特洛伊妇女》（欧里庇得斯）14, 187, 191

Turner, Adm. 特纳上将 27

Twain, Mark 马克·吐温 134, 142

Twigger, Bill 比尔·特威格 8–10

Tyrtaeus 提尔泰奥斯 213

Uncle Tom's Cabin（Stowe）《汤姆叔叔的小屋》（斯托夫人）140

United Nations 联合国 252, 255

Ushijima, Gen. Mitsuru 牛岛满将军 2, 22, 23, 26, 28, 41, 48, 51, 67, 68, 70

Vance, Gen. Zebulon 泽伦·万斯将军 164

Vandegrift, Gen. Alexander 亚历山大·范德格里夫特将军 67

Van Dorn, Gen. 范多恩将军 100, 104, 152

Vegetius 韦格蒂乌斯 179

Verdun, battle of 凡尔登战役 185, 252

Vicksburg, siege of 维克斯堡战役 16, 87, 100, 151, 167

Victorio（Apache renegade）维多希奥（阿帕奇的叛徒）133

Vietnam War 越南战争 5, 6, 59–61, 246, 247

V–1 rockets, V–1 火箭弹 27

战争的幽灵

Walker, John 约翰·沃克 257

Wallace, Gen. Lewis 刘易斯·华莱士将军 85, 86, 118 – 143, 147, 167, 168; collapse of military career of 华莱士将军军事生涯终结 127 – 132; delay in arrival at Shiloh of 华莱士将军延迟抵达夏洛 78, 88, 118 – 126, 146; and Lost Opportunity myth 华莱士将军与错失良机的神话 98, 100, 101; vendetta against Grant of 华莱士将军对格兰特的积怨 89, 133 – 135; writing career of 华莱士将军的写作生涯 136 – 144

Wallace, Gen. W. H. L. W. H. L. 华莱士将军 95, 135

War Department, U. S. 美国陆军部 127, 130

War of 1812 1812 年战争 167

Washington, George 乔治·华盛顿 115

Wasps(Aristophanes)《马蜂》(阿里斯多芬) 240

West Point 西点军校 80, 81, 111, 120, 130

West Virginia (battleship) 西弗吉尼亚号战舰 26

Wheeler, Gen. Joseph 约瑟夫·惠勒将军 152

Whitaker, Richard 理查德·惠特克 8, 10

White, Lt. Patrick 帕特里克·怀特中尉 75

Wilderness, battle of the 莽原之役 92

Wiley, Capt. 威利上尉 88

Wilson, Gen. James Harrison 詹姆斯·哈里森·威尔森将军 153

Withers, Gen. 威瑟斯将军 98

With the Old Breed (Sledge)《与老兵同在》(斯莱奇) 68 – 70

Wolseley, Gen. Viscount 陆军元帅沃尔斯利子爵 162

World Trade Center, attack on. See September 11 terrorist attacks 袭击世界贸易中心, 另见 "9 · 11" 恐怖袭击

World War I 第一次世界大战 34, 185, 252

·索 引·

World War II 第二次世界大战 1, 5, 14, 28, 68, 173, 181, 247, 252; European theater 二战欧洲战场 24, 52, 54, 57, 60; suicide tactics in 二战中日本的自杀战术 39（另见神风特攻队）；另见冲绳战役和其他相关战役

Wyler, William 威廉·威勒 141

Xenophon 色诺芬 69, 198, 200, 217-222, 227, 228

Xerxes 薛西斯 16, 20, 185, 258

Yahara, Col. Hiromichi 八原博通大佐 21, 29, 31, 47, 49-51

Yamaguchi, Teruo 山口照夫 58

Yamamoto, Adm. Isoroku 山本五十六上将 33

Yamato (battleship) 大和号（战列舰）27, 47

Yandell, D. W. D. W. 扬德尔 97

Yorktown, battle of 约克镇战役 16

Zeno 芝诺 227

Zero fighter planes 零式战斗机 36-37, 40, 41, 53